全国革命老区县发展史丛书·广东卷

封开县革命老区发展史

封开县革命老区发展史编委会 编

SPM 南方出版传媒 广东人民出版社
·广州·

图书在版编目（CIP）数据

封开县革命老区发展史 / 封开县革命老区发展史编委会编. —广州：
广东人民出版社，2021.5

（全国革命老区县发展史丛书·广东卷）

ISBN 978-7-218-14731-4

Ⅰ．①封…　Ⅱ．①封…　Ⅲ．①封开县—地方史　Ⅳ．①K296.54

中国版本图书馆CIP数据核字(2020)第247134号

FENGKAI XIAN GEMING LAOQU FAZHANSHI

封开县革命老区发展史

封开县革命老区发展史编委会　编

版权所有　翻印必究

出 版 人：肖风华

责任编辑：廖志芬
装帧设计：张力平　等
责任技编：周星奎

出版发行：广东人民出版社
地　　址：广州市海珠区新港西路 204 号 2 号楼（邮政编码：510300）
电　　话：（020）85716809（总编室）
传　　真：（020）85716872
网　　址：http://www.gdpph.com
印　　刷：广州市浩诚印刷有限公司
开　　本：715mm×995mm　1/16
印　　张：20.75　　插　页：7　　字　　数：260 千
版　　次：2021 年 5 月第 1 版
印　　次：2021 年 5 月第 1 次印刷
定　　价：88.00 元

微信扫描二维码 ◀◀◀
您立即获得本书主要内容/
丛书介绍。

广东省编纂《革命老区县发展史》丛书
指导小组

组　　长：陈开枝（广东省老区建设促进会会长）

副组长：林华景（广东省老区建设促进会常务副会长）

宋宗约（广东省农业农村厅二级巡视员、广东省老
区建设促进会副会长）

刘文炎（广东省老区建设促进会副会长）

郑木胜（广东省老区建设促进会副会长）

姚泽源（广东省老区建设促进会副会长兼秘书长）

谭世勋（广东省老区建设促进会副会长）

廖纪坤（广东省农业农村厅总经济师）

办公室

主　　任：姚泽源（兼）

副主任：韦　浩（广东省农业农村厅扶贫协作与老区建设处
处长）

柯绍华（广东省老区建设促进会副秘书长）

伍依丽（广东省老区建设促进会副秘书长）

《封开县革命老区发展史》
编委会

主　　任　　甘焯安　　陈小静　　张周兴

副主任　　莫水石　　冯国坚　　刘建伟

委　　员　　董佩荣　　毛秋霞　　李垂安　　符炳镰　　邓镜海

　　　　　　植范林　　陈宗煌　　陈秀生　　孔　坚　　何　辉

　　　　　　朱志新　　高连源　　莫自策　　李树强　　李祖永

　　　　　　八伙垣　　廖月明　　石之钊　　潘伟明　　侯宜赞

　　　　　　龙能杏　　莫江华　　梁培湖　　梁健光　　伍国飞

　　　　　　谭伟枫　　沈振雄

主　　编　　莫水石

副主编　　刘建伟　　龙能杏　　符炳镰　　吕树清

办公室

办公室　　设在中共封开县委党史研究室

主　　任　　冯国坚

副主任　　符炳镰　　潘伟明

工作人员　　刘建伟　　龙能杏　　吕树清　　陈子惠

审稿组

潘绍联　　陈立志　　蔡汉民　　陈　强　　欧文辉　　黄志勇

在举国欢庆新中国成立 70 周年前夕，中国老区建设促进会王健会长请我为《全国革命老区县发展史》丛书作序，作为一名在老区战斗过并得到老区人民生死相助的老兵，回首往事，心潮澎湃，感慨万千，深感义不容辞，欣然应允。

中国革命老区，是以毛泽东为代表的中国共产党人在领导人民推翻帝国主义、封建主义和官僚资本主义三座大山，争取民族独立和人民解放伟大斗争中建立的革命根据地。在这片红色的土地上，诞生了无数可歌可泣的革命英雄儿女，为后人树起了一座不朽的丰碑，她是新中国的摇篮，是党和军队的根。

在艰苦卓绝的战争年代，老区人民把自己的命运与中华民族的命运紧紧地联系在一起，与中国共产党和人民军队的命运紧紧地联系在一起，他们生死相依，患难与共。我曾亲历过战争年代，并得到过老区红哥红嫂的救助，切身感受到发生在身边的一幕幕撼天动地的革命故事，在那极其艰难的条件下，老区人民倾其所有、破家支前，不怕艰难困苦，不怕流血牺牲。"最后一碗米送去做军粮，最后一尺布送去做军装，最后一件老棉袄盖在担架上，最后一个亲骨肉送去上战场"，这是当时伟大的老区人民为建立新中国做出巨大牺牲的真实写照，它将永远镌刻在中国共产党、中国人民解放军、中华人民共和国的历史丰碑上。他们的光辉业绩永载史册，他们的革命精神必将影响一代又一代的革命新人，造就一代又一代的民族脊梁。

在社会主义革命和建设时期，革命老区和老区人民响应党的号召，面对落后的面貌、脆弱的经济、恶劣的生态环境，他们本色不变，精神不丢，自力更生，艰苦奋斗，干一行爱一行。始终坚持"革命理想高于天"，自觉做共产主义远大理想的坚定信仰者和忠实实践者，勇于向恶劣的自然环境和贫穷落后宣战，他们在各条战线上为国建功立业，用平凡的双手创造了一个又一个不平凡的奇迹，彰显了老区人的崇高精神和人格力量。

在改革开放的伟大进程中，老区人民解放思想，勇于创新，发奋图强，攻坚克难，老区的经济社会建设取得了辉煌成就。特别是在改变中国的面貌、中华民族的面貌、中国人民的面貌、中国共产党的面貌的伟大实践中发挥了至关重要的作用。老区人民既是改革开放的参与者，也是改革开放的推动者。

艰苦练意志，危难见精神。老区人民在近百年的革命战争、社会主义建设和改革开放的伟大实践中，孕育形成了伟大的老区精神：爱党信党、坚定不移的理想信念；舍生忘死、无私奉献的博大胸怀；不屈不挠、敢于胜利的英雄气概；自强不息、艰苦奋斗的顽强斗志；求真务实、开拓创新的科学态度；鱼水情深、生死相依的光荣传统。这是党和人民宝贵的精神财富、丰厚的政治资源，是凝心聚力、振奋民族精神的重要法宝，也是社会主义核心价值观的重要内容。

中国老区建设促进会怀着强烈的政治责任感和历史使命感，组织全国各地老促会人员克服困难，尽心竭力编纂《全国革命老区县发展史》丛书，记录老区的光辉历史和辉煌成就，传承红色基因，弘扬老区精神，是功在当代、利及千秋的一件大事。手捧这部丛书的部分书稿，读着书中的故事，倍感亲切，深感这部丛书具有资政、育人、存史的社会功能，有着重要的时代和历史价值。它是不忘初心、牢记使命的源头活水，是赞颂共产党、讴歌老区人民的一部精品力作，是弘扬老区精神、传承红色记忆的丰厚载体，是一项继承优秀传统文化、弘扬革命文化、发展社会主义先进文化，坚定"四个自信"的宏大文化工程。它必将成为一种文化品牌，为各界人士了解老区、宣传老区、支持老区提供一部有价值的研究史料。希望读者朋友们能从中了解并牢记这些为党和民族的利益不断奉献的老区人民，从中得到教益，汲取人生奋斗的精神动力。

新时代赋予新使命，新起点开启新征程。让我们更加紧密地团结在以习近平同志为核心的党中央周围，坚持以习近平新时代中国特色社会主义思想为指导，增强"四个意识"，坚定"四个自信"，做到"两个维护"，弘扬老区精神，铭记苦难辉煌。为实现"两个一百年"奋斗目标，实现中华民族伟大复兴的中国梦作出新的更大的贡献！

迟浩田

2019 年 4 月 11 日

　　2017 年 6 月，中国老区建设促进会组织全国各地老促会启动编纂《全国革命老区县发展史》丛书，按照"建立中国共产党、成立中华人民共和国、推进改革开放和中国特色社会主义事业"三大里程碑的历史脉络，系统书写革命老区百年历史，深入挖掘革命老区红色文化资源，这对于充实丰富中国革命史籍宝库，在新时代传承红色基因、弘扬革命精神、强固根本，对于激励人们在新的历史条件下夺取中国特色社会主义伟大胜利，实现中华民族伟大复兴的中国梦具有重要意义。

　　丛书编纂以习近平新时代中国特色社会主义思想为指导，以《中国共产党历史》《中国共产党的九十年》等重要文献为基本依据，以党的领导为核心，以老区人民为主体，以老区发展为主线，体现历史进程特征，突出时代发展特色，坚持辩证唯物主义和历史唯物主义相统一、历史真实性与内容可读性相统一的原则，书写革命老区从站起来、富起来到强起来的光辉革命史、不懈奋斗史、辉煌成就史，把老区人民的伟大贡献、伟大创造、伟大成就、伟大精神充分展示出来，形成一部具有厚重历史特征和鲜明时代特色的精品力作。这是一部培根铸魂、守正创新，既为历史立言，又为时代服务，字里行间流淌着红色血脉、催生着革命激情的传世之作。丛书的编纂出版将成为讴歌党、讴歌人民、讴歌时代，传播红色文化，为革命老区和老区人民树碑立传的重要载体。

丛书按照编年体与纪事本末体相结合、以编年体为主的编写体例确定框架结构；运用时经事纬、点面结合的方式记述史实；坚持人事结合、以事带人的原则处理人与事的关系；采取夹叙夹议、叙论结合以叙为主的方法展开内容。做到了史料与史论、历史与现实、政治与学术统一，文献性、学术性、知识性相兼容。

为编纂好《全国革命老区县发展史》丛书，打造红色文化品牌，中国老区建设促进会认真组织积极协调，提出政治立场鲜明、史料真实准确、思想论述深刻、历史维度厚重、时代特色突出、编写体例规范、篇目布局合理、审读把关严格、出版制作精良的编纂出版总要求，力求达到革命史籍精品的精神高度、思想深度、知识广度、语言力度，增强丛书的权威性和社会影响力。各省（区、市）、市（州、盟）、县（市、区、旗）老促会的同志，以强烈的使命感、责任感和紧迫感，勇于担当，积极作为，认真实施，组织由老促会成员、专家学者等参加的十余万人编纂队伍。编纂工作主体责任在县，省、市组织协调、有力指导、审读把关。各方面人员以高度负责的精神和科学严谨的态度，满腔热情地投入工作，为丛书编纂出版作出了重要贡献。丛书编纂工作还得到了党和国家有关部委、地方各级党委政府及有关部门的大力支持和积极参与，社会各界也给予了热情帮助。中共中央政治局原委员、中央军委原副主席、原国务委员兼国防部长迟浩田上将，对老区人民怀有深厚感情，对革命老区建设发展十分关注，欣然为《全国革命老区县发展史》丛书作总序。

丛书由总册和1599部分册（每个革命老区县编纂1部分册）组成，共1600册。鉴于丛书所记述的史实内容多、时间跨度长和编纂时间紧，不妥之处，敬请批评指正。

中国老区建设促进会

● 亲切关怀 ●

广东省老促会会长陈开枝（前右二）到老区平凤镇调研

广东省老促会常务副会长方刚（左三）到封开老区调研

肇庆市老促会会长陈端（左三）到老区平凤镇调研

肇庆市委黄建勋常委（左二）、肇庆市李天副市长（左三）、肇庆市老促会陈端会长（左一）、封开县黄学武县长（左四）、封开县老促会莫水石会长（左五）等领导在封开县莲都镇云塘革命老区大塘尾村视察老区公路建设

封开县委书记黄学武（左一）在老区平凤镇帮助蕉农推销香蕉

封开县长梁建梅（右二）到老区大玉口镇调研新农村建设

● 老区新貌 ●

华灯初上——封开县城江口夜景

老区杏花镇凤楼村新农村建设新貌

● 日臻完善的基础设施 ●

（老区大玉口镇长群村梁绵姑家）危房改造前照片

（老区大玉口镇长群村梁绵姑家）危房改造后照片

老区河儿口镇干部周转房

老区都平镇高浪小学

老区河儿口镇中学运动场改造后全貌

老区河儿口镇卫生院

正在建设的怀阳高速封开段

封开西江大桥

老区河儿口镇创建卫生镇建设

老区都平电站

老区平凤镇村道硬底化建设

老区莲都镇社墩板塘村电网改造

老区杏花镇凤楼村正在建设中的自来水工程

● 发展中的老区经济 ●

封开华润水泥项目总貌图

广东三大名鸡——封开杏花鸡

老区平凤镇黄瓜基地

老区莲都镇黑山羊基地

粤桂合作特别试验区平凤镇拓展区

● 老促会自身建设 ●

封开县老促会到老区大玉口镇赤黎小学调研

封开县老促会正、副会长到高要县老促会学习、交流

● 秀美景色 ●

位于老区杏花镇的天下第一石——大斑石

位于老区莲都镇的十里画廊

微信扫描二维码
您立即开展本书的
延伸阅读。

　　《全国革命老区县发展史》丛书是根据中国老促会和中国老区精神研究会部署编写的，这套丛书的出版，为建党100周年，改革开放40周年献上一份厚礼。

　　封开县位于广东省西北部，由封川县和开建县合并而成，在中国共产党的领导下，这片土地上有着光荣的革命斗争史，也有着不平凡的发展历程。

　　1925年至1929年，封开县的附城乡和修泰乡等地成立农民协会，开展反剥削反压迫斗争，号召"一切权力归农会"，意在推翻地主阶级的统治，成立一个以农民为主的政治联盟，希冀进一步实现土地改革。但是，由于国民党叛变和无情镇压而失败；1931年至1945年的十四年抗战时期，中国共产党在七星山区开展活动，当地人民参加共产党领导的抗日反暴游击队，壮大了共产党的革命力量；解放战争时期，封开人民展开游击战争，革命斗争风起云涌，配合南下大军解放封开全境，广大人民积极响应党的号召，捐资征粮，支援前方，为人民解放军解放全国作出贡献。

　　1949年，中华人民共和国成立，国家一穷二白，各项建设困难重重。在中国共产党的领导下，封开人民与全国各地一样首先开展土地革命，分田分地，解决基本的吃饭问题。然后开展社会主义强国建设，尽管走了不少弯路，但仍坚定前行。

　　1978年12月，中共中央召开十一届三中全会，在党的改革开放精神指引下，中国这艘巨轮，不怕艰难险阻，乘风破浪，一路高歌，风雨兼程驶向世界强国之境，封开县进入快速发展的轨道。

中国能够发展成为世界第二大经济体，忘记不了革命老区，忘记不了老区人民的历史贡献，忘记不了老区人民的鱼水恩情。正如习近平总书记在河北阜平考察时所说，革命老区和老区人民为中国革命胜利作出了重要贡献，党和人民永远不会忘记。

中国革命老区是中国人民站起来的光辉出发地，是中华民族强起来的战略支撑地，是改革开放富起来的重要践行地。

中国革命老区更是党和人民军队的根，老区精神，我们要挖掘、研究、宣传。把积淀着的红色基因传承起来，不断汲取前行的动力，让革命事业薪火相传、血脉永续。

《封开县革命老区发展史》编委会
2020年8月

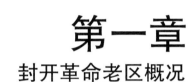

第一章
封开革命老区概况

　　位于西江上游、粤桂交界的封开县，是两广咽喉之地，历史悠久，不仅是岭南文化的发祥地，有着光辉灿烂的古代文明，而且有着光荣的革命历史。从1926年起，封开人民在中国共产党领导和组织下进行英勇不屈的革命斗争，革命先辈和革命先烈们为了人民解放事业的胜利，谱写了不畏艰难险阻，不怕流血牺牲的雄伟史诗。中华人民共和国成立后，封开人民翻身解放，县内政通人和，封开人民焕发巨大的劳动热情，万众一心，团结奋斗，创造出经济社会不断稳定扎实发展的业绩，取得了物质文明、精神文明建设的节节胜利，封开大地发生了巨大变化。

第一节 古都面貌巨变 封开发展喜人

　　封开县（由原封川、开建两县合并而成）位于广东省西部偏北，总面积约2723平方公里，现辖16个镇178个行政村21个社区（居委会），2018年末全县总人口524787人，其中有老区村庄的镇六个，人口146408人。封开县西与广西壮族自治区的梧州市和贺州市相连，东和德庆县毗邻，南、北分别与怀集县和云浮市接壤。贺江由北向南穿境而过，西江由西向东横流，两江的交汇点在江口镇，江口镇为县治所。

　　封开县历史悠久，人杰地灵，是广府首府、岭南文化发祥地之一，也是广府文化的起点。在河儿口镇发现的黄岩洞人类头骨化石表明，距今十四五万年前就有"封开人"的活动。公元前111年（西汉元鼎六年），南越灭。苍梧王赵光降汉，置苍梧郡及广信、封阳等县。封川属广信县地，开建属封阳县地。公元426年，南北朝时，分封阳县地置开建县。公元502年，分广信地置梁信县。隋时，598年改称封川县。

　　中华人民共和国成立前，封川、开建分别为县，期间建制多变。新中国成立后，几分几合，1961年始置封开县至今。

　　辛亥革命时期，封川县平岗村人李炳辉，参加反清武装起义，不幸牺牲，为黄花岗七十二烈士之一。

　　大革命时期，封开县在共产党的领导组织下，农民运动风起云涌，纷纷成立农会和农民自卫军。封川县的一区、二区先后成立了两个区级农会和25个乡农会，参加农会的会员1200多人；开建县也先后成立3个区农会和14个乡农会。1927年7月龙师侯被中共广东省委任命为中共封川县工委书记，同年11月18日被任命为封川县委书记（龙师侯为中共封开县委第一任书记），同时成立组织了封川县委，开展中共党组织的活动。

抗日战争时期，封开人民在"亡国、亡种、亡族"的严峻形势下，抗日情绪空前高涨，团结起来，成立各种社会团体，积极投入抗日救亡的热潮之中。热血青年积极报名应征，奔赴抗日前线。

共产党员（中共地下党负责人）徐儒华率领抗先队，深入七星山区一带开展抗日救亡活动，组织农民武装，并就地展开自卫、锄奸工作。共产党员刘坚、黄梅随部队（国民党军队）在军队和附近的农村展开抗日救亡宣传工作。共产党员李镇靖到开建县简易师范任教，向学生灌输进步思想，进行抗日形势教育，在学生中播下了追求进步、革命的种子。共产党员谢道源到封川县立中学任教。总的来说，抗日战争时期，在封开境内虽没有共产党组织，但却有共产党员以半公开，更多的还是以隐蔽的方式在这片土地上发动民众，开展轰轰烈烈的抗日救亡运动。

解放战争时期，以中共地下党深入七星山区开辟游击根据地开始，封开人民以革命的武装与国民党反动派的反革命武装进行浴血斗争，开展了风起云涌的武装斗争。1949年11月4日配合南下大军首克封川县城；1949年11月5日，在绥贺支队的领导组织下，充分利用地方力量解放开建县城；1949年11月23日，解放封川县城；1949年12月7日，中共封川县委和县人民政府成立；1950年1月1日，中共开建县委和县人民政府成立。

社会主义革命和建设新时期，封开县委、县人民政府为满足人民群众物质、文化生活的需要，把发展工农业作为发展国民经济的头等大事来抓，组织发动民众增加投入，努力改善生产生活条件。工农业及各项社会事业得以较大的发展，革命老区也同步发展变化。

工业方面，打开山门，扩大开放，发展对外经济贸易，引进外资，发展以能源、资源开发为主的基础产业、高技术产业，振兴山区经济。

交通、邮电等基础设施建设不断推进。目前所有行政村及大部分自然村已通硬底化村道，实现了路通财通的目标。教育、科技、文化诸项事业相应发展，邮路畅通，电话、电报服务遍及城乡，九年义务教育得到普及，医疗卫生网点延伸到乡村基层。

能源、水利、水电建设，成就显著。开发贺江及其支流东安江、七星河等水资源，形成高、中、低水头发电并举的新格局。1989年成为全国首批百个农村电气化初级阶段试点达标县。

精神文明建设健康发展。封开连续十年成为省市长跑先进县，群众性体育活动蓬勃开展；文明户、文明镇、文明单位创建评选经常化、制度化；社会治安综合治理不断加强，为全县经济建设创造了良好的安定环境。

封开县自然资源条件优越，尤以"石头、木头、水头"最为丰富。县境内生态环境优美，北回归线穿境而过，被誉为"北回归线上的绿洲"，独特的地质地貌，构成各具特色的巨石、奇峰、幽洞、秀水、林海等自然景观。著名的景点有天下第一石——斑石、千层峰、九曲十八弯的贺江、黑石顶自然保护区、十里画廊等。人文景观也非常丰富，有古人类历史遗址黄岩洞、岭南首魁状元草堂、明代建筑泰新桥、"两广第一塔——广信塔"，境内还拥有300多年历史，保存完好的古民居群杨池古村，被称为"岭南第一村""广东最美乡村"。

封开县先后荣获"全国林业百佳县""中国松脂之乡""中

国油栗之乡""广东省林业生态县"和"中国国家地质公园"称号。名优农产品杏花鸡、封开油栗、麒麟李、砂糖橘、贡柑获得国家级无公害产品认证，封开杏花鸡是广东三大名鸡之一，获得"广东省名牌产品"称号和国家地理标志商标，封开油栗获得"中华名果"称号。

近年来，封开县认真贯彻党的十八大、十九大精神，按照中央和省委、市委的决策部署，大力实施"开放合作、创新驱动、统筹协调、绿色、共建共享"战略，经济社会各项事业取得新进展。一是重点项目建设扎实推进，龙头企业华润水泥（封开）项目已建成投产六条生产线。广东华林化工有限公司是全国最大的综合性林化产品生产企业之一，国家级万吨松脂加工中试基地目前已全部建成投产，新引进的威斯达、海蓝化工、劳特化工达产达标。封开嘉诚纸业特种纸生产线及特种纸深加工生产线已建成投产。二是区域合作取得新突破，园区开发建设打开新局面。谋划建设的粤桂合作特别试验区，先后纳入《国务院关于深化泛珠三角区域合作的指导意见》《国家发改委关于进一步加强区域合作工作的指导意见》以及粤桂两省区的"十三五"规划纲要等重要战略文本，逐步形成"大开发、大建设、大发展"的良好局面。试验区城市总体规划、起步区控规编制已完成，产业发展、环境保护、公共服务设施等多项规划已编制，一批基础设施已建成，路网工程加快推进，已建成标准化厂房30万平方米，一批企业已入园建成投产。三是交通基础设施建设加速推进，外联内通网络日臻完善。东接肇庆、广州，西连广西梧州的广佛肇高速已于2016年底建成通车，怀阳高速公路（怀集至郁南段）全长159.94公里，其中封开段约90公里，已于2020年12月28日建成通车；西江航道（界首至肇庆）段3000吨级扩能升级工程建设进展顺利。四是城乡建设协调发展，生态环境保持良好。城乡环境空气良好状况保持全市前列。五是民生保障持续改善，社会事业实现新发展。成功创建成为广东省教育强县。推进教育现代化先进县建设。医疗卫生事业日趋完善，镇卫生院标准化业务用房及村级卫生站规范化建设基本完成。拥有"中国民间艺术之乡""全国群众体育先进单位"等称号，被评为"全国文化先进县"。全面开展精准扶贫、精准脱贫攻坚战，2018年，全县累计投入扶贫资金14758.39万元，已有4634户10955名贫困人口实现脱贫。加紧实施乡村振兴战略和全面展开社会主义新农村建设，全面推进农村环境综合治理，城乡环境大为改善，人民生活幸福指数不断提升。2018年，全县生产总值163.71亿元，第一、二、三产业分别是46.87亿元、52.20亿元、64.60亿元，地方一般公共预算收入4.98亿元，城乡居民人均收入15924.27元，全县经济、社会发展及各项民生事业建设呈现出欣欣向荣局面。

封开名片：岭南首府、古岭南人最早（14.8万年前）的繁衍生息地、岭南文化发祥地、粤语发源地、岭南第一状元——莫宣卿故乡、全国农村电气化初级电气化县（1983）、全国绿化先进单位（1986）、封开黑石顶省级自然保护区（1995）、广东省文化先进县（1998）、中国松脂之乡（2001）、国家地质公园（2005）、广东省林业生态县（2006）、人文历史类最美乡村旅游示范点——杨池古村（2006）、中国油栗之乡（2007）、封开大旺海鹰省级体育旅游示范基地（2012）、封开杏花鸡——广东省十大最具人气土特产（2012）、封开油栗获国家地理标志品牌称号（2013）、封开杏花鸡获"广东名鸡"称号（2014）、封开入选"中国深呼吸小城100佳"（2014）、封开杏花鸡获国家地理标志品牌称号（2017）、广东省推进教育现代化先进县（2017）。

革命老区村庄 评定分布情况

根据上级规定，老区村庄即革命游击根据地，必须具备中共地方组织，有革命武装，建立民主政权，发动群众进行减租减息和支前参军参战，有武装斗争战例并坚持革命游击活动一年以上等条件。通过评定并经省、市人民政府批准，封开县有革命老区村庄158个。

1957年，县人民委员会组织评划老区工作组，深入平凤镇之范村、登河、平岗、凤村等地，调查第一、二次国内革命战争时期农民革命运动情况，通过召开各种座谈会和个别访问相结合的方法，对史料进行认真细致核实，然后根据国务院批准的《评定革命老根据地的标准》，评出19个自然村为革命老根据地，上报广东省人民委员会批准（1993年经肇庆市人民政府批准，补划平岗圩为革命老根据地），合计20个自然村，其村名如下：

平凤镇：古石村委会坭桥村；古显村委会思礼村；范村村委会范村、古凤、峡村、屋耸、罗围村；登河村委会河村、登元、城村、城琰村；平岗村委会新村、南岸、平岗圩；广丰村委会新地、垢埇、罗练、新美村；五一村委会东芦村；新宁居委会（社区）凤村。

1992年5月，成立封开县评划解放战争时期游击根据地和确认老区乡镇领导小组，对解放战争时期七星、渔涝、莲都、大玉口、都平等地的游击队活动情况进行调查，通过召开"三老"

（老烈属、老堡垒户、老游击队员）人员座谈会，内查外调，核实各村的革命斗争史料，根据广东省关于《评定解放战争游击根据地的标准》评出138个自然村，报肇庆市政府批准为解放战争游击根据地，其村名如下：

河儿口镇：扶学村委会古藤塱、扶学（含土垌）、石仁头（含新屋）、登田（含平垣、秋旺）、凤楼、冲冷村；香车村委会香车（含大坪，石基塘）、牛运（含债虾、石灶、雷公儿）、双蛤、玉垌、大塘（含富竹）、茶坪村（扶学、香车两个村委会原属渔涝镇）；深六村委会黄连坑（含高浪、并涩、大浪、仇屋、蓝厂、下沙田、孖竹、上沙田）、白水、念鱼、蛤塘（含步水）、深六（含深坑）、大步河、新光（含互屋）村；平垌村委会平垌（含小垌）、双正、分水脊（含松柏根）；三垌村委会上古、中古、下古村；进民村委会镇竹坪（原名筋竹坪）、麒麟坪、鲶鱼坑（含巡检）村；向阳村委会林砑、清水（含分水）村；东光村委会坑尾、白石、陂下村；黄岗村委会黄岗（含三步河）、利板（含围杆、两岔）、杨古岭（含大坪、正埇）、猪肚河（含斑石、黄杨）、鸡毛田村；黑石顶自然保护区黑石河（含黑石顶）、茅坪、盐水田村（其中深六等七个村委会原属七星镇）。

莲都镇：云塘村委会替吉坑（含大岽、上岽）、替吉头（含石桥岽）、大塘、春地（含企岭、企塘）、对面铺（含大平）、水星（含福平）、江兴（含三洞、大洞）村。因建大冲水库，云塘人搬迁到莲都镇内长罗村委会的平福、七一、罗江、新村和社墩村委会的社三村等五个自然村，经县政府批准定为老区村。

都平镇：胜塘村委会甘根（含车儿）、小段、茶田（含胜塘）、旱田（含计垌）、更楼村；高浪村委会大涩尾、旱田（含康冲）、大行、高浪、高舍（含鸡口、鸡辽）、龙虎尾（含真竹）村。

大玉口镇：群星村委会旱田（含克水、圣田）、社冲（含白藤）、旺集（含天石）、安板（含新进）、荔枝（含圆珠）村；长群村委会长群（含元湾、上塘）、沙塘口（含黑塘、边屋）、石基（含梅冲、三星）、大木（含杏仔口）、谭棍（含大洲）村；群胜村委会新屋、丙日、新冲、新田、灵肚、寨巷村。

杏花镇：凤楼村委会幸福自然村（该村是移民村，从河儿口镇的香车村委会搬迁而来）。

封开县现有老区村庄158个，分布于大玉口、都平、莲都、河儿口、杏花、平凤等六个镇30个村委会。2018年，封开老区总面积为1146平方公里，有老区村庄的六个镇总人口146408人，占全县总人口的27.9%。

第二章
大革命时期

  大革命时期，封开县在中共党组织的领导下，农民运动风起云涌，纷纷成立农会和农民自卫军，实行减租、废除苛捐杂税、收缴地主土豪枪支、惩办土豪劣绅等农民革命运动。面对轰轰烈烈的农民运动，国民党当局和地方土豪肆意破坏甚至血腥镇压，强行解散农会，捕杀农会骨干。农会及农民自卫军奋起反击，展开艰苦激烈的反迫害、反围剿的武装斗争，一批农军在战斗中壮烈牺牲，不少农协会员被捕而从容就义，先烈们用鲜血生命写下了可歌可泣的浴血斗争史。

第一节 农民运动兴起　农民协会成立

封开县是广东省山区县之一。全县总耕地面积408余万亩，其中山地占80%，水田占7.5%，其他占地12.5%。由于地处丘陵和两江四岸，农业生产常受旱、洪、涝等自然灾害影响。

1949年前县内经济以农业为主，稻谷年亩产量三四百斤；县内没有工业，只有零星手工业，如制木鞋、陶瓷、榨油等。商业以土特产、木柴、稻米买卖为主，经济十分落后，是自给式的封建农业社会。长期的封建统治，两极分化颇为严重。多数农民无田可种，而地主却用高额租金出租土地。因此，人民生活困苦，平时"两粥一饭"难以为继，遇着灾荒之年，以番薯、芋头充饥。农村的贫富悬殊迫切要求改革，农民运动应运而生。

1925年5月，在广东省第一次农民代表大会之后，全省兴起了办农会的热潮。与封川、开建县接壤的广宁、德庆、郁南等县在中共党组织的领导下，纷纷组织了农会，领导农民起来革命，为农民争取政治上的权利和改善农民的生活等一系列的斗争，并开展了"二·五"减租，废除"田信鸡""田头米"等额外剥削，同时开办农民夜校和妇女识字班，教育农民反对封建、起来革命。在中共党组织（初为中共党员）及全省、周边县兴办农会的形势影响下，封川、开建县也掀起了办农会闹农运的热潮。

一、城厢于村　率先成立农会

封川一区在农民运动高潮的影响下，率先开始组织农民协会。最初，由于绅界插手，许多地主、土豪和有势力的人，为了本身的利益，纷纷加入农会，致使农会组织成分严重不纯。1925年冬，封川县一区农民群众听说郁南县已经在平台、妙门建立了农会，便推举附城东厢和西厢的农民代表赴省请示。当时，省农会已准备在肇庆设立西江办事处，即派出在西江工作的共产党员周其柏特派员等就近先到封川县指导组织农会，领导和开展农民运动，并在运动中物色骨干建立党的组织。他们首先联系农运积极分子了解情况，研究怎样开展工作，同时物色了封川简易师范学校思想进步的青年教师以及在国民党县党部筹备处的人等，参加农运工作组，工作组在附近农村入手，深入群众开展宣传发动工作，于12月组织了城厢农会筹备处。1926年1月在封川县附城西厢的五通庙成立城厢农民协会。

农运工作组除了深入农村发动群众外，还利用圩期在县城举行宣传活动。每到圩日，就用几张桌椅搭成演讲台，宣传组织农民协会的目的意义，大讲革命的道理。通过办夜校、出墙报、利用圩期集会讲演、演唱民歌等形式宣传。通过宣传，农民踊跃报名参加农会，特别是西厢，全村人都加入了农会，报名参加农会的人达100多人。

1926年1月在附城西厢五通庙召开了全乡农民代表大会，通过选举产生了城厢农民协会执行委员会，农会办公地点设在五通庙。

城厢农民协会成立后，工作组又对农民宣传打倒帝国主义、封建主义，宣传国穷民弱、工农要组织起来干革命等革命道理。同时举办农民夜校，教唱"打倒列强，除军阀"等革命歌曲，教农民读书识字，阅读革命书籍，了解社会形势，分析社会特点，并帮助农民认识贫苦的根源，唤起了农民强烈的政治责任感和昂扬的革命斗志。"一切权力归农会，一切权力归农工"，实行减租减息，改善民生，实施耕者有其田，提倡男女平等和戒烟禁赌等，在民众中逐渐形成新风尚，宗族、迷信等封建落后意识受到猛烈冲击。贫困大众逐步觉醒，从社会的底层走向时代的政治舞台，看到前途的光明和前进的道路，自觉地加入农民运动之中。

农民在农会的支持下，通过农会向县政府贷款，帮助无地少地的会员发展农业生产，开荒种植粮食，生活得到逐步的改善。此外，农会还动员群众架桥修路，改善落后的交通条件。并兴办夜校，扫除文盲，提高民众的文化水平，提高了农会的威信和地位。

1926年夏，开建县农民运动尚处于萌芽阶段，就遭到了民团反动势力的摧残，省农民协会西江办事处获悉此事之后，特派共产党员刘学荣同志指导各乡组织协会。当他来到开建县时，国民党开建县党部筹备处及开建县农民协会筹备处刚成立，刘学荣既是县党部筹备员，又是县农会筹备处的筹备员，主要抓农运工作。

开建县农民协会筹备处针对本县农民运动开展得比较迟，农民对农民运动缺乏了解，热心搞农民运动的人比较少，方法不对头等特点，决定举办农民运动短期学习班。培训骨干，加强宣传。学员经一个星期的学习后，回村宣传发动，组织群众。县农会工作人员也分别到各乡区指导工作，农民运动随之全县展开。并在于村率先成立农民协会，参加人数达40多人。为了扩大宣传影响，农会成立大会后，全体会员列队游行至南丰街。消息在全县迅速传开，收到了很好的宣传效果。于村农会成立后，迅速组建农民自卫队。自卫队除了保卫农会和农会工作人员的安全外，还组织巡逻放哨，担负起防匪防盗、保卫家园的任务。

二、农会星火　形成燎原之势

封川城厢农会成立后，县农运工作组分别到各乡，加强宣传发动，筹组农会。1926年3月岭头乡（今曙光）农会成立，会员有30多人。此外，大旺乡、扶来乡、扶赖乡、丰沙乡和宝鸭乡也纷纷行动，筹备发展势头十分高涨。

根据省委的指示精神，为了把农民运动遍及郁南、封川、苍梧两省三县边境一带农村，并形成相互沟通、联系和支持之局面，郁南、封川县农运工作组决定在封川县的二区（今平凤江川镇）一带开展农民运动。当时在郁南县妙门农民协会任领导的龙师侯经常偕同龙新华、钟世强等到封川县二区的思礼乡，以宗亲和邻居的关系，住进龙世光家召集当地农民开会，进行宣传发动组织、筹划建立农会。同时，封川县农运工作组派唐继烈以行医为名走遍了平岗、思礼、客家埇、河村、范村等村庄，串联发动，宣传共产党的政策，研究帮助组织成立农会。后来，县农运工作组又到思礼乡做具体的指导工作，1926年3月，思礼乡树起了第一面犁头旗，选出农会领导人。随后二区其他15个乡的农民也积极行动起来组织农会，掀起了轰轰烈烈办农会的热潮。此外封川县四区的渔涝乡、莲花迳、蕨村和鸡塘庙等也相继成立了秘密的农会组织。

在乡农会纷纷成立后，区农会的成立也拉开了序幕。农运工作组根据各乡农民的要求，根据形势的发展，也为了更好地展开工作，使农民运动健康发展，准备成立第一区农会筹备处，并根据中央农民部的申报程序，派人赴省呈报申请，省农会核定批复："先行成立区会"。1926年2月下旬，成立第一区农民协会筹备处，筹备处的成员分头到各乡组织领导各乡成立农会。

在三个乡农会成立的基础上，1926年5月初成立封川县一区农民协会。

1926年6月中旬，封川县第二区农民协会筹备处成立后，筹备处成员分头下乡，深入发动群众，掀起办农会的热潮。各乡相继成立农会筹备处或农会。10月，地处二区的封建堡垒，又是民团局所在地的凤村，也正式成立修泰乡农会。从1926年3月至1926年10月底止，成立了15个乡农会。另外，还有两个乡组织成立了农会筹备处。经过全区各乡农民协会的共同努力，大部分农民都已经参加了农民协会，区农会的成立就摆上了议事日程。1927年1月，封川县第二区农民协会在平岗的大造宫宣告正式成立。大会由农运工作组中的中共党员主持，选举出以龙拔汉为会长的二区农民协会的领导人，并举行了授旗、授印仪式。

期间，开建县的广大农民也以极大的热情投入农民运动之中。在半年多的时间里，开建县一、二、三区先后成立了14个乡基层农会，计有于村、汶塘、平滩、金岗、大岗、尚礼、山口、侯村、南武、宣灵、小玉、赤黎、都罗口和官冲口等。同时也成立了区农会，一区农会会址在南丰圩华光庙，二区农会会址在蛟水圩，三区农会会址在渡头城西庙。封川、开建县各区农会的成立，标志着共产党领导的农民运动在两县进入新时期。

封川县委诞生　迎来斗争高潮

一、党员率先　发动农民运动

龙师侯，1898年出生于郁南县平台河田村一个殷实的家庭，在广东政法专科学校（位于广州）读书期间，加入了中国共产党。1925年夏，受党组织的派遣，回到郁南县开展农民运动。他与中央农民部特派员、中共党员陈均权，挨家挨户向农民群众宣传革命道理和成立农会的意义。经过三个多月的工作，成立了河田、妙门两个乡农民协会。至年底，平台区发展到十多个乡组织了农民协会，会员达6000余人。1926年2月16日，郁南县六区（平台区）农民协会成立，龙师侯当选为会长。1926年4月25日，郁南县农民协会成立，龙师侯当选为执委书记。为了进一步促进农民运动的发展，龙师侯抽出时间到毗邻的封川县二区，率先成立了思礼乡农民协会，掀起了二区农民运动的高潮。由于龙师侯的工作表现出色，开创了郁南、封川两县的农民运动新局面，1926年3月，中共西江地委将龙师侯派往封川县领导农民运动、发展中共党员。1927年7月，广东省委任命龙师侯为中共封川县工委书记。

二、县委诞生　树起斗争旗帜

1927年11月18日，省委经过重新审查后，决定成立高要、广宁、三水、郁南、新兴、云浮、封川等县委，龙师侯被中共广东省委任命为中共封川县委书记；其主要的工作任务是开展并整顿党的组织；暴动夺取政权，在各乡、区实行土地革命等。龙师侯根据省委的指示，到封川县着手组织封川县委，刚开始时有党员五人，后来发展到十多人，封川县委也宣告正式成立。中共封川县委的秘密驻地设在平凤镇广峰村委的大袍村附近的大豪岩。大豪岩中的简良书院就是中共封川县委的办公场所，其中黑岩是开会的地方，四周的山头设置战壕和岗哨，由农民自卫军把守。

封川县委成立后，龙师侯即率领封川二区的部分农会骨干和农民自卫军从铜镬大山秘密返回封川县境内开展地下工作。他们的活动范围主要在二区农村，经常深入群众之中，做群众的思想工作，宣传土地革命，宣传苏维埃，号召广大农民群众，继续组织起来参加武装暴动，夺取政权。

1928年8月，龙师侯不幸在佛山被国民党密探认出，被逮捕后，英勇就义，终年30岁。龙师侯牺牲了，但党的工作没有停止。1928年11月，中共广东省委召开第二次扩大会议，作出《关于党的组织问题决议案》。决定设立西江特别委员会，管辖肇庆（高要）、封川和开建等12个县。中共封川县委员会也于1928年11月再度成立，继续领导当地的农运工作。新的特委成立后，各县的党组织屡遭国民党破坏，元气大伤。1929年1月，广东省委又决定取消特委，西江各县党组织由省委直接管辖。

三、风起云涌　革命高潮迭起

在中国共产党的组织领导下，封开各地革命斗争风起云涌，高潮迭起，涌现一大批革命先烈的光辉形象，留下了与反动势力浴血奋战的史诗。重大的革命斗争事件有：

（一）围困民团局　营救黎亚梓

1926年12月4日，二区农民协会筹备处筹备员、新南乡农会长黎亚梓，秘密到平岗乡一位农友家中探听敌情时，不慎被地主莫祝仙发现，以"通匪"的罪名向驻军告密，驻军马上派人把黎亚梓捉拿到凤村的民团局中监禁起来。

第二天，二区农民协会筹备处人员闻讯后，立即发动全区各乡农会会员前往营救。在自卫军的带领下，人数多达六七百人的农会会员扛着犁头旗，从四面八方向设置在凤村的民团局进发。群情鼎沸的人群，把民团局围困得水泄不通。农友们要求民团局放人，如果不放人，就要攻进民团局进行营救。团丁被吓得关起闸门，龟缩在民团局里面不敢出来。后来，民团局仗着有军队的庇护，采用了缓兵之计，传话"只要查清没有通匪事实，保证即刻放人"。由于缺乏斗争经验，农友们信以为真，于是回家等候消息。不料第三天，国民党的广西军队撤走时，作为邀功领赏的战利品，把黎亚梓押到梧州后，即把黎亚梓杀害。

（二）三县自卫军　联合攻都城

1927年5月上旬，由中共郁南县党组织负责人、县农会常委钟炳枢，郁南县农会秘书、平台区农会会长龙师侯牵头，联系封川、云浮两县农民协会负责人集中到郁南三区义勇寺开会。会议分析了当时的严峻形势，讨论了农民协会面临的各种实际困难，根据省委的各地采取一切斗争手段起来建立根据地的要求，为使农民运动持续深入发展，巩固农民运动既得成果，反击反动派对农民运动的疯狂镇压，同时替郁南县农民协会主席廖翔仪和陈均权等死难者报仇，并把农民运动推向高潮，会议决定武装起义，联合攻打都城。都城是郁南、云浮、封川三县的商业中心，也是政治文化的中心，既驻守着国民党的正规军，也有在农民运动期间从各地逃到都城躲避风头的众多地主恶霸富豪，可谓势力强大，人多势众。如果攻下都城，就可以建立稳固的后方基地，扫清前进的障碍，以利于三县农民运动的发展。

5月17日晚，封川县二区农民自卫军在区领导梁玉山、陈定林、龙萧等带领下，乘着黑夜掩护，摸到都城附近，埋伏到都城驻军的兵房脚下，等待凌晨总攻的信号。

不料18日凌晨因郁南县的桂圩连下暴雨，桂圩河洪水猛涨，对岸的农民自卫军无法渡河，只有郁南县平台、封川县和云浮县1000多人的农民自卫军按时到达进攻地点，进攻命令无法下达。一直等到快天亮了，驻军的兵房突然吹响了冲锋号，大量的驻军发起了冲锋，向封川县农民自卫军的阵地压过来。在这危急的关头，封川县农民自卫军临危不惧，即刻组织反击，借助有利的地形，集中强大的火力，以强大的杀伤力阻击驻军的冲锋，打乱了驻军冲锋的队形，驻军只得撤回驻地防守。

随后，农民自卫军即按原计划兵分三路向敌人据点发起总攻，出人意料的是战斗刚打响，敌人反应迅速，抵抗火力密集，防守阵地坚固。原来，农民自卫军暴动计划事前早已被敌人获悉，驻都城的广东守备军一个营和治安会等武装力量已周密布防，修筑好坚固的阵地，严守各交通要道，甚至连正在都城受训的治安训练班的受训学员，也被抽调到阵地对付农民自卫军。因此，当龙师侯亲持蓝底"龙"字大旗组织人马攻城时，受到敌人枪弹的猛烈反击，几次凶猛的进攻也攻不进敌人的防守阵地，双方交战十分激烈，从早上7时一直战斗至中午11时许，共毙伤敌人30多名，农民自卫军也伤亡30多人，被俘虏20余人，损失枪支20余支。在指挥农民自卫军攻城的战斗中，总指挥聂应时不幸中弹光荣牺牲。后来，农民自卫军的领导认为暴动计划已被敌人觉察且已加强防御，强攻难以取胜，为了保存实力，决定主动撤离战斗。于是，三县农民自卫军随即撤回到平台、沙田、妙门和封川县二区平岗一带进行休整。

（三）截刘湾匪帮　救被抓会员

由于国民党进行"清党"，封川县的党部和农民协会筹备处被撤销，工作人员被停止了工作，甚至有人被捕。当地的反动势力及当权者认为捣毁农运的时机已到，于是封川的土豪劣绅和县长串通起来，纠合第一区、第二区的反动地主豪绅、民团头目等，密谋招抚土匪为其效命卖力。

1927年6月17日（农历五月十八日），民团头目黄宴平指使土豪李巨伦（花名"大光灯"）、沈儒门等勾结土匪刘湾，出动该区三总民团以及土匪100多人，突然袭击河村。河村农会候补委员聂光汉逃出家门时，土匪连打四枪，身负重伤。聂伯元侥幸逃脱，音讯全无。但聂光汉年仅两三岁的儿子，竟被匪徒残忍地用棍打致昏迷。农会会员李式基在家中被匪徒枪杀，农会会员黄桃明在书馆被打死。匪徒在大肆洗劫河村后，把耕牛及其他物资一大批运走，还抓了聂汉初等十多名会员和群众作为人质。

河村被土匪洗劫的锣声在二区上空敲响，各乡的农民自卫军和农会会员随即闻警而动。五六百民众拿着枪、锄头、棍棒等各种各样的武器，四面合围匪徒。开始的时候匪徒还进行顽强抵抗，开枪恐吓群众，农民自卫军开枪进行猛烈还击，把土匪打得喊爹叫娘，农民自卫军命令土匪放人和放下抢劫的财物，土匪为了活命，只好放人弃物，夺路逃跑。

（四）登元村之战　艰苦而激烈

1927年6月20日，农民自卫军撤退至登元村后，为防敌反扑，迅速修筑工事，严密封锁交通要道，加固村中寨闸围墙，以主力固守居高临下的炮楼，严阵以待来犯之敌。当时驻守在城琰村的何大、冲方十的队伍知道国民党和民团进犯农民自卫军的情报后，也迅速赶到登元村增援，重点据守炮楼，与农民自卫军并肩作战，大大增强了防守的力量。

21日，大批敌军跟踪而至，集中全部兵力，用强大的火力猛攻登元村。农民自卫军临危不惧，沉着应战，利用有利的地形进行顽强的抵抗，多次打退敌人的进攻。战斗最激烈的时候，敌军用大炮轰炸，并一天进攻六七次，曾经一度攻入村内，均被农民自卫军一次次地击退。鏖战六个昼夜，双方还处于对峙状态，敌人无计可施，而农民自卫军也打得异常艰苦，伤亡了26人。

后来，当地反动势力到都城再次重金聘请严博球部的守备军一个营赶来增援。他们想出一条毒计：用挖地道的方法通入村、炮楼，然后再用火攻。他们强迫平岗、凤村等当地农民挖地道，并把附近村庄农民家中的柴草全部强行收集，准备向农民自卫军发动大规模的进攻。26日，三十七团二营又增调了一个机关枪班的兵力，农民自卫军获得了国民党军队大举进攻的消息后，为了保存实力，决定撤退转移。26日深夜，趁着守备军防守松懈，对具体情况不了解，立足未稳之际，借着夜色的掩护，突出重围，迅速地将主力转移到郁南县的平台、妙门，与郁南的农民自卫军会合。其他群众武装则分散在各个乡村隐蔽，化整为零。

第三章
抗日战争时期

　　抗日战争时期，封开县的多名中国共产党党员以社会职业为掩护，以隐蔽的半公开的形式，在境内发动民众开展大规模的抗日救亡运动，成立了各种各样的抗日团体，积极做好各项备战工作，收留、安置了大批从沦陷区逃到本县的难民。一些青年农民、学生在中共地下党员的影响下，走上革命征途，还有许多志士在"国家兴亡、匹夫有责"的口号感召下，奔赴抗日前线，用生命捍卫神圣的国土。

党以隐蔽方式　组织抗日救亡

抗日战争期间，在封开境内，因地处偏僻的山区，共产党员就以半公开的，更多的还是以隐蔽的方式在这片土地上发动民众，开展抗日救亡运动。

一、七星山区　燃起抗战烽火

抗日战争时期，党组织派到封开县开展工作最早的是徐儒华。他是德庆县人，1938年加入中国共产党，在广州参加民运工作，同年8月由党组织派回德庆县工作。按照党的指示，他利用合法身份宣传党的抗日主张，发展党员，组织"青抗会""妇抗会""抗先队"等各种抗日救亡团体和抗日武装。1939年4月，徐儒华率领徐文和抗先队两位队员来到七星山区，在封川县七星黄岗大山与土匪杨祝娣等秘密会见，对杨祝娣等进行统战工作。杨祝娣是一个亦官亦商、亦匪亦兵、亦正亦邪的地方实力派人物，他与国民党有一定的矛盾，具有一定的正义感。在徐儒华影响下，杨等人转向抗日的行列，投入抗日的活动之中。不久，在徐儒华的具体指导下，组织成立了抗日自卫队。

1944年9月西江两岸沦陷，各地群众纷纷投靠亲友或逃到深山中躲避，但到处都受到日军的蹂躏，居无定所，生活无着，民不聊生。更有土匪横行，到处抢劫、勒索，严重扰乱社会治安。为了发动人民积极投身抗日斗争中，参加抗日救亡运动，徐儒华决心进行清匪剿匪工作。他到七星等地向村民宣传抗日救亡、清匪锄奸反霸维护社会治安的意义和道理。村民接受党的抗日主张,配合抗日自卫队积极收集情报、联络交通。当时,七星大界村的匪首"大界狗"气焰嚣张,对德庆县的三河抗日根据地常有扰乱和破坏的行为。徐儒华派自卫队围剿匪营地,端掉匪巢,活捉了"大界狗",并当即就地处以死刑,当地群众拍手称快。

1945年夏季,国民党统治者知道抗日自卫队是共产党所组织领导的,害怕发展下去会动摇其统治地位,便千方百计地限制抗日自卫队的活动,到后来发展成武装冲突。他们有计划、有预谋地组织地方反动武装打击抗日自卫队,并采取突然袭击的方式,缴了抗日自卫队的枪械,并且宣布徐儒华是共产党分子,是"赤匪",下令通缉。为此,中共党组织指示,徐儒华率领徐少雄、徐宝莲、徐镜泉等人秘密转移到德庆、封川、怀集三县的边区——白石坑、鲶鱼坑、镇竹坪、六龙坑、诗洞等地方活动,并采取分散隐蔽的形式,开展组织武装工作。

徐儒华等在七星地区活动期间,深入各个村寨,广泛向群众宣传抗日保家卫国的道理和清匪剿匪的意义,得到当地群众的大力支持与热烈响应。村民积极配合,自备武器弹药,组织了60多人的农民武装队伍,并就地开展自卫、锄奸等工作。

盘踞在七星一带的另一股以冼苏为首的土匪,对徐儒华等人时常进入七星山区极为恐慌,恨之入骨,派出匪徒四处打探徐儒华的行踪及其活动情况,对徐儒华的性命造成极大的威胁,对开展抗日宣传工作带来极大的不利。为了更加有效地开展工作,消除威胁,必须将这股作恶多端的土匪消灭掉。于是徐儒华把这一任务交给了早些时候组织起来的农民武装成员,让其设伏。击毙了匪首冼苏,缴获驳壳枪一支。为了彻底消灭这股土匪,第二天晚上,农民武装队伍又夜袭了冼苏匪巢据点——黄豆地,当场击毙另一匪首冼其，缴获步枪一支，其余匪徒在群龙无首的情况下狼狈逃命。这两次对土匪的袭击，消除了这一地区的匪患，初步显示了农民组织起来的武装队伍的强大威力。徐儒华在七星山区发动民众，开展抗日救亡活动，培养了一批农民抗日骨干，组织起了农民武装力量，既宣传了抗日救亡的道理，树立了共产党的威信，又打击了当地的土匪、恶霸，为民除害，稳定了七星山区的社会治安。

后来，徐儒华根据党组织的指示，离开七星山区路过黄岗山时，再次会见了杨祝娣，继续对他进行统战工作。根据徐儒华的指示，杨祝娣派出手下与德庆的罗阳地区的土匪恶霸"黑面虎"进行积极有效的消耗战，削弱了"黑面虎"的有生力量，为徐儒华以后创立三河游击根据地创造了条件。徐与杨的接触，也为以后在解放战争中，为解放封川争取了武装力量，使杨祝娣及其部属参加了共产党领导的组织，创建了七星、黄岗游击区，狠狠地打击了国民党在封川的势力。

二、打入内部　开展地下工作

1938年7月，在国民党六十四军工兵营任少校科员的刘坚参加中国共产党，与同一部队教导团的妇女连黄梅（女）同属西江特委领导，进行秘密的地下革命工作，并与陈道、梁嘉、刘田夫等广东党组织领导人有单线的联系。

1939年，刘坚随国民党军队邓龙光部进驻高要县禄步，同年10月又随部队移防开建县，驻扎在离开建县城几公里的乡村。刘坚根据党组织的指示，积极开展抗日宣传工作。他针对国民党倒行逆施、消极抗战的行为，广泛争取所属官兵一致抗日。刘坚与黄梅还针对国民党军队军官对士兵经常打骂的情况，在士兵中掀起了一场反对军官迫害士兵的宣传活动，以此来启发各官兵的觉悟，改变部队的旧习，剔除封建军阀遗留下来的旧风气，增强军队内部的团结，改善官兵的关系，达到一致对外的目的。

为了更好地宣传抗战，搞好地方关系，刘坚与另一个军官主动联系当地的国民党参议员，争取他们的支持与合作，做好驻地周围群众的工作，建立良好的军民关系，掀起了当地青年投军报效祖国的热潮，仅开建县新华乡的出征军人就有六人。为了解决出征军人的后顾之忧，还发动各界人士踊跃筹款，组织人员慰问、优待出征军人家属等一系列活动。

当时，在开建县组织开展抗日救亡的还有李镇靖等一批进步人士。

李镇靖，又名李松筠，郁南县人，黄埔海军学校毕业，后赴延安抗日军政大学学习。1939年毕业后派回广东工作。1941年春节前回到郁南，因组织关系未转到，为了隐蔽，春节后即到其父亲李静渊工作的地方——开建县城南丰暂住，并在开建简易师范学校当代课教师。李镇靖利用上课的空隙向学生宣传进步思想，揭露日本帝国主义疯狂侵略中国的罪行，向学生灌输爱国主义和捍卫民族尊严的思想。特别是针对国民党掀起的反共逆流，揭露其投靠日军所抛出的"曲线救国"方针，经常利用课余时间和节假日组织发动学生进行广泛的抗日救亡宣传活动。抗战宣传产生了良好效应，学生们走上街头，吹打着洋鼓喇叭，展开大游行，表演文艺节目，拉横额、贴标语、作演讲，向群众揭露、控诉日本帝国主义侵略中国的滔天罪行，声讨汉奸卖国贼，讲述"国家兴亡，匹夫有责"的道理，以激发各界人民群众的爱国热情和增强团结一致、抗战到底的决心。在李镇靖的引导下，学生们阅读进步书刊，关注时势发展，树立了追求进步、向往自由的信念，革命觉悟不断提高，部分学生如莫昭平、李沧等后来投身了革命，还刺杀国民党开建县长韩继忠夫妇，制造了轰动当地的事件。

韩继忠至1944年时已任开建县县长七年多，期间，正是日军全面侵华时期，在国家山河破碎，人民生活水深火热之中，他却鱼肉百姓，横征暴敛，包烟、包赌，以权势垄断粮食市场，借口上交军粮为名，压价强购。官商勾结，垄断开建全县的煤油、火柴等日用品的销售，造成物价高涨、奇缺。纵有上诉者，也被以"乱党"之罪逮捕。

李沧、莫昭平、莫延湛等热血青年对韩继忠的所作所为恨之入骨，秘密酝酿刺杀韩继忠为民除害的行动。1944年3月，韩继忠的任期已满，准备秘密离开开建。李沧、莫昭平等探听到韩继忠将于1944年3月13日（农历二月十九日）乘船离开，便做好行动的准备工作。当韩继忠夫妇及随行人员来到搭船的必经之路南丰街的"时和"商店的侧水巷口时，伏击队员借赶集人数众多之机，接近韩继忠，出其不意地用手枪向韩继忠夫妇短距离射击，韩继忠夫妇被击中要害，当即倒地身亡。此事件震惊全省，也成为革命青年投身抗日救亡运动勇于向反动势力作斗争的重要见证。

而在封川县的封川中学，党组织领导下的抗日救亡宣传工作，也开展得有声有色。1943年，德庆县党组织负责人谢道源在中共郁南地下党的安排下，通过各种社会关系，到封川县立中学任教，以公开合法的教师身份掩护进行革命活动。他开展抗日宣传活动，以大量史实剖析造成国破家亡、国弱民贫、沦陷为奴的原因，讲述中国长期受到帝国主义欺压、奴役等种种社会现实，呼唤广大学生要担负起拯救祖国命运、民族前途的历史重任。同时广泛结交朋友，以交流思想、畅谈形势、时事探讨等方式向广大群众和各阶层的人士，隐蔽地宣传共产党的抗日主张、政策。组织以学生为主体的宣传队，把从教师那里学到的道理、主张以及对社会形势、国家命运的认识等，以游行、出墙报、作演讲、唱歌、演白话剧等形式走上街头，分赴乡村宣传到全县各地，从而掀起了全县抗日宣传的高潮。

成立抗日团体　展开救亡行动

一、建自卫队　严防日军入袭

在全国全省抗日热潮的推动下，为捍卫国家、保护桑梓，在封川县城成立了封川县御侮委员会，组建了封川、开建县抗日国民兵团（即民众抗日自卫团，以下简称自卫团），各有一个中队的建制。自卫团的建立，有效地加强了全县的自卫力量，维持了地方的社会治安，防止了敌人势力的渗透和破坏，为后来日军入侵时组织群众的疏散奠定了物力和人力基础。

同时在全县各地乡村，凡18～45岁的男性青壮年也纷纷组织起来，成立抗日自卫队。加强军事训练，加紧巡逻各村口和盘查行人，进行轮流值班站岗放哨。乡与乡之间，村与村之间加强联系，建成情报网，互通情报，交换情况，相互支援。

此外，为国家的独立、民族的生存，广大青壮年怀着"国家兴亡，匹夫有责"使命感，积极应征奔赴前线，从军人员家中因此缺少强壮劳动力。为了化解出征将士的后顾之忧，让出征军人家属过上好的生活，全县纷纷成立地方自发安抚组织，成立"优待出征军人家属委员会"。以各姓氏的祀田（公田）亩产每年收入的百分之六，作为这些组织的基金，每年分春（清明）冬（冬至）两次以实物的形式发给本姓出征军人家属，使出征军人的妻子、儿女、父母等过上与平时一样的生活，以全力支持军人参战。广大民众节衣缩食，通过各种形式、渠道募捐钱物，组织成立"慰劳队",慰劳前方将士。

尔后,还成立封川民众自卫队粮饷筹给委员会,负责统一筹集自卫队粮饷。并加强扩充自卫队力量,负责协调处理人、物迁移及保卫、治安工作。当日军入侵时,有效地掩护民众财产的疏散,保护人民的安全,安定了民心,社会秩序和治安稳定得到较有效保障。

二、民众合力 掀起救亡热潮

抗战时期,封开人民在国难当头,在共产党员的隐藏组织推动下,展开了一系列抗日救亡活动。

一是自觉抵制日货。抗战初期,特别是日本飞机在封川、开建县境到处狂轰滥炸后,激起人民的同仇敌忾,形成一股空前的民族危机感,抗日斗争日益高涨,自觉拒买、拒用日货,以实际行动参加抗日救亡工作。

二是积极展开各项备战工作。一方面把重要物资疏散到偏僻的山村,藏于安全的地方;另一方面着手修筑战壕、设立瞭望哨,准备各种生活设施,储备粮食,还以毁路毁桥切断交通要道的办法,防止日军快速入侵。当地驻军为防止日军从西江进犯,曾征用民船30多艘,装载粗重石条石块,沉入江中主航道,以阻止日军舰通航。

三是捐钱捐物支援抗战。各界人士纷纷行动起来,做到有钱出钱,有物出物,为打败日本侵略者献力量。许多热血青年则报名应征,走上抗日战场,为国征战。

四是有序疏散安置民众。抗战期间,封开人民对从沦陷区逃入县境内的难民,伸出援助之手,给予生活出路和住宿安置,热情帮助他们搭建临时栖身之所,提供山地让他们开荒种地以自食其力渡难关。1944年9月中旬,日军侵占怀集、郁南等县欲进犯封川时，全县即紧急进入战时状态，迅速疏散人口、物资，以防敌人的烧杀掠夺。

五是实行联防。为了保卫乡土、稳定民心、维持社会秩序，一些知名人士、公正士绅，出钱出力，筹措粮饷弹械，集结各乡武装，实行联防。如封川县德宁乡自卫队共有200余人，派出队员驻防罗董圩，维持秩序，动员商店恢复营业，以解民众生活所需。在其影响下，封川县和开建县的其他乡村，也努力开展抗日自卫联防工作。

第四章
解放战争时期

  解放战争时期，中共党组织在封开活动恢复并进行各种革命活动，创立游击根据地，组建革命武装队伍，展开了以革命武装反抗国民党反动派反革命武装的艰苦斗争，游击根据地不断巩固和拓展。封川、开建县人民在中国人民解放军粤桂湘边纵队绥贺支队的组织领导下艰苦奋斗、勇往向前，策动武装起义、积极开展统战工作和攻势作战，并配合南下大军推翻了国民党的反动统治，解放封川、开建县全境，建立了人民政权。

第一节 党员受命进入　增强组织力量

　　封川、开建县虽地处偏僻，地方势力及国民党当局却实行"铁桶式统治"，特别是对陌生人进入境内十分敏感，中共组织在此展开工作相当困难，但仍然想方设法派遣党员到封川、开建进行隐蔽的斗争。1946年12月，为适应抗日战争后形势发展的需要，中共广东区委成立西江特委，领导高要、德庆、封川、开建等县党组织和人民武装，针对国民党重点进攻西江游击根据地的阴谋，采取"巩固发展"的工作方针，即一方面坚持原有地区，巩固原有部队和群众；另一方面积极大胆开辟新区，加强发展党员，成立群众组织，坚持长期斗争。梁枫、陈家志、王浩波等共产党员就是在这样的情况下来到封川县开展隐藏斗争的。

　　梁枫（女），郁南县人，1946年12月以教师的身份来到封川江口小学展开工作。党组织交给她的任务是了解江口地区的形势，传播进步思想，相机发展组织，开辟新区。她每周以探家的名义回都城向党组织汇报工作进展情况。半年之后，党组织又把梁枫调到云浮工作。

　　陈家志、王浩波通过中共郁南县地下党组织的安排，隐藏在江川的盲塘村中共党员谭机佳的家里，开展各种革命活动。

　　梁枫、陈家志和王浩波虽然在封开隐藏革命工作不长，但通过他们的具体工作，党组织能及时地了解掌握封开的实际情况，及时调整工作的方针政策，制订了一系列的工作措施。后来在谭机佳家中建立了联络点，成为接送来往人员、安排食宿、传递党组织信件等革命工作的重要据点。

第二节 开展武装斗争 创建游击新区

1947年5月梁嘉等由香港回到广宁，在紫荆坑召开分区负责人会议，讨论如何在绥江、贺江之间创立游击根据地以及发展武装斗争的方针、策略和具体部署等问题，决定趁粤桂两省国民党分兵据域的时机，透过其控制区打击广宁、怀集、德庆、封川、开建等县的反动武装，并组织挺进队，开展广、德、怀边境地区的游击战争。挺进队贯彻执行党的统一战线政策，争取当地开明人士合作，壮大革命力量。还在广、德、怀、封边境地区掀起了一个以反对"三征"、维持治安、打击国民党乡村反动势力为主的武装斗争高潮，逐步创立了边区游击根据地和封开游击根据地。

一、挺进云塘 组建村游击队

七星岩顶海拔1274米，位于封川县北，又叫黄岗山，跨越封川、怀集县境，而云塘村则处于七星岩脚下，位于封川县境内，北靠怀集县诗洞乡，东南西北均不与开建县接壤，但云塘村在新中国成立前属于开建县管辖，向开建县政府交纳赋税，讲开建南丰方言，平时是一个"三不管"的地带，被称为"飞地"。因此开建县在云塘村设特别保，这里山高林密，道路迂回曲折，易守难攻，是开展游击的好地方。当时，我党的武装怀南队已活动到六龙坑、诗洞等山区地带，而且建立了游击根据地，建立了乡政府。为了加强与周边地区的联系，扩大游击根据地，动员广大群众投身革命洪流之中，怀南队长黄江选派钱有年率领三个游击队员来到云塘发展游击新区。

钱有年等以开荒种田为名来到云塘，秘密地串村走户，宣传党的方针政策，动员广大群众团结起来，推翻国民党反动政府，并动员青年参加革命队伍。经过几个月的宣传发动，云塘村的几十个青年积极响应，报名参加游击队后，被群众送到六龙坑游击队中去。没去游击区的青年也组织起来，加入革命行列。云塘的部分热血青年，曾跟随怀南队到怀集县桥头等地参与过打击土豪，开仓分粮，接济贫苦民众，还袭击国民党关卡，为游击队的展开活动扫清障碍等革命斗争。到了游击区的队员经过正规的军事化训练后，有的被派回云塘，秘密成立云塘队。为了提高战斗力，全体队员住宿在山上，随着情况的变化变换不同的营地。在云塘，队员们继续集中进行系统的军事训练，学习一些时事、政治等，而粮食则向当地的富裕户筹措。

1948年夏，黄江率领有六七十人的怀南队到封川、开建县境的莲都、七星、云塘一带山区活动，云塘队在怀南队领导之下共同生活、行动。为了巩固游击根据地，怀南队一方面打击国民党地方反动势力，一方面深入农村做群众的思想工作，宣传游击队和共产党的政策，号召广大青年参军，要求大家团结起来，推翻国民党反动政府。同时，积极为民办好事实事。如国民党在莲都与云塘来往的路口，设个税站模样的关卡，专门为难并勒索群众，收取过路费，并驻有一个班的人员把守。于是怀南队便派出一个小分队进行袭击，摧毁了关卡，方便了群众的来往交通。怀南队在云塘村中各项工作开展得十分顺利，得到群众的支持和拥护。

1948年5月下旬，国民党对西江游击区进行疯狂"围剿"，敌"围剿"部队来到云塘村，扬言要捉拿通红军的群众，并烧了两间民房，对群众的财物进行抢劫，还打死两个逃避不及的放牛小孩。鉴于云塘村群众的强烈要求，怀南队决定以全部主力袭击敌军。这次袭击采用摸营的手法，不料敌人加强了戒严，加上有大雾，引起了激战，四面八方的敌人闻到枪声后，向着怀南队的阵地合围过来，由于敌众我寡，怀南队只好撤出战斗。因撤退仓促，无法通知云塘队随主力部队转移。而此时云塘队就隐藏在云塘尾两边山头的林子里，敌人不把这支队伍放在眼里，而把有机枪的怀南队作为追击的目标。留下一个营的兵力对云塘队进行围剿。云塘队面对强大的敌军，只好化整为零，隐藏起来。

开建县的云塘游击区是在怀南队的组织、帮助下发展建立起来的游击区，也是封开县最早建立的游击区之一。

二、辟游击区　建立联络据点

1946年10月，中共广东区党委发出《关于农村系统工作的概略意见》，要求"西江武装应靠粤桂湘边境活动，尤其注意向粤汉路西侧边境活动"。并制定了"实行小搞，准备大搞，从无到有，从小到大，稳步前进"的战略方针，号召各地扩大开展游击战争，领导群众进行反"三征"和减息的斗争，打击地主反动武装，摧毁反动政权，广泛建立山区据点，为大搞武装斗争打下基础，把"重点放在边境山地和重要之交通线上"。这些重要指示，为西江两岸武装斗争的进一步开展指明了方向。

七星山区地处广宁、德庆、怀集、封川、开建五县交界处，山高林密，地形复杂，道路崎岖，云雾遮天，是易守难攻、进退自如、展开游击战争的理想回旋之地。因此中共西江党组织特别重视七星游击区的开展工作。1946年12月，中共"三罗"特派员谭丕桓根据上级的指示，派陈家志到德庆负责中共地下党工作，为组织德庆、封川人民开展武装斗争做准备。

七星山区镇竹坪的黎珠，是个向往革命的进步山民，经常担山货到德庆的高良、三河等地出卖，伺机为游击队提供德、封边境的各种情报，与德庆的游击队联系密切。黎珠通过徐儒华、黎永钦等人的介绍认识陈家志，并经常到双华烟铺与陈家志谈心，由于长期接触，他们成为志同道合的好朋友，成为革命的知己。陈家志经常以采购山货的名义，和共产党员黎永钦等到七星山区开展秘密活动。在黎珠的引领下，陈家志广交朋友，先后吸收了黎珠、黎新兴、王芳年、黎炳洪等做交通员，建立了七星镇竹坪村秘密交通联络点，负责接送人员、筹办给养和侦察敌情等工作。

1947年8月，粤桂湘边区工委委员王炎光到都城接收德庆地下党组织的关系，并传达了边区工委要"迅速把德庆武装起义搞起来"的重要指示，指出："如果德庆起义力量不足，可以请叶向荣部队来帮助。"要请叶向荣来帮助，就必须打通德庆三河到怀集六龙坑的交通线。于是陈家志在陈锋、刘乃仁、黎永钦、黎珠、谈四、王佐龙等人的帮助下，分别由封川、广宁两个方向，四次冒着生命危险到怀集，做艰苦的疏通工作，终于打通了到六龙坑的路线，与叶向荣部取得联系。并在部队挺进的路线途中即七星山区的深六、三洞、东光、平洞设立情报点，物色向导，安排宿营地方，准备粮食，为部队挺进德庆做好各项准备工作。

在开辟七星游击区期间，党组织也加紧在江口地区建立联络点工作。江口位于西江上游，西江、贺江两江相夹，一面依山，三面临水，与广西梧州相邻，水上交通颇为发达。基于解放战争时期怀南和粤桂湘边的游击区发展很快，急需大量的人才，中共广西梧州地下党员郑镜南和余拔贞执行中共桂林地下党组织吴腾芳和陈钜等的指示，在江口物色人选，建立秘密的联络点。经过一段时间观察，在各方面的努力下，他们终于在江口客栈建立了一个秘密联络点。这个联络点为怀南游击区接转大批人员，也为其他游击区输送急需的人才。当时中共党员吴腾芳受上级党组织的委派去怀集作为负责人，就是通过江口客栈交通（联络点）的安排，在梧州地下党员余拔贞的亲自护送下，在江口搭船经贺江逆流而上，到南丰上岸，再走陆路经金装、长安后进入怀集县境，一直送到怀集县城交给怀集地下党领导莫让的。以后还有不少革命战士，也都经由江口客栈联络点负责，接送到怀集、广宁游击区。

江口对面江川的盲塘村的谭机佳是一个热血青年，积极参加革命活动，在共产党员李万辉的介绍下加入中国共产党。在他的影响下，哥哥谭石佳也积极参加革命工作，掩护中共地下工作者的活动，还积极帮助地下党做了很多秘密工作。由于其家的位置比较特殊，与毗邻的各县水陆交通较为方便，且有后山可以隐蔽等有利条件，因此，西江地下党组织十分重视该处，利用此处供地下工作者作掩蔽的落脚点。当形势对我地下党不利的时候，就安排到谭机佳家隐藏，以保存革命力量。"三罗"领导人谭丕桓就亲自安排陈家志、王浩波等住在这里，度过了危险时期。陈家志与植青三进六龙坑失败，准备向都城党组织汇报情况时，又是在谭机佳家中煮番薯充饥、敷药治疗脚伤后才到都城的。每遇到西江地下党在都城的重要信件不能安全邮寄时，总是派人送到谭机佳家，通过谭石佳到江口担粪的时候邮寄的。

由于适时、积极开创了七星游击区和建立了封川、江口联络点，扩大在人民群众中的影响，为以后德、封、开、广、四、怀游击区连成一片打下良好的基础。

三、袭乡公所 活捉敌伪乡长

1948年3月下旬，广德怀抗暴义勇总队在六龙坑整训结束前制定了以德庆三河为绥贺地区军事斗争的中心据点的战略。并以此作为向外发展的依据，同时以怀集、封川、开建边境和广宁东部的罗壳山，四会的大南山为支点，建立起绥贺地区统一领导，互为掎角，形似梅花的游击根据地。

1948年4月初，中共粤桂湘边工委，针对国民党的"清剿"，制定了"放手发展，到处歼灭地方反动武装，造成到处都是力量，到处都是据点；黑了南方，亮了北方，黑了彼点，亮了此点"的作战方针，确定了"扬帜五岭、饮马西江"的作战总目标。绥贺支队第二团到德庆、封川边境活动，先后在封川的白石坑、黑石顶区、杨梅岭、石头圩等地发动群众组织民兵，开展游击战争，开展反"三征"斗争，帮助群众反霸除奸，打击地方反动武装。

4月18日郁南县发动"四·一八"武装起义，国民党当局慌忙将正在进剿绥贺支队的部队调到郁南救急。为了实现由边境推向腹地、由山区推向平原的作战方针，活动于七星地区的绥贺支队主力决定趁着空隙将军事斗争推进到河儿口、渔涝等平原地方。而驻守河儿口的国民党军队是向平原挺进的一个障碍，于是决定伺机打击河儿口之敌，扫清前进的道路。经派人对河儿口的敌情进行具体侦察后，5月2日晚上，绥贺支队主力百余人，由司令员陈胜率领，星夜从七星山区的深六村向河儿口方向进发。队伍到达扶学村时，得到情报，河儿口的敌人兵力增加，加强了戒备，于是当机立断，放弃攻打河儿口的计划，决定奔袭文东乡。绥贺支队主力在5月3日拂晓，冲进设在莲都圩的国民党文东乡公所。敌人慌忙从后门逃到名叫罗髻岩的洞中，绥贺支队立即包围罗鬐岩。由于洞深，地形复杂，很难强攻，唯用智取。于是派出人员向洞内喊话，宣传政策。洞里大部分的士兵都是为生计而为国民党卖命的，在政策宣传下多数动摇了，一个个从洞里出来，放下武器。这次突袭文东乡公所，活捉了国民党文东乡乡长欧学鹏。

四、建特派队　活跃武装斗争

6月下旬，中共绥江地委和绥贺支队第二团在德庆县黄石降整训队伍，学习毛泽东军事思想。8月以后，绥江地委和绥贺支队遵照中共中央香港分局5月间给粤桂湘边区工委的指示，组织了七个武工队向南部发展，其中徐儒华率领部分队伍到封川县江口一带活动。这样，广宁、德庆、怀集、开建、封川的武装斗争又活跃起来。

1948年11月，根据形势发展需要，为恢复封川、开建、怀集游击区并协同部队进行军事活动，绥贺支队指挥部决定成立封川特派队。封川特派队进入七星山区，目标是向封川、开建方向发展，任务是宣传发动群众，侦察敌情，吸收新战士，扩大队伍，筹集供给等。为了巩固游击区，扫清前进障碍，封川特派队进入七星后，首先镇压了国民党文德东乡民众自卫大队十一中队副植禧元、谍报员黄金妹。公审危害革命利益的甲长冯启开及其弟弟冯启初，当众予以处决。不久又围捕了专门刺探游击队情报的谍报员徐单静，也处以死刑。从此七星山区一带的地方反动气焰大为收敛。群众踊跃参军，队伍迅速扩大，封川特派队由初建时只有20多人，发展到60多人。机枪一挺，长短枪40多支，并在山区边缘的古藤塱、白沙塘、白屋、上扶、埇侣、罗源等村建立秘密活动点，作为向平原区发展的前哨阵地。特派队在七星地区活动，得到了当地人民的拥护和支持。群众节衣缩食支持部队给养，掩护部队，救护伤病员，作交通向导运送物资，收集和传送情报，不怕牺牲生命。当部队来到上扶村时由于缺柴少床，连当地的老婆婆也叫子孙送来木柴和稻草，供部队烧火煮饭和作垫床用，到达杏花凤楼时，得到群众送的盐油等生活物资。

五、收编股匪　控制黄岗山区

七星的黑石顶上耸立着一个大山寨，这是大土匪杨祝娣的老巢。杨祝娣股匪有匪徒300人之多，以黑石顶为中心，在附近周边几个县设有情报站，对外界情况了如指掌，而且还有一个跛脚的当过国民党军队团长的人做他的"军师"，替他出谋划策。因此，在很长时间内，连国民党的正规军也奈何不了他们，曾数次围剿，也无法把他们打败。因此，国民党只有用招抚的办法，加官封爵等手段拉拢杨祝娣，使其有所收敛。而封川特派队要打通怀南地区与德庆的通道，与德庆的游击区连成一片，实施由山区向平原推进的目标，就得首先控制住黑石顶、黄岗一带的山区。因此，对杨祝娣股匪的争取改造工作尤为重要及紧迫。当时，由于七星、黄岗山区的土匪很多，这是国民党黑暗统治下形成的严重社会问题，也是游击队巩固七星游击根据地及开辟黄岗游击区必须解决的紧迫问题。封川特派队如果顺利地团结、说服杨祝娣股匪，既可增强封川特派队的力量，孤立打击国民党在封川的反动势力尤其是地方军事势力，又可利用杨祝娣在地方的"龙头"影响力，清除七星山区的匪患，稳定和扩大七星游击区。

杨祝娣，又名杨炳昌，七星进民村人。常以侠义自负，具有一定的正义感，早年落草为寇，善使双枪，百发百中，远近闻名。经常打家劫舍，危害百姓，扰乱民心，后来被国民党封川政府招安任职。抗日战争时期，曾任国民革命军第三十五集团军"德封游击队"队长，1948年1月任封川县警察局督察、渔涝冬防队队长、封川县常备自卫中队队长，兼营山货、钨砂，是一个亦官亦商、亦匪亦兵、亦正亦邪的地方实力派人物，也是国共两党极力争取拉拢的对象。1948年冬，他因与国民党封川政府有矛盾，受到排斥，又慑于共产党的声威，弃官回家。不久在黄岗山区的黑石顶聚众自立，重操旧业。此时，封川特派队对杨祝娣的动向密切注意，先后多次对杨祝娣进行争取、分化、利用、改造工作，派出陈家志、黄江、何涛、林今灵等人找其谈话，讲清形势，宣传共产党的政策，晓以大义，使其归附。那时杨祝娣的态度还比较暧昧，抱着观望的态度，何去何从摇摆不定。

当时，由于国内形势急转直下，南下大军节节胜利，绥贺支队已经站稳了脚跟，并不断取得胜利，全国解放指日可待。在现实面前，1949年2月杨祝娣终于想通、觉醒，于是主动向绥贺支队政委叶向荣表示愿意改邪归正，要求参加游击队，接受中国共产党的领导。为了团结一切可以团结的力量，化消极因素为积极因素，绥贺支队决定收编杨祝娣部。于是叶向荣、何涛等亲自到黑石顶与杨祝娣谈收编的具体事宜。杨祝娣的部队愿意接受绥贺支队提出的收编条件，被改编为"封川县人民抗暴自卫队"，杨祝娣被委任为队长。为了加强这支队伍的思想政治工作，封川特派队派林今灵任该队的政治指导员，从思想、行动上具体执行改造的工作。植火友也带领一个机枪班随队进行军政训练。

以后，在杨部的协助下，封川特派队走遍了黑石顶一带的山区，先后拔掉了两枚暗钉，消灭了两股地方反动武装，消除了隐患，游击区从七星镇竹坪发展到黄岗山区。从此，封川西北自七星黑石顶、黄岗一带，西南至德庆县县城附近，南至德庆县九龙大部分区域，都在绥贺支队的控制之下，封川和德庆的游击区连成一片。同时，绥贺支队主力粉碎了德庆新县长华文治"围剿"三河游击区的阴谋，夺回了德庆县九龙地区的控制权，并将国民党军队压缩在德庆县城、马圩、官圩等几个据点，为以后配合南下大军解放广、德、怀、开、封地区奠定了基础。

游击队有了七星、黄岗游击区之后，便逐步向外围发展。西向渔涝、河儿口附近一带活动，西南进入杏花，先后在三礼、班石、香车、罗源、上扶等地展开一系列的活动，发动群众，宣传共产党的政策，讲解当前中国的形势，得到了当地群众的热烈欢迎和热情的支援。当部队缺少柴草时，群众送来柴草，看见游击队没床铺时，送来稻草作垫底，还送来粮油盐、蔬菜等慰问自己的子弟兵。

展开攻势作战　解放封开全境

辽沈、淮海、平津三大战役后，国民党的主要军事力量已经被中国人民解放军基本消灭，中国革命的胜利已成定局。国民党中央党部，国民党中央政府先后南迁广州，在华南地区作最后的挣扎。1948年12月30日，新华社发表了毛泽东撰写的新年献词《将革命进行到底》，明确指出："必须用革命的方法，坚决干净全部地消灭一切反动势力，推翻国民党的反动统治，建立人民共和国。"号召全国人民在中国共产党领导下，把解放战争进行到底。1949年1月1日，中共香港分局发出《关于迎接大军渡江和准备解放广东的指示信》，要求迅速扩大部队，把有战略意义的地区连成一片，以迎接解放军南下。封川的党组织及武装队伍热烈响应，展开攻势，加快创建、拓展根据地。

一、三战渔涝　发起新的攻势

（一）首战渔涝　震慑敌人

1949年1月29日，在德庆县云利河的黄石降村，中共绥江地委和绥贺支队召开干部会议。针对国民党西江当局以保安团、县保警队和乡村自卫队把守交通要道的情况，确定1949年春季攻势的目标是建立德庆、封川、开建、怀集的南部和广宁、四会、高要、清远及怀集东部两块根据地，并连成一片。

绥贺支队二团主力于1949年2月再次挺进七星、黄岗、黑石顶山区扩大活动，支援巩固封川特派队创建的封川游击区。根据封川的地理形势，绥贺支队主力决定攻克渔涝，控制贺江，实现将根据地由山区向平原拓展的既定方针。

1949年2月下旬，封川特派队根据绥贺支队领导的指示，派数人两次进入渔涝圩，进行实地侦察。绥贺支队经过反复研究，决定集中兵力进攻渔涝，并制定了具体的作战计划，动员了德庆县高良、封川县七星和黄岗的民众数十人组成担架队，帮助运输物资，支援部队后勤工作。另外，为减少部队阻力，避免多面受敌，事先对渔涝一带村庄的士绅做了大量统战工作，断了敌人的外援，使圩内的敌人成了瓮中之鳖。

1949年3月3日黄昏，陈胜、叶向荣率领绥贺支队主力、封川特派队、封川人民抗暴自卫队和德庆区队200多人，从黄岗的利板村向渔涝疾进。天黑到达罗源村，后沿渔涝河向渔涝圩行动，晚上10点左右，部队对渔涝圩形成包围态势。事前，杨祝娣以申请路条赴湘经商为名进入渔涝圩，并以同僚朋友的关系邀请文德西乡乡长陈广福、渔涝商会会长伍兆平等人到谦和商号打牌、饮酒。植火友率十名游击队员化装成商贩预先潜入东西客栈和莫敬昌粉店内，作为内应，并监视经济楼上的县保警分队的行动。内应打开东西客栈和河边闸门之后，由刘超明、林安、孔昭、郑容坤率领的四个战斗突击组迅速进入渔涝圩，分别向敌警察所、当铺、经济楼和乡公所秘密行动，埋伏在各个据点周围，等待进攻命令，伺机出击。

刘超明率领的主力部队，重点进攻敌警察所。他们派出两名战士化装成农民，以来报警有"土匪"抢耕牛为由，骗开警察所的大门，当警察对其进行检查盘问时，出敌不意持枪对准敌人，敌人看见只有两个人，便扑过来夺枪，其中一名战士被敌人夺去手枪，另一人大声呼叫、开枪，惊醒了敌人，慌成一团，并胡乱地开枪还击。而埋伏在门口周围的战士，飞速地冲入警察所，与敌人展开短距离的枪战，警察长冼才率领警士退入警士室进行抵抗，战士们即集中火力展开进攻。杀伤警士多人，冼才见伤亡惨重，即令其他警士分成两路突围，当逃至警察所右边的欧义记商店门口时，又遭到强大的火力阻击，冼才身中多枪倒毙，其余的警士无心恋战，有的举手投降，有的逃窜。

在谦和商号与陈广福、伍兆平等人打麻将的杨祝娣听到警察所的枪声时，即拔出手枪，指着陈广福、伍兆平等几个敌首，命令其缴械投降，以断其对部属的指挥联络，造成圩内敌人群龙无首。

攻打驻在经济楼的县保警常备中队的战斗最为激烈，由于杨祝娣队伍的人仓促开枪，暴露了目标，于是原先准备偷袭的计划不能实施，变为强攻。战斗打响后，敌保警常备中队负隅顽抗，在楼上居高临下打枪，扔手榴弹，机枪的火力很强，致冲锋的突击队员受伤，进攻暂时受阻。作战指挥员立即命令两个机枪手爬上经济楼两侧的楼顶，用机枪集中火力向经济楼的窗户射击，掩护战士向经济楼冲锋。郑容坤率领的突击组在机枪火力的掩护下，用大木撞开经济楼的楼墙，大部队迅速冲入楼内，打得敌人溃不成军，乱成一团。敌人见大势已去，只好丢下枪支，举手投降。

孔昭的突击组也迅速打垮了敌常备中队，占领了商会、乡公所。战斗持续将近一个小时，绥贺支队终于获得全胜。

这次战斗，毙敌警长一名，伤敌五人，俘虏敌乡长、商会会长等20余人，缴获机枪一挺，长短枪42支，子弹数千发和军用物资一批。封川特派队的战士卢八牺牲，两人负伤。

渔涝之捷后，封川特派队活动地区扩展到河儿口一带，七星游击区与德庆三河游击区连成一片，有力地促进了广、德、怀、封游击战争的深入发展。

（二）二战渔涝　截敌粮船

国民党封川县长李嗣芬惧怕游击队进攻杏花，便下令将杏花的公粮经渔涝水运至封川县城，庞大的运粮队伍由杏花进入渔涝，这种反常的情况被绥贺支队的侦察员获悉，绥贺支队即令封川特派队和封川县人民抗暴自卫队联合截击敌人的粮食。

1949年4月4日晚，当粮食装卸下船准备运走时，封川特派队和封川县人民抗暴自卫队联合夜袭渔涝驻敌，先摸敌人的岗哨，引起敌人的自相混乱，然后游击队兵分两路，直插渔涝驻军。何涛带领的一路攻打驻文德书院的守敌，然后再攻打圩内的敌人。黄江、林今灵率领的一路队伍攻打当铺。由于当地士绅的支持和内应的配合，游击队很快攻进渔涝圩。守着粮船的驻兵闻枪声后即刻开船起航。天亮时，发现敌粮船已经开走，部队立即追击。当时情况十分紧迫，如果粮船驶出渔涝的河口进入贺江，船就顺流而下，江面开阔，想要截住就十分困难。因此，必须在粮船未进入贺江之前把它截住。游击队员抄捷径，走近路，追到石便村时发现了粮船，于是游击队员就选择河面狭窄处的岸上一个低洼地掩蔽下来。当敌粮船进入伏击圈时，游击队员立即向敌粮船猛烈射击，将船拦住，并高呼"留下粮食，缴枪不杀"。护船敌兵见势不妙，乖乖地将五条粮船靠近岸边，并缴了枪。接着游击队便叫船工调转船头，把船驶回渔涝。

这次截回粮食100多担，缴获枪支三支，子弹60多发。收缴的粮食运回渔涝龙船岩后，一半分给当地农民度荒，一半让农民帮助运回七星游击区作军粮。

（三）三战渔涝　溃"忠义军"

两战渔涝，我军取得了控制渔涝的主动权，而国民党封川县政府，则千方百计想夺回渔涝这个心脏地区，巩固自己的统治势力。1949年7月下旬，下令国民党广东第十二专区水陆警备指挥部保安第一总队100多人，会同逃到县城的当地豪绅的地方反动武装共200余人，打着"反共忠义救国军"的旗号，从江口向渔涝游击区进犯。这天正是渔涝圩日，下午4时许，敌人在机枪的掩护下向渔涝圩猛烈进攻。由于事情仓促突然，敌情不明，驻扎在文德书院的游击队又只有两个小分队，游击队没有与敌人硬拼，主动撤出文德书院，撤到埇侣、鸡塘村隐蔽起来，避敌锋芒。这股敌人甚为狡猾，但又贪生怕死，他们吸取了县保警中队两败渔涝的教训，进入渔涝后，将主力龟缩在高墙厚壁的文德书院和当铺内，还在均昌顶、广信桥上设置岗哨，加强戒备。

封川特派队了解到敌人驻防的具体情况后，为挫其锐气，决定趁敌人立足未稳之机袭击骚扰，让敌人睡不了安稳觉。当天晚上9时左右，黄江、何涛作了战斗总动员，组成五个组约六七十人的突击队，由中队长孔昭率领，沿着上扶、六袍向广信河边秘密行动。部队到达广信桥，手枪组立即展开运动，向对岸的岗哨摸去，由于夜黑桥窄，有一个队员不慎跌落河中暴露目标，埋伏好的机枪组只好由偷袭改为强攻，一轮机枪扫过去，敌哨兵来不及还击，已应声倒下两人，其余的哨兵弃哨鸣枪，向渔涝据点逃跑，适与其巡逻队相遇，以为是游击队偷袭，互相射击，自己人打自己人。遭到游击队的袭击，文德书院、当铺和制高点均昌顶的敌人慌了手脚，用机枪、步枪等漫无目标向四周胡乱扫射。渔涝圩枪声大作，圩内敌人，惊惶失措，乱成一团。当时在渔涝圩赌博行嫖的敌人连长李一听到枪声，慌忙向文德书院赶回时，敌人以为是游击队员，被乱枪扫射而死。游击队冲过广信桥后，听到渔涝圩内的枪声大作，骚扰敌人的目的已经达到，为了使敌人更加混乱，孔昭用机枪向均昌顶的山顶打了一梭子弹后就悄悄地撤回埇侣村，从埇侣村的后山上看敌人互相残杀。

敌人受到游击队的袭击后，像惊弓之鸟，不敢在渔涝久留，后半夜就仓皇拉起队伍向渔涝的石便村方向撤退，途中怕游击队伏击，一路以机枪开路壮胆，乘着黑夜溜回江口。其他拼凑起来的反动自卫中队，也各自逃遁。国民党封川县政府想占领渔涝的美梦一夜之间就被击得粉碎。此次夜袭，封川特派队达到了不战而胜的目的，这是全国解放前夕封川特派队在封开取得的又一重大胜利，极大地鼓舞了游击队广大指战员的士气，振奋了民心。

三战渔涝后，渔涝平原游击区建立起来了。

二、连克三乡　夺取重大胜利

1949年春季攻势中，绥贺支队和粤中第四支队在党的领导下，在群众的大力支持配合下，不断出击敌人，取得了一系列重大的胜利，并控制了封川县至高要县禄步将近100公里的西江航道。西江两岸游击区因而得以连成一片，改变了这一地区敌我力量的对比，实现了华南分局提出的南北两岸打成一片的战略目标。

而据守在封川县的国民党反动势力还比较雄厚，基础比较牢固，而且背靠梧州，并在江口布下重兵驻防，实行战前的紧急防守，扼守西江上游的交通线，保住通往广西的通道。在人民解放军百万雄师强渡长江、国民党中央政府向广州和台湾溃逃的形势下，为了迅速消灭封川县境内的反动势力，配合全国的解放，封川特派队积极吸收青年参军，加强军政训练，健全建制，频繁开展军事活动，主动出击扫除西江、贺江两岸地区的国民党军队和地方反动武装。

1949年5月4日晚上9时，封川特派队武工队队长李坤率领武工队员20多人，夜袭忠义乡（今长岗镇）乡公所。在内应配合下，不费一枪一弹，就全俘了乡自卫队和冬防队，武工队员在街上张贴文告，散发传单，宣传党的政策和全国解放战争形势。这次战斗的胜利，打破了国民党安放在西江边的顽固堡垒，打通了封川县通往郁南县的交通要道，为解放军的南下部队解放封川、进军广西扫清了前进的障碍。

1949年5月14日，封川特派队中队长植火友率队开进仁里乡凤楼村，一边召集当地保甲长开会，宣传形势和政策，敦促他们弃暗投明，一边派突击队袭击位于杏花圩的国民党仁里乡公所，取得了解除敌人武装、缴获长枪三支、子弹80多发的战果。接着又派出小分队袭击班石自卫班，毙俘敌各一人，缴获枪支六支。将仁里乡境内的国民党反动势力全部清除。

1949年5月15日，封川特派队乘胜进驻德宁乡（今罗董镇）庙边、竹根坪等村，然后兵分两路，一路进攻袭击德宁乡大洞粮仓，另一路由上里直攻德宁乡公所。第二天8时，封川特派队占领德宁乡公所，打开大洞粮仓，济贫度荒。

这样，封川县境内县级以下的国民党地方政权基本上被摧毁，扫清了封川县城外围的反动势力，只有少量部队龟缩在县城内。

三、筹措给养　设立流动税站

三战渔涝后，封川特派队和封川县人民抗暴自卫队又进行了新的部署和行动：由林今灵、孔昭率领的一个组在长岗新山乡一带活动；由何涛、石新等率领的一组人马活动在渔涝；由石继章率领的一组人马则活动于莲都一带，乘机袭击了莲都自卫班，打得其因伤亡惨重，被迫自动解散；刘乃仁、祝章等带一个活动组到渔涝西山及白垢一带的山区活动。经过一系列的活动和积极主动的与敌斗争，整个渔涝地区又重新回到游击队的严密控制之下。

　　当时，游击队的供给主要通过筹粮解决。游击队每到一处，便由当地的保甲长负责筹粮。筹粮部分可以充当当年国民党政府分给农民的公粮份额。因此，大部分农民都愿意筹粮，但是由于部队人数多，筹粮不够，需向当地的大地主、富裕户借粮，才能解决燃眉之急。为保障部队的给养就必须寻找新的出路。封川特派队借鉴绥贺支队在西江设税站的成功经验，根据贺江是封川和开建两县物资主要转运线，交通繁忙的特点，决定在贺江设立绥贺支队的第二个税站。开设贺江税站具有极高的政治意义和军事价值，一是扼住贺江就可以扼守封川、开建两县的交通，切断开建县物资的供给线。二是渔涝要守得住，就要控制贺江，因为贺江水路是进入渔涝的捷径，守住了贺江，就等于守住渔涝。三是可以作为向开建、怀集、苍梧展开活动的跳板。

　　因此，绥贺支队特派刘乃仁亲自开辟贺江流动税站。刘乃仁接受任务后，带领人员进驻贺江流域，对群众做细致具体的宣传工作，安定民心，扫清贺江两岸的不安定因素。刘乃仁还注意做好分化瓦解土匪的工作，对非政治性的土匪，区别不同的情况，分别采取打击、限制、争取和给出路的政策，使他们当中许多人得以改过自新，协助税站收税，有的还参加了游击队；而对那些专干打家劫舍的坏分子和屡教不改者，予以坚决的打击，消除了贺江一带的隐患。刘乃仁的队伍主要活动于渔涝河口至清水湾和莲都一带，负责保证船只的安全。做了一系列的具体工作之后，最后确定税站总站设在贺江边的古榄村委的河口，其他设流动税站。一切准备就绪后，派黄厉任税站的站长；植火友率一个班的人马负责保卫，确保税站的安全；派孔昭率领部分队员驻在蕨村就近策应，对付突发事件，确保收税的顺利进行。

　　贺江流动税站向过往的船只和木排征税，税率一般比国民党所征的少三分之一以上，过往船只大都乐意缴纳。设税站之前，部队已与各船主及有关方面联系好，过往船只一到河口，船老板或当事人都知道河口设有游击队的税站，并已熟悉与税站联络的符号。当时商定的联络符号是凡是船上有敌兵押运的，靠站时就要打出原商定的旗号，以便采取相应的对策；无敌兵押运的，就停站交税。船方收下游击队开具的税单后，凭税单途经其他游击队控制的税站时，便可不再交税款，而且得到游击队从南丰至江口沿途贺江流域内的保护，确保其航行的安全。因此建税站几个月中，过往船只一经联系都能靠站纳税。

来往贺江的船民还经常为游击队提供情报，代购武器、弹药、医药、布匹、通信器材等军用物资和生活用品。当时，行驶于贺江的电船有"同安""德安""合利"等几艘，游击队便利用与"同安"号老板熟悉的关系，叫他帮助购买枪支弹药以及各种用品，"同安"号老板即利用其合法的身份，通过熟人在游击队的暗中保护下，顺利地将各种物资购回并安全地运到渔涝游击区。

游击队员经常利用上船收税的机会，向船员和旅客宣传形势，讲解政策，发文告，派传单。因此，贺江流动税站远近闻名，群众要求参加游击队的、兄弟部队派人联络的都经税站转移接应，税站又变成了交通站。贺江成为红色的交通线，为绥贺支队在经济给养、情报收集、护送人员和物资过境等方面发挥了重要作用。

国民党军队为断绝游击队的经济来源，千方百计对税站进行破坏。他们对向游击队税站纳过税的商人进行扣留、罚款，强迫商人将船只交由国民党军队押运，并袭击税站工作人员。因此，税站加强情报工作，密切注意敌人行动，采取相应的预防措施，多设固定和流动税站，加强对商人的政治教育，鼓励其自动交税或间接派人交税，打击与国民党串通的反动商人，以防敌人袭击。为了及时掌握准确的情报，在河口附近的清水湾村物色一个农民作为情报员，为税站了解敌情。部队付给他一些经费用作小买卖，他经常到封川、江口、南丰等地采购商品，回村零售乘机收集情报，并及时向游击队反映，使部队能时刻掌握外面的情况及动态。税站还注意保护沿江和附近群众的利益，如优先救济或贷款，对被国民党军队摧残的群众，妥善做好抚恤工作。因此，税站的工作得到广大群众的极大支持，群众不怕危险帮助税站，成为税站的耳目和助手，充当游击队的义工。税站附近的群众也积极地为游击队缝制军服等。为方便物资的转移，游击队分别在渔涝和白沙塘设立物资中转站，由群众帮助接送往来人员和转移、搬运物资。

四、两广边界 建立新根据地

都平镇的高浪、胜塘及相邻的大玉口镇长群、群星、群胜村委会，地处两广交界的边远的石砚山、园珠山山区。1948年，民主人士李济深奉命北上筹备政协，其领导下的桂东人民抗暴义勇总队根据绥贺支队的要求向都平、大玉口的石砚山、园珠山山区靠拢，宣传发动群众，扩大力量，开辟游击根据地。

1948年7月，在广西苍梧一带组织开展武装斗争的桂东人民抗暴义勇总队队长王烈生，派遣政治宣传员王健麟、冼崇进从苍梧县梨埠来到都平、大玉口一带山区，与当地人士取得联系，开展宣传发动群众活动，揭露国民党政府的腐败无能，宣传桂东人民抗暴义勇总队是一支为穷人服务的队伍，动员青年农民成立自卫队和参加抗暴义勇总队。8月，大玉口的长群、群星、群胜及都平的高浪、胜塘成立了131人的自卫队，队员们配备了枪支武器，石砚山、园珠山游击根据地发展有了一定的规模。

1948年10月至1949年6月，桂东人民抗暴义勇总队三次在广西苍梧县梨壁、雁田、料口等地对国民党苍梧罗绍徽部作战，都平、大玉口的自卫队员参加了战斗，取得了实战的经验。战后，回本地驻扎，开展练兵，并组织群众进行反抗国民党的征粮、征税、征兵斗争。经过一番努力，终于在石砚山、园珠山逐步建立了较稳固的游击根据地。同时也赢得了当地村民的支持拥护，村民踊跃献枪献物，共收到群众的粮食28960斤，步枪89支，手枪25支。村民还帮助部队运送食盐、粮食、电池等日用品，为部队开展武装斗争提供了充足的便利。

1949年11月4日晚，自卫队员与桂东人民抗暴义勇总队队员共200人接受绥贺支队命令开赴前线，参加解放开建县城南丰圩之战，在5日凌晨，奉命攻占制高点鸡仔顶，为取得整个战斗的胜利作出了很大的贡献。有两名游击队员献出了年轻的生命。

五、扩大队伍　增强武装实力

1945年5月，珠江纵队政治委员梁嘉、副司令员谢斌率领部分主力西渡北江，挺进西北之广宁、四会、清远，创建粤桂湘边游击区。1947年7月，中共粤桂湘边区工委成立。同时，又成立边区人民解放军。1949年7月23日，中国人民解放军粤桂湘边纵队公开宣布成立，下辖连江支队、绥贺支队和独立团等。

绥贺支队，是根据1947年11月29日中共中央香港分局的指示而成立的，初称"绥江支队"，1948年4月改称为"广东人民解放军绥贺支队"，由西江北岸的绥江、贺江而得名。但对外暂不公开番号，仍以"人民抗征队""人民抗暴自卫队""人民抗暴义勇队""特派队"等各种名义进行活动。1948年4月，中共粤桂湘边区工委决定成立中共绥江地委。同时，中共粤桂湘边绥贺支队内部成立，由战斗在广宁、德庆、怀集、四会、高要、封川、开建地区的广德怀人民抗暴义勇总队组成，下辖三个团。当时对外也暂不公开番号。根据中共粤桂湘边工委1948年4月16日《加紧准备迎接南下大军夺取全面胜利》的决议精神，粤桂湘边纵队决定整顿队伍，健全编制，扩大战果，迎接解放。1949年7月23日，中国人民解放军粤桂湘边纵队内部正式成立，1949年8月15日，公开宣布中国人民解放军粤桂湘边纵队绥贺支队成立。其中，绥贺支队第六团由封川特派队、封川人民抗暴自卫队、桂东人民抗暴义勇总队和怀西区青年共300余人组成，配备机枪7挺，长短枪300余支。下辖两个直属中队。绥贺支队第六团主要活动在封川、开建两县的广大农村。

中国人民解放军绥贺支队第六团公开宣布成立，是封开游击战争中具有历史意义的事件。给封开军民以极大的鼓舞，显示了封开革命武装力量的日益强大，标志着封开人民解放战争进入新的历史阶段，为配合南下解放军全面解放绥贺地区在政治、组织和军事上作了全面的准备。

六、解放两县 封开换来新天

（一）三次解放封川县城

1949年10月5日，中国人民解放军东路军到达韶关。10月14日，沿湘粤铁路线南下的东路军邓华兵团四十军进攻广州。同时，派出右翼部队一个团占领肇庆，10月18日肇庆解放。10月25日，德庆解放。10月28日，郁南解放。11月6日，封川县城初次获得解放。

跟随大军进城的是绥贺支队第六团部分部队（地方部队），团领导认为封川县城只有几百居民，城小滨江，无险可守。而近在咫尺的江口圩，驻有桂系夏威部队的正规军，炮火强大，随时反扑。经研究，为减少不必要的流血牺牲，绥贺支队六团主动撤出县城。

11月14日，解放大军在县城北山、东山一带与敌激战，再次解放封川。解放大军进驻封川县，随时可能入桂作战，上级党委要求地方党组织务必做好支前工作。

11月22日，绥贺支队第六团的部分战士，在何涛的率领下，在北山向下猛攻，敌人腹背受敌，向江口溃逃。11月23日，解放军第三次进入封川县城，封川县正式获得解放。

随后解放军马不停蹄，向广西方向追击。在离县城不远的贺江渡口，我军与守渡的敌军激战，两军隔江对射。中午时分，绥贺支队第六团找到多只船艇，绕道上游，偷渡过江，在敌人的侧后攻击渡口守敌。在炮火的掩护下，解放军向江口发起强渡，歼守敌一个排。其余敌人见腹背受敌，向梧州方向仓皇溃逃。

此时，西江北岸的陆路大军到达渡口，群众自发设立茶水站，绥贺支队第六团的指战员组织当地船工帮助渡江。

（二）开建县城的解放

1949年6月，绥贺支队领导认为，全国即将解放，解放开建县工作应提到日程上来。支队政委叶向荣亲自派林今灵到开建县进行秘密的统战工作。林今灵找到对国民党统治不满、刺杀国民党县长韩继忠的南丰热血青年李沧、莫昭平等人，成立开建地下工作组，开展工作。因为国民党大势已去，人心涣散，所以，开建县的地方势力纷纷向共产党靠近。其中有水上警察保安大队队长莫延湛，广东省绥靖公署西江反共保民第三大队队长邓卓魁等人。1949年11月初，开建地下工作小组的李沧和莫昭平到绥贺支队第六团汇报工作，并要求攻打南丰。绥贺支队领导问清楚具体情况后，认为解放开建时机成熟，决定派驻扎在都平、大玉口的桂东人民抗暴义勇总队队长王烈生率部200多人，前往开建县城南丰镇支援李沧等解放开建。

11月5日凌晨3时，开建县水上警察保安大队、广东省绥靖公署西江反共保民第三大队等地方民团共几百人按约定时间起义，攻打国民党开建县政府及其龙湾、文昌阁、当铺等据点。县长伍穗新和保安队龟缩在当铺，凭据厚墙重门，居高临下射击。此时完成抢占制高点鸡仔山后，向街道挺进的桂东人民抗暴义勇总队赶到，经过激烈战斗和政治攻势，县长伍穗新感到外无救兵，内无斗志，只有缴械投降，南丰获得解放。

南丰解放后，旋即成立临时维持地方治安委员会，推举开明人士邓汝豪当主任，武装指挥部由李沧、莫昭平和莫注蕃等人组成，这个组织是当时全县最高的军政权力机构，负责统领指挥各武装团队，保境安民。为了处理日常的行政工作，又成立临时县人民政府，梁培生被推举为开建县县长，林伯达为副县长。

至此，封开人民迎来翻身解放、当家做主的新天。

第五章
社会主义过渡时期

    中华人民共和国成立初期，封川开建人民在中共封川县委、中共开建县委的领导下，经过剿匪肃特反霸，社会恢复稳定；开展土地制度改革，为进入社会主义建设时期创造了条件。

    1953年，封开人民开展执行第一个五年经济建设计划，完成对农业、手工业和资本主义工商业的社会主义改造；1958年至1967年，执行第二、第三个"五年计划"，各行各业得到较大发展，封开人民的出行交通、文化教育、医疗卫生状况有较大改善，生活水平稳步提高。全县在实现从新民主主义向社会主义过渡的基础上，经济社会稳定发展。

人民翻身解放　新生政权建立

1949年10月1日，中华人民共和国宣告成立，中国共产党成为执政党。中国进入了人民翻身当家做主的新时代。中华人民共和国成立初期，封开县各方面都十分落后，百废待兴。为确立和巩固人民民主政权，完成向社会主义过渡，开展社会主义建设的历史使命，中共封川县委、开建县委按照上级的部署要求，带领全县人民团结奋斗，开展了维持社会秩序安定，实行生产救灾及恢复发展，组织封川、开建人民先后分别成功召开了封川、开建县1—6届各界人民代表会议，发动广大人民群众，组织各方社会力量，推进国民经济的恢复及发展，积极稳健地进行了民主政治建设；大力开展了支援前线、平息反革命暴动、剿匪肃特反霸、抗美援朝、土地改革、"三反、五反"及互助合作等一系列运动，完成了对农业、手工业和资本主义工商业的社会主义改造等，在县委（1952年3月首次合并为封川开建县）的领导下，全县社会秩序逐步走向稳定，国民经济在恢复中不断发展，人民生活水平逐渐提高，全县基本实现从新民主主义向社会主义的过渡。

一、成立机构　建立地方组织

（一）县委及地方基层党组织的建立

1949年11月，封川、开建两县解放，同年11月及次年1月，分别成立中共封川县委员会、中共开建县委员会（简称县委会），封川县由赵本仁任县委书记（1950年11月由杨明代理书记），开建县由黄江任县委书记。1952年3月，封川、开建合成封川开建县，杨明任县委书记。1957年4月，分封川、开建两县，封川县由阎正已任县委第一书记，开建县由刘文耀任县委代理第一书记。1958年5月，封川、开建两县第二次并县，封川开建县由路丁任县委第一书记（尔后于1953年10月至1961年3月封川与德庆县合并为德封县，县委第一书记为路丁；开建与怀集县合并为怀集县，县委第一书记为赵伯英）。1961年4月，封川、开建县自德封县和怀集县分出再度合并为封开县至今。设置封开县后组建的封开县委，首届由邓强任第一书记（同年10月，取消第一书记称谓，第一把手称书记，邓强改称任书记）。1950年至1952年，封川县、开建县两县县委会隶属中共西江地方委员会，1953年至1956年隶属中共粤中区委员会，1956年2月至1958年12月隶属中共高要地方委员会，1959年1月至1961年3月隶属中共江门地方委员会，1961年4月至1967年1月隶属中共肇庆地方委员会。

中华人民共和国成立之初，县委在全县建立和发展党组织，首先在县委机关发展党员，建立县委机关支部。此后两年，又以从南方大学和粤中区党委从高要县调到封川、开建两县参加土地改革（简称土改）的30多名共产党员为骨干，发展党的组织，至1952年来，两县党员增至76人。封川、开建县委向基层委派党员骨干建立七个区党委、县城机关（封川县城为封川、开建县城为南丰），区直机关设党支部。

1952年2月，县委会设组织部、宣传部和秘书室。1952年3月至1954年，先后增设纪检会、财经委、党报报社、合作部。1955年秘书室改称办公室，并增设工业部、统战部。1956年至1957年，纪检会改称监委会。

1950年至1951年，封川县委下辖四个区党委，开建县委下辖两个区党委。1952年春，两县合署办公后，县委下辖七个区党委。1957年4月，撤区并乡，全县设一镇28乡，1958年6月随行政区域变动辖11个乡、一个镇。乡（镇）初设党总支，后改设党委。20世纪50年代初，在乡建党支部，以后又在初级农业社、高级农业社、人民公社的大队建立党支部。1956年县召开第一次党代会时，全县已有党支部101个。党的基层组织不断加强和巩固，为领导组织全县人民开展社会主义建设提供了有力的组织保障。

（二）封开县各级人民民主政权的建立与巩固

随着封川、开建县的解放、国民党反动政权的被推翻，国民党政权的保留制度被废除。封川、开建县的人民民主政权逐步建立。

1949年12月7日和1950年1月1日，封川县人民政府、开建县人民政府先后成立。封川县人民政府县长由县委书记赵本仁兼任，开建县人民政府县长由县委书记黄江兼任。两县县政府驻地为封川、南丰，均为原民国时期的县城（1952年春，两县首次合署办公，县城为封川；1957年1月，恢复为原两县建制；1958年11月，两县再度分开，封川与德庆合并为德封县，开建并入怀集县；1961年4月，封川从德封县分出，开建从怀集县分出，设置封开县建制，治地江口镇）。

1950年封川、开建两县人民政府着手建立基层政权，设区、乡人民政府。当年，封川县设四个区八个乡，开建县设两个区六个乡。1951年区人民政府改为区公所，作为县政府派出机关。全县乡级人民政府改小乡制。1952年，封川、开建两县合署办公后，设七个区，68个乡。区设区长一人，副区长2~3人，设民政助理、财粮助理、生产助理、文教助理、公安助理、文书等各一个，每区编制15人左右。乡人民政府设正副乡长2~3人，设农会主席、民兵队长、妇女主任、治保主任、文书等，乡以下行政村由农协小组代行政务。1957年初撤区并大乡，全县设立29个乡（镇）。以后基层政权称谓及管辖范围有变动，但服从党组织领导这一根本不改变。这些基层政权在党组织的领导下，在组织、动员广大人民群众参与社会主义建设中发挥了应有作用。

（三）组织民众筹集粮草支援前线

1949年11月下旬，我野战军攻占广西战役打响，为保障前线我军给养，绥贺支队司令部发动群众筹集物资，筹得大米11.65万斤，木柴1万多担，杉木1.6万条，木船、担架等一批，有力支援、配合大军入桂作战。广西战役结束后，南下大军转入剿匪和准备解放海南岛之战，封开人民响应党和政府号召，积极筹集物资（主要是粮食）支援前线。12月16日，30多人组成的省地征粮工作队到达封川。19日，封川县委、县政府成立封川县征粮委员会（区乡同时成立相应组织），并确定全县征粮1060万斤（平均每亩74.58斤）。县委、县政府将征粮支前作为重中之重的工作，召开了动员大会，并在每个乡政府建立一支20多人的征粮队，县政府除留下少量工作人员处理机关日常事务外，其余都下乡征粮，县大队和公安队也分赴各区乡予以配合。全县加紧开展征粮工作，以最大努力完成征粮任务，支援前线。

二、平息暴乱　巩固新生政权

1949年底始，刚被推翻的反动势力不甘失败，垂死挣扎，趁村一级民主政权尚未建立，新生区乡政府尚未站稳脚跟的时机，在群众中暗中煽动政府征粮过重，蛊惑民心，引发了封川县的反革命暴动，几乎波及全封川县，较严重的有修泰乡、文德乡及仁里乡。1950年2月24日，修泰乡首发武装暴乱，匪徒们持武器袭击征粮队和围攻乡政府，造成我方征粮队员及干部共13人被杀害或在与匪徒的战斗中牺牲。暴乱发生后，中国人民解放军梧州驻军派出两个连队增援封川县大队平息暴乱，捉拿了几个匪首，审问后处以极刑，其余逃遁。1950年2月25日，渔涝乡发生暴乱，匪徒们持枪袭击我下乡征粮队，造成我两名征粮队员牺牲。27日早晨，匪徒将19名准备赴肇庆的怀集县青年学生全部杀害在渔涝乡莲花迳。同日上午，匪徒们还围攻渔涝区政府，抢物抢粮，追杀来不及撤离的县大队战士，下午匪徒在渔涝西村将五名未带武器的从肇庆返回开建县城途中的我方人员杀害。此外，还发生暴乱事件多次：27日，文德东乡政府被暴徒抢袭，乡主席被杀，粮仓被抢；在莲都良心寨，有怀集籍的11名参军入伍青年和区一名干部及五名县大队战士被匪徒围攻杀害；在瀼州乡，我征粮队被暴徒包围，突围中牺牲两名解放军战士；在文德东乡清水湾，两名征粮队员被暴徒围捕杀害；在白垢瀼村，县大队二中队被暴徒袭击，造成了三名战士牺牲；2月28日，暴徒冲入三区（现杏花镇）区府抢去枪支、粮食；3月1日，德宁乡（现罗董镇）乡府遭匪徒袭击，被抢走枪支粮食，两名征粮队员被杀害。

我们的同志在与暴徒斗争中都表现得英勇无畏，宁死不屈。例如易健思同志，原来是跟赵本仁同志搞征粮时做普通话翻译的，后来赵本仁去开会，他自己要求下去征粮，匪徒暴乱时，他和邹定玉同志且战且退，子弹打完了，两人将枪砸烂后光荣牺牲，时年不足16岁。

这次封川县的暴乱，造成的损失主要有：南下解放军牺牲9人；县、区、乡干部牺牲20人，县大队、公安队指战员征粮队员牺牲31人，干部家属、青年学生被害53人；被抢公粮105800斤；被抢税款人民币1231万元（旧币）、港币1700元；被抢大小枪支弹药一批。

暴乱发生后，县委、县政府组织县公安机关干警、县大队配合南下大军、西江军分区，迅速平息。缉拿反革命暴乱的组织者、主谋者、指挥者和积极参与者归案。3月1日，在当地人民的支持配合下，解放大军在杏花抓捕匪徒80多人，经审问核查，本着"首恶必办，胁从不问"的政策，枪毙了十多个为首分子，尔后实行杀一批、教育释放一批，并在各地张贴告示，召开群众大会，宣传党的政策，稳定人心，有效地维持了社会治安的安定。

（一）开展剿匪肃特反霸

封川县委、县政府在平息反革命暴乱后，为肃清国民党反动派的残余势力，根绝为害民众、破坏社会的匪患，进一步消除社会动乱隐患，巩固新生的民主政权，把剿匪肃特及清匪反霸工作作为首要任务，展开了强有力的行动。

1. 剿匪工作

当时，封川县主要土匪有：活动于封川、郁南、苍梧三县边界山区的自称为"粤桂边区反共救国军"第六支队400余人；活动于德庆、封川边境的七星黄岗山区的自称"粤桂边区反共救国军"第四支队约200人，活动于贺江两岸的股匪60余人；活动于封川、开建、苍梧县边界山区的股匪120余人。这些土匪占山为巢，奸杀掳掠残害百姓，反对政府。1950年3月，封川、开建县均成立了清匪肃特工作委员会，各区同时成立相应的领导机构，组织地方武装及发动群众配合南下大军剿匪，剿匪工作大致分三个阶段。

第一阶段是集中优势兵力进剿。1950年3月至5月，剿匪解放军集中主力，与地方武装队伍共同作战，分三路展开。解放军三六六团两个连在封川县大队配合下，围剿活动于德封边境的"粤桂边区反共救国军"第四支队；西江军分区十三团一营在开建县大队的配合下，围剿活动于封川、开建、苍梧县边界的侯桂森、侯高赐股匪，西江军分区十五团在郁南县大队、苍梧县大队的配合下围剿活动于封川、郁南、苍梧县边界的"粤桂边区反共救国军"第六支队。我方用军事围剿与政治攻势相结合的方法，歼灭了人数较多的大股土匪。剿匪队伍在依靠当地干部群众带路，挺进深山进行伏击，抓捕、围剿土匪的同时，更多地大张旗鼓宣传县政府的《处理土匪自新暂行办法》，使一些原本上山为匪的农民思想动摇，愿意改邪归正，加速土匪队伍瓦解，还使用"挖花生法"，利用乡村干群与土匪旧的关系，在经政策宣传回来自新的土匪中再强化宣传教育，然后让其回山劝导其他土匪下山，这个办法对分化瓦解土匪队伍收到了显著效果，至6月底，集中剿匪抓捕土匪122人，下山自新的171人，封川的大股土匪，基本被剿灭溃散。

第二阶段是从1950年6月至当年底，分剿溃散的匪徒。大股土匪击溃后，溃散的匪徒由于三五成群出现，聚散无常，继续作恶，不适用大部队围剿，所以采用分散驻剿的办法对付。一方面加强政治攻势，并利用土匪家属和已改过自新的土匪劝说更多的土匪放下武装，投降自新；另一方面依靠人民群众的力量，召开各界人民代表大会，农民代表会议，统一组织部署，积极发展农民协会，建立健全区、乡政权，建立民兵组织，培训干部和培养在对敌斗争中涌现出来的积极分子，组织发动群众自己拿起武器，与土匪作斗争，使土匪陷入人民群众的汪洋大海中，无立足之地，只得投降自新，或一旦露面迅速被抓获。

截至1950年底，封川县共计击毙匪首两名，匪众15名。重伤匪首一名，匪众32名，俘虏连级以上匪首41名，匪众495名。自新的连级以上匪徒105名，匪众927名。缴获轻重机枪、机关枪、炮、步枪、短枪、手榴弹等一大批武器。

第三阶段，追剿残匪。经第一、二阶段的剿匪，成股的土匪已基本肃清，但仍有少数顽固不化的漏网匪徒继续流窜作恶。

1951年上半年，县、区、乡政府加强对土匪活动的情报收集工作，利用情报网密切监视土匪活动，加强民兵队伍建设，用缴获的武器武装民兵，使民兵成为追剿残匪的主力军，一旦发现土匪，便聚而歼之。用这一策略，抓获击毙不少匪徒，也迫使一些土匪投降。如1951年1月20日，在封川、开建、苍梧三县交界处出现侯高赐、侯桂森等匪徒多人，三县民兵1000多人上山搜捕，击毙匪团长及政治处主任，活捉参谋长。

1951年3月18日，在杏花永和，西江军分区十三团包围了戴娇股匪，击毙五名，生俘三名，匪首戴娇被当场抓获，而其"二号头目"于5月11日在白马山被当地民兵捕获，不久另几名漏网的匪徒在莲都冷水被抓获。

一年半的剿匪，取得了很大胜利，封川、开建境内基本肃清匪患，尤其是数百年来一直被封开、怀集、德庆县民众称为"匪巢"的七星黄岗山区根绝了匪迹。

2. 肃特和反霸

中华人民共和国成立初期，在剿匪的同时，封川、开建县在党的领导下，开展了群众性反霸运动和肃特斗争。各乡各村召开群众斗争大会，让群众控诉恶霸欺压，剥削贫困农民的罪行，运动中还清查出多名国民党潜伏特务。截至1951年4月底，封川、开建县共逮捕了各类反革命分子920人，其中包括国民党特务分子，"粤桂边区反共救国军"成员，匪首和惯匪以及恶霸和不法地主等。依照《中华人民共和国惩治反革命条例》对罪大恶极的反革命分子坚决镇压，对一般的反革命分子给予应得惩处，对悔过自新者从宽处理。依法处决一批，判刑、管制一批。

（二）开展抗美援朝运动

1950年6月，朝鲜内战爆发，美国打着联合国旗号组织多国武装进攻朝鲜，并出动飞机轰炸我东北边境，为保家卫国，党中央和中央政府决定派出中国人民志愿军开赴朝鲜战场，全国掀起抗美援朝运动。封川、开建县各级党组织通过各种形式开展时事宣传，动员支持抗美援朝，县内广大人民群众热烈响应，在各乡圩日举行的签名大会上，渔涝出现了从街区到河滩排长龙情景，由于广大人民群众认识到只有共产党才能翻身做主人，参军是为了保家卫国，保卫自己的翻身果实，因此纷纷踊跃捐款和报名参军。出现了父送子、妻送夫、兄送弟参军上战场的动人场面，都平都罗埇茶田一青年钟妹参加解放开建县城战斗后，在县大队工作，他听到消息第一时间报名参加志愿军，又步行五六十公里山路从封川县城赶回家中，动员了亲弟弟钟红妹和侄女婿莫连生参军，后来他与莫连生都跨过了鸭绿江赴朝参战。封开县先后组织了多批共200多名热血青年参加了志愿军，其中19人在朝鲜战场上献出了宝贵的生命。这期间，县委、县政府组织发动全县上下开展以抗美援朝、保家卫国为内容的献金运动，发动民众捐献飞机、大炮，全县商户积极交纳国税，为抗美援朝作贡献。封川县城一商户，应交税三万元，主动交了六万元，起到了很好的带动作用。县内还积极开展拥军优属活动，为军烈属代耕，帮助抢收抢种，团结互助搞生产，抗美援朝三年间，农业生产均喜获丰收，农民把多余的粮食出售给国家，而对生活有困难的军烈属，政府及时发给补助粮，拥军优属活动为抗美援朝运动提供了强有力的支撑。

三、进行土改　耕者均有其田

中华人民共和国成立前，封开的土地集中在少数人手里。土改前的1950年，封开县人口20万人，其中贫雇农18.56万人，占总人口92.8%，占有水田面积16.14万亩，为总面积的50.9%，而地主富农人口1.48万人，占总人口7.4%，却占有水田面积15.52万亩，占总面积49.1%。很多农民靠租田耕种维持生计。当时地租约为每亩每年150斤稻谷，占年产量的50%，由于田租高，辛苦一年的劳动者往往得不到温饱，有些人因此被迫为匪，匪患多又成为社会动乱、破坏生产原因之一。改造农村土地所有者状况，实行耕者有其田，既是党中央和新成立的中央政府的英明决策，获翻身解放人民的强烈愿望，也是社会变革的形势所需。"土改运动"实际上是斗地主，分田地和实现村庄权力更替，实现农民翻身解放的一场激烈的阶级斗争。

1950年6月30日，中央人民政府颁布了《中华人民共和国土地改革法》，根据中央要求和中南局及广东省土地改革委员会的部署，从1951年1月至1953年6月，封开县开展了土地改革运动。1951年1月，县成立土地改革（简称土改）委员会，并率先在二区文锋乡（今河儿口镇扶学村）进行试点，开建县在民华乡（今南丰镇民华村）开展试点工作。工作队驻村进户，与贫雇农实行同食、同住、同劳动，建立阶级感情，走访群众，宣传党的政策，宣讲革命道理，提高农民觉悟，充分调动群众参与土改的热情。试点工作进展顺利，为土改的全面铺开探索了经验，打下了基础。试点结束后，7月中旬，县委、县政府召开县各界人民代表会议，部署全县结合"清匪反霸、减租减息"全面开展土地改革。12月，县委组织的585名人员参与土改工作（其中南方大学干部学员312名，解放军干部21名，地方干部252名），组成13个工作队深入全县76个乡，2343个自然村，开展土改。工作队进一步贯彻"依靠贫下中农，团结中农，孤立富农，打击地主阶级"的政策，通过访贫问苦，扎根串连，召开诉苦大会、斗争大会，控诉地主恶霸罪行，启发广大贫苦农民的觉悟，使农民群众起来当家做主，积极参加土改运动，配合支持地方党组织、民主政权及工作队开展工作。在这基础上，按照中华人民共和国《土地改革条例》和中央人民政府政务院《关于划分农村阶级成分的决定》，划定成分；没收地主土地、财产，征收富农多余部分土地及其他生产资料，按"填坑补缺，照顾需要，有利生产"的原则，分配给无地、少地和缺生产生活资料的贫苦农民。在土改后期，开展了复查工作，颁发土地证，经民主选举，建立起以贫雇农为核心，由农民先进分子组成的乡村政权。并依法选出农民代表出席各级农代会、人代会，参与管理国家事务。1953年4月，封开县历时两年三个月的土改运动结束。土改运动从根本上改变了土改前占全县人数5.7%的地主、富农阶级占有全县总耕地49.1%的状况，封建土地所有制被彻底推翻，农村土地归农民所有。

土改之后，翻身农民生产积极性空前高涨，在自己的土地上精耕细作，辛勤耕耘。1953年，全县稻谷总产量7.15万吨，比1952年增长8.3%，比1949年增长49.2%。

第二节

兴起农业合作　促进农村变革

1953年，全国开始实施发展国民经济第一个五年计划，中共中央提出逐步实现国家的社会主义工业化，并逐步实现国家对农业、手工业和资本主义工商业的社会主义改造（以下简称三大改造），封开县按中央部署，开展了三大改造运动。而农业合作化，是农业改造的主要内容，是在中国共产党领导下，通过各种互助合作形式，把以生产资料私有制为基础的个体农业经济，改造为以生产资料公有制为基础的合作经济过程。封开的农业合作化进程经互助、初级合作、高级合作三个阶段。

一、建互助组　有利发展生产

土改后，封开县获得土地的农民以极大的热情养地用地，掀起生产高潮，全县粮食连年丰收，农业得到较大发展，但在发展生产中也暴露出不少贫苦农民原有家底薄，有的缺资金，有的缺耕牛，有的少农具，有的劳力不足等现象，于是在农业生产中（主要是春种、夏收夏种、秋收等农忙季节）遂有邻里相好、兄弟叔伯、亲戚朋友互帮互助的情况出现，这是自发的临时互助。1953年2月，中共中央适时发出《农业生产互助合作的决议（草案）》，号召农民"组织起来，发展生产"，顺应社情民意，深得农民拥护，封开与全国一样，积极抓好落实工作。7月5日，县召开第二届各界人民代表会议，作出决议，积极响应中央号召，迅速组织生产互助组。各地党组织、政府指导组织农民按照"自愿互利"的原则组建，不触及所有制，但农民在生产活动中，从劳力、畜力及农具等方面进行余缺互助，以农忙农闲变工、人力畜力相换等形式实现基本互利，而互助合作的时间形式渐由临时互助组逐步变为常年互助组。由于大多数农民的积极参与，封开的互助合作运动稳步健康发展。自1953年2月，全县第一个农业互助组成立，至1954年底，全县建立生产互助组4215个，入组农户47957户，占总农户91%，其中常年互助组2951个，入组农户33596户，占总农户64%（其余为临时互助组）。当时，建立互助组产生的效果是：绝大多数互助组的生产均比单干户好，常年互助组又比临时互助组强，总的来说，有利于农业生产的发展。

二、建初级社　走集体化道路

1953年12月16日，党中央作出《发展农业生产合作社的决议》，中共封开县委在1954年夏开始创办初级农业生产合作社（以下简称初级社）试点，二区（渔涝）文和乡黎立森、黎爱英两个互助组组成前进农业社，六区（南丰）尚岗乡以李海源互助组为基础办起前锋农业社。两社建立后，抗灾能力大为增强，战胜秋旱，当年晚稻获大丰收。前进社比上年同期增产45.3%，比当地互助组产量高19%，前锋社比上年同期增产24.5%，也比当地互助组多增产。两社因此均获广东省1954年农业增产奖，起到了良好的示范效应。

县委及时总结了试点经验，并广泛宣传，着力推广。县委、县政府号召，全党办社，书记动手，全县掀起农业合作社高潮。在全县推行的办社模式是：实行土地、耕牛、大农具入社、统一经营，统一分配。农户土地按常年产量评入社产量，作土地分红依据。耕牛、农具按现值评价，保本付息。劳动实行评工记分，按劳动力强弱，技术高低评出劳动底分。出勤按底分记上工分，或以底分为基础，视劳动中的表现评定工分。收益分配则以按劳（劳动工分）分配为主，土地分红为辅，一般按劳分配部分占55%～65%，土地分红部分占30%～40%，公积金、公益金部分占3%～5%。建立社员代表会及管理委员会，民主选举正副主任和会计、出纳、保管员，定期公布收支和劳动工分账目，采用专人管理物资仓库等制度。

初级社的建立，在一定范围将农民组织起来，使土地、劳力、技术、畜力、资金得到较好的结合和合作；实行按劳分配为主，调动了社员劳动积极性，因而一建立就显示出优越性，劳动生产率普遍提高，耕作日益精细，抗灾能力增强，在搞好农业的同时又开展了副业，绝大多数社都获得增产增收。1955年，全县农业总产值比上年递增6.1%。1956年全县粮食种植面积达到66.64万亩（两造计），为中华人民共和国成立以来粮食种植面积最多一年。农业合作社农村人均年纯收入逐年提高，1954至1956年，全县为30～40元。山区的大玉口、都平、大洲等地达到50～60元。

至1956年3月，全县办起初级社418个，参社农户11610户，占总农户的80%，封开县农业从此开始走上集体化道路。

三、办高级社　完成农业改造

1956年9月，广东省委发出《关于农业生产合作社升级、并社、整社工作指示》，根据上级的精神，封开县即创办了高级农业合作社（简称高级社）试点，取得成功经验后紧接着在全县铺开，得到了广大农民的响应和支持，行动迅速，初级社纷纷升为高级社。是年底，全县办起了高级社300个，入社农户4.75万户（占总农户89.6%），18.14万人。至1957年，高级社增至311个，入社农户7.58万户，人口20.57万人。全县最大的高级社是六区

（南丰）尚岗高级社677户。也有部分地方农户没有经过初级社直接办起高级社。

高级社实行土地、山林、耕畜、农具归集体所有，统一经营，按劳分配（取消土地分红），照顾困难户，土地无偿归社，耕牛、农具折价入社（折价款作股金，按劳力分担，各户的价款与应负担股金相抵，多退少补），山林果树评价入社，收益扣留一定的公积金、公益金后，全部按工分进行分配。对丧失劳动能力、无依靠的老人和小孩，实行保吃（分配口粮），保穿（每年供给1～2套衣服），保烧（供给柴火），保教（付给学费），保葬（提供埋葬费）等"五保"制度；对缺乏劳动力或天灾人祸造成的困难户，用公益金给予补助；妇女生育给一个月产假，补给10～15个劳动日的工分。干部因工作不能参加劳动，补回相应的工分。

高级社发挥土地及耕畜、农具等生产资料集体形成的优势，按劳分配调动起来的生产积极性，对生产的发展起到了推动作用，由此实行农业合作化后，农村的土地归集体所有，由集体经营，有利于利用集体力量助力高级社大力兴修水利，进行农田基本建设，生产条件逐步得以改善，又为以后农业的发展打下较好的基础。至1957年自土改及农业合作化后，封开县农业生产发展较快，粮食连年丰收，农民收入逐年提高，1957年，全县农村人均收入达到48元。

经过土改及办互助组、初级社、高级社，至1957年，封开县的改革封建土地所有制工作顺利结束，对农业的社会主义改造任务基本完成。

实施体制变革　发展公有经济

　　1953年起，封开县与全国一样，在农村实施对农业进行社会主义改造的同时，也努力在城镇开展对个体手工业和资本主义工商业的社会主义改造，致力于经济生产关系上的变革。引导走社会主义道路，进一步发挥其对支援农业、满足城乡人民需要、补充公有工商业不足的作用。

一、私营工商　改造达到目标

　　1950年，全县有个体手工业118户，从业人员406人，以原料加工为主，当时手工业占全县的80%以上。1954年，县政府设立手工业科，开始对手工业进行社会主义改造。至1956年，在全县各圩镇组织起32个手工业合作社（组），社员660人，实行自愿互利、生产资料折价入股，股金逐年归还，集体经营，按劳分配，自筹资金，民主管理，自负盈亏。

　　1950年，县境内的私营工业很少，仅有三家松香厂、一家米机厂和一家文化印刷社。从1954年开始对资本主义工业进行改造，实行"公私合营"。1956年，全县办起公私合营工业七家，私营工业改造后，私方从业人员均为厂场职工，企业的盈利实行按投资额分红。同时，实行赎买政策，对私方投资额实行逐年还本付息，十年还清。

　　中华人民共和国成立后，封开县人民政府按党和国家要求实行扶持工商业的政策，搞活流通，确保人民日常生产、生活必需品的供应。1950年全县社会商品零售额709万元（新版人民币），私营商业零售额占85%。1951年工商业登记，全县私营商业2717家。1952—1953年，半农半商的摊贩回乡参加土改分田，转向农业，商户随之减少，1955年第二次工商登记，全县私营商业505户，从业845人。这期间县政府对私营工商业进行社会主义改造，在全行业公私合营和合作化时，保留了一些具有个体经营特色、分散经营、各负盈亏的合作小组和个体经营户。1956年，私营商业除部分"过渡"纳入公私合营企业外，大部分分散到农村代销店或经销部。

与此同时，封开县逐步建立国营商业和集体商业。

1951年，由农会牵头，发动群众集资（每股3元）入股，组成村办合作社，当年，封川县村级合作社18个，江口成立消费合作社1个。7月，封川县成立合作总社，由县长何涛兼总社主任，有工作人员13人。1952年4月，成立封川、开建县合作总社，工作人员增至33人。1954年，由乡村建社改为以商品集散中心圩镇建社，全县7个区先后建立基本供销社。1955年，手工业合作社由原合作总社管辖划归县手工业科，并更名为县供销合作社。

二、公私合营　创新商业体系

1956年，对私营工商业进行社会主义改造，对商业行业按赎买政策的价入股，实行公私合营。到1957年1月底，改造纳入公私合营的工商业115户，占私营工商户总数的16.7%，其余多属小商小贩，分别组织合作小组、代销店、经销店。公私合营商业，县委、县政府派公方代表进驻，安排私方人员在商店担任职务，有任经理、副经理或门市部主任、组长、负责人的。属公私合营的江口、南丰两镇成立的商业集团公司则成为集体经济。1956年封开县公私合营商业共20家，其中江口四家，南丰五家，杏花、罗董、封川、平凤、大玉口、渔涝、长岗、莲都、金装、都平、大洲各一家，总股金为117207万元，定息1462.9万元。1958年公私合营过渡到国营商业。

此外，合作商业及国营商业也得到发展。至1956年，县城及各地圩市小商小贩，工商业主也组织起来，组成合作商店。当年，江口、南丰两圩镇组织合作商店31家，其余圩镇参加合作商店（组）的487户，代销店71户，经销店16户。期间国营商业的发展历程是：1950年12月，封川县地方国营贸易公司开业；次年初，开建县地方国营商店成立，此后分别在渔涝设花市、日杂门市部，在罗董设木炭、木柴、水果收购站，在金装、长安设门市部。1952年，封川县成立粮食支公司，在罗董、杏花设粮仓，开建县在金装、长安设粮食收购站。1954年4月，封川县增设专卖、花纱布两个国营商业企业，并分别设批发部、批零站。1956年，百货、食品、医药等专业相继从贸易公司分出，独立成立公司。至年底，全县共建立起花纱布、百货、专卖、油脂、食品、医药、药材、文化用品等8个公司，有9个批发部，21个零售部，网点遍布全县。

1953年至1956年，封开县认真执行党的方针和国家政策，按照"统筹兼顾，全面安排，积极领导，稳步前进"的原则，稳妥有序地对全县手工业、私营工商业实行了社会主义改造，基本实现了生产资料所有制的深刻社会变革，包括对农业改造的三大改造的基本完成，在全县范围内建立起以公有制和按劳分配为主体的社会主义经济制度。经改造，到了1956年，个体手工业、私营、手工业合作社、公私合营、国营工业产生了此起彼落的变化，如1952年到1956年，工业企业产值个体手工业产值由45万元，减为20万元；私营工业产值由8.2万元，减为零，但手工合作社则从无到有达到66万元；公私合营产值由57万元增至110万元，国营工业产值由38万元，增至150.5万元。同样，商业经营也出现集体、公有增长明显的情况。如1953年至1957年，全县各类型商业成分在社会商品零售总额及比重：国营商业由102万元增至389万元，所占总额比重由10.2%增至32.1%；公私合营业由3万元增至337万元，所占比重由0.3%增至27.7%；集体商业由129万元增至411万元，所占比重由13%增至33.9%，私营业由727万元减为12万元，所占比重由72%减为1%。由此可见，在20世纪50年代中期，封开县初步形成以国有商业为主、供销商业为辅、合作商业和集市贸易为补充的商业体系。中央的"发展经济，保障供给"方针得到有效贯彻，为建设社会主义事业打下了较好基础。

第六章
社会主义建设探索和十年"文革"时期

　　"一五"计划后，封开人民在县委、县政府的领导下，进入全面建设社会主义时期，从执行"二五"计划到中共十一届三中全会召开的20年间，虽然曾遭受失误和挫折，但建设发展的步伐没有停留，各级党组织、地方政府组织带领全县人民团结一心，排除干扰，克服困难，艰苦奋斗，治山治水。农业学大寨、工业学大庆，依靠人民群众智慧和力量，在工农业及教育、文化、道路交通、水电、医疗卫生、农田基本建设等各项社会事业建设中都取得新成就和新变化。

努力办好教育　改变落后状况

中华人民共和国成立后，封开历届县委、县政府把教育事业当做改变山区落后面貌，发展山区经济的战略来抓，政府重视，教育职能部门奋发努力，县直相关部门密切配合，投入经费、配备干部、培养师资、改善办学条件，各方面工作力度不断加大，并较好地发挥了学校教职工的积极性和调动起人民群众支持教育的热情，教育事业稳步发展，全县城乡学校规模、质量均发生了较大变化。

一、大办夜校　开展业余教育

1949年，封开县文盲、半文盲人数占全县总人口的84%，绝大多数群众没进过学校，没接受过文化教育，尤其是农村妇女，几乎全是文盲。中华人民共和国成立后，全县掀起农民业余教育高潮，以大办农民夜校为主要途径，帮助广大民众扫除文盲。1951年，县下乡干部和土改队员组织各地创办农民夜校，利用这个阵地，在向广大群众宣传党的方针政策的同时，发动他们学文化，当年全县有1.26万名农民参加了夜校识字班。1954年，县文教科组织扫盲队，指导各区乡开展以识字为主的农民业余教育。县统一编印课本，以乡土教材为主，韵文居多，朗朗上口，易读易记。农民除了晚上在夜校学识字外，还学珠算、农业生产知识、卫生知识和唱歌曲。当时，经过动员发动，农民参加扫盲学识字的积极性很高。村民们利用庙宇或腾出村中宗族的祠堂甚至自家的厅室作课室（集中学习场所），自带凳子、自备煤油灯，每到集中学习的晚上，不顾白天劳作的疲劳，夫牵妻、子带父、兄弟姐妹、妯娌叔婶一齐参加，还互相帮助和共同探讨，而教员们也与群众打成一片，白天与农民一起劳动，晚上手把手教农民识字习字，认真负责，教学相长。1951年，全县办起夜校166所，354个班，学员1.75万人。翌年冬，2.4万人参加夜校学习，占全县文盲、半文盲总数的35.1%。为推进扫盲工作的深入开展，1957年，县开展评比表彰活动，表彰奖励一批扫盲先进集体和个人。1958年，扫盲掀起新高潮，办夜校860所，平均每个大队（现村委会）有四所多。县里要求不留空白，最边远偏僻的小山村的群众也要有学文化的机会。各地狠抓落实，广办夜校，大搞扫盲，取得3.4万人脱盲的成效。继而乘势而上，办起红专学校486所，以农村青壮年为主体的学员达5.2万人，占青壮年人数的62%；业余初中11所，学生1125人；业余红专大学三所，学员266人。20世纪60年代，扫盲工作一度停顿。

1977年11月，业余教育恢复。县、社相继成立工农教育委员会，开展扫盲工作。1980年，县政府提出《农村扫盲业余教育工作要点》，在罗董公社进行扫盲工作试点，随后全县铺开。全县先进行造册登记，摸清青壮年文化状况，接着全县18个公社（区）193个生产大队先后办起扫盲班678个，参加学习的12~40周岁中文盲、半文盲人数2.28万人，结业1.98万人。经省、市检查验收，扫盲工作各项指标达到要求，封开县符合扫除青壮年文盲县标准。

二、不懈努力　教育稳定发展

（一）中小学在改造整顿中恢复与发展

1949年，封川、开建两县只有初级中学两所，国民小学

15所，学生8832人，小学教师（包括私塾）425人，中学教师36人。

中华人民共和国成立初期，县人民政府接管教育后，由县政府文教科统管小学。1950年2月，广东省人民政府颁布小学教育暂行实施办法，规定小学教育的性质和原则以及小学课程、课时。1950年秋，在全县重点圩镇办起11所县立中心小学，开办普通小学50所，在校学生11000人，教职工287人。次年，全县办起小学80所，在校学生13160人，教师273人。1952—1953年，进行初步整顿，全县办起小学98所，专职教师477人。

1954年3月，封开县贯彻政务院关于"整顿巩固、重点发展、提高质量、稳步前进"的办学方针，对学校开展整顿工作。各区成立由区委书记担任组长的领导小组，加强对整顿工作的领导，整顿内容包括调整学校布局、巩固班级、充实学额、教职工定员定薪等，以形成新的教学秩序，提高教育质量。1956年，为贯彻中央关于"加强发展、提高质量、全面规划、加强领导"的方针，县政府制订了《封开县教育事业十二年发展规划》，要求教育为工农服务、为生产服务。许多小学附设农民夜校，配合扫盲工作。1957年，农业生产合作社办民办小学24所，学生1336人。当年，全县有小学138所，480个教学班，在校学生19102人，教职工2611人。同年，全县学校执行教育部颁发的《小学校历》和贯彻毛泽东主席提出的"德、智、体全面发展"的教育方针，办学初见规模。1958年，全县小学发展到200所，在校小学生2.45万人。

中华人民共和国成立前，县内有公立封川中学和开建中学，私立有文德初级中学和仁里初级中学。1949年，封川中学有初中三个班，简师一个班，学生130人，教职工13人；开建中学有初中五个班，简师一个班，学生228人，教职工23人。两所私立初中有四个班，学生127人，教职工16人。在全县解放时停办，无毕业生。

中华人民共和国成立后封川、开建两所县立中学由县人民政府接管，1953年，组织全体中学教师到佛山参加思想改造运动，开展对教师队伍整顿工作。经整顿，全县中学教师由32人裁减为23人，学生258人（其中简师班123人）。是年，封川中学改名为封川中师联校（1952—1953年，封川中学在开设初中班的同时，又办一年制师训班和三年制简师班）。1956年，为解决农民子弟就近入学，分别于渔涝小学、杏花小学附设初中班。1957年，两地的附设初中班并入在渔涝新建的渔涝中学。是年，全县有封川、南丰（开建）、渔涝三所初级中学，20个教学班，992名学生。次年，班级及师生数继续增多。

1962年，为了贯彻执行国务院发出的《适当压缩全日制中小学规模、调整布局、精简各级学校教职员工》的指示精神，压缩、停办小学附设初中班，全县只保留封川、南丰、渔涝三所中学，共23个初中班，学生963人，八个高中班，学生249人。1964年，实行"两种教育制度"，大办耕读小学，全县适龄儿童入学率从1963年的61.5%提高到80.9%。1965年，全县有完全中学两所（封川、南丰），全县中学生1681人，中学专职教师82人；小学265所，小学生2.8万人，小学专职教师993人。

1966年"文化大革命"开始后，学校（尤其是中学）基本停课。1967年秋季，各中学无法招生。1968年夏，搞"教育革命"，在全县91所小学办起附设初中班112个班。1969年秋中小学校学制改为九年制，小学由六年改为五年，初中、高中均由三年改为两年，实行开卷考试，并大力推行各公社办高中，各完小附设初中班，要求"读高中不出公社，读初中不出大队"。1970—1971年，全县办起18所高中，51个班，151所小学附设458

个初中班。由于客观条件不足，造成师资奇缺，聘用了一大批的民办教师。1973年，提倡"开门办学"，全县中小学普遍办工厂、农场、畜牧场、茶场，因要定期劳动，经常放弃课堂教学，导致教学质量下降。1972年大专院校招生由考试改为推荐。

1978年，党的十一届三中全会后，教育拨乱反正，贯彻"调整、改革、整顿、提高"的方针，调整全县普通中学布局，改革中等教育结构。1979年起，初、高中先后恢复三年制。1988年，全县由13所高中调整为四所普通完全中学，初中调整为16所。1992年小学不再附设初中班。

（二）两度群众办学热潮对教育工作的影响

1958年，全国各行业"大跃进"，封开的教育工作同样也出现了"大跃进"，实行公办、民办"两条腿走路"方针，鼓励社队兴办教育，增设农村学校，增收学生，以满足广大农民子女入学读书的需要。是年比1957年一下子增多小学62所，在校小学生由上年的19102人增至24504人，增5402人，教职工由上年的611人增至846人，增235人。由于师资不足，选派一批民办教师充实到教师队伍。在"大跃进"热潮的推动下，中学教育也快速发展，全县11所小学附设初中班，封川中学首次开设高中部，增收高中学生50人，全县还办起了六所农（林）业中学，满足农村学生的入读中学需求。当年，全县中学生1676人，教职工70人，是中华人民共和国成立后首次出现的中学生高峰期。由于师生参与全民性的大炼钢铁，教学秩序不正常。是年，全县中小学还"大跃进"式开展勤工俭学，办起了一批小工厂、小农场、小林场，全县学校有水稻试验田106.5亩，其他农作物基地429.9亩，造林7645亩，养猪60头，养三鸟355只，办工厂44间，虽有一定的经济收入，但由于劳动过多，导致教学质量有所下降。

1964年，经前两年的整顿、压缩后，封开县在上级的"两种教育制度"的精神指导下，在各乡村兴起了大办耕读的群众办学热潮。各地根据实际，开展各种形式办学，上课有半日制、隔日制、上午班、下午班、巡回教学班，每天上课2～4小时，入学孩子年龄不限，修业年限不定，一些超过小学入学年龄的农村女孩，可带着弟妹来上课，允许她们迟到、早退，并允许学生自由选择时间来校。由于所办耕读小学遍地开花，缺校舍、缺教师，群众便土法上马，利用旧祠堂、庙宇、生产队的粮仓乃至猪场宿舍稍作修缮用作教室，聘用村里的刚读完初中甚至高小的青年或读过私塾的年过半百的"老秀才"当教师，待遇则以参加集体劳动记工分的形式解决。是年，全县有耕读小学311所，学生6778人，这些耕读小学，后来多数成为村完全小学的教学点（下伸点），大办耕读形成的群众办学热潮，让更多的不能入读全日制学校的农村小孩有了读书识字的机会，推动了小学普及教育，配合了扫盲工作，方便了群众子女入学，提高了小学入学率，促进了农村群众文化素质的提高，因此有其积极的作用。

（三）成人及职业教育逐步成势

封开县在大力发展中小学教育的同时，随着形势发展的需要，积极发展成人教育和职业教育。

1952年由县总工会主办了开设语文、数学两科，主要是对未达初中文化水平的干部职工开展业余文化教育，至1965年，共培训9768人，有6728人基本达到初中文化水平。"文化大革命"期间停办。1979年复办，仍由县总工会办学，有教室四间，专、兼任教师12人，电化教学仪器两套。

1979—1982年，主要是对"文化大革命"期间初、高中毕业的干部职工进行文化课补习，经考核合格后发给初中或高中毕业证书。此外，在每年寒暑假开设美术、英语培训班，让有需求的干部职工参班学习。

20世纪80年代起，随着科学技术在各个领域的广泛应用，职工业余教育由文化教育转为以与技术教育相结合，注重培养学员的实际操作能力。1983年，开办起电子技术、裁缝技术培训班。根据市场需求，同时办起培训工厂企业会计员等各种培训班。1987年，承办"中华会计函授"中专班，学制三年，招生对象为在职财会人员和部分待业青年，至1995年，共培训全科班及专修班学生240多人。

1982年春，县创办省广播电视大学封开工作站，1988年改称为封开县广播电视大学，学制有脱产两年、半脱产三年的大专、中专班，至1994年，大专生毕业368人，中专生毕业447人。

1984年10月，封开推行高等教育自学考试制度，由县高校（中专）招生办公室主理，每年4月、10月，全国统一安排考试时间及科目。至1995年，毕业人数达672人，其中本科七人，专科421人，中专244人。

中华人民共和国成立后，封开县的职业教育始于1952年。是年，封川中学附设一个三年制简师班，仅办两届毕业108人。1958年，全县办起农业初级中学13所，中等技术学校一所，卫生学校一所，至1960年均停办。1965年，创办封开县耕读师范招生两个班，同时，封川纸厂办起技工学校，杏花、平凤、金装各办农业初级中学一所。1966年，全县有农村初级中学28所，46个教学班，半工半读，"文化大革命"后相继停办。

为发展山区经济，改革中等教育结构，1984年，封开县把杏花中学改为职业中学。1985年，新设南丰第二中学，高中部为职业班。

此外，1965年3月，创办县劳动大学，招收初中毕业生和部分高中毕业生，开设两个班，学生52人，1969年停办。1979年，新设江口二中，1987年改为职业中学，现今已成为省内外有名的职业中学。1958年创办县卫生学校，1976年创办县"五七"农业大学，1980年改名为县农业技术学校，1986年7月，省人民政府批准易名为县成人中等专业技术学校。1965年，创办封开耕读师范，1971年更名为封开师范学校，1982年9月易名为封开县教师进修学校。1976年创办县农机学校。以上各类职业学校为发展全县的职业技术教育都作出了一定的贡献。

第二节 响应中央号召　建立人民公社

　　1958年5月，党的八届二中全会提出了"鼓足干劲，力争上游，多快好省地建设社会主义"总路线，8月，中共中央发布《关于在农村建立人民公社问题的决议》，提出"建立农林牧副渔全面发展，工农商学兵相互结合的人民公社"的基本方针，1958年7月至10月间，在总路线提出后，封开县兴起了"大跃进"和人民公社化运动。

一、运动前期　掀起办社热潮

　　20世纪50年代中期的农业合作化运动所建立的集体所有制，对生产发展起到了积极推动作用，集体优越性得到全县人民的公认，在这样的背景下，从干部到群众"大跃进"意识颇浓。1958年6月，县委、县政府颁布《1958年农业生产条件办法决定》，号召全县学湖北麻城高产经验，力争水稻、造林、工矿生产在专区"三个第一"，紧跟全国发展形势，由此迅速兴起了"大跃进"和人民公社化运动。7月，全县第一个大社渔涝联社出现，由七个高级社的2309户并成。8月31日，全县第一个人民公社——南丰人民公社宣告成立，两个月后，办起13个人民公社，全县实现了公社化。不久，13个公社并为五个大公社，辖5.82万户，21.48万人。尔后，公社规模又几经变更，先后分并为13个，九个，15个，17个，至1971年春，才稳定为18个。

人民公社化初期实行"政社合一"，即工、农、商、学、兵（民兵）一体体制，实行"一大二公"，对原高级社的土地、山林和其他生产资料无偿收归公社所有，统一经营，统一分配，在收益分配上取消按劳分配，实行对社属人口包食、住、医、教、葬，实行半供给半工资制。依照"组织军事化，行动战斗化，生活集体化"，按营、连、排建制组织劳动力，生产实行"大兵团"作战，办公共食堂、集中吃饭。县号召大放水稻、番薯"高产卫星"，并组织大批劳力大炼钢铁，也兴建了利水水库等一批水利农业基础工程。

二、运动后期　管理体制确立

1959年3月，封开县贯彻中共中央《关于人民公社管理体制的若干规定（草案）》，公社实行分级管理，公社管理委员会下设大队、生产队，以大队为基本核算单位，大队对生产队实行统一计划，统一经营，统一分配，生产队为具体组织生产单位，社员劳动恢复评工记分，同时恢复社员家庭副业和自留地，口粮分配到户，取消公共食堂。

1962年初，根据中共中央《关于改变农村人民公社基本核算单位问题的请示》文件精神，建立"三级所有，队为基础的体制"。县派出大批干部下乡，协同公社把土地、劳力、耕畜、农具固定划分归生产队所有，生产队独立核算，在分配上执行"多劳多得"办法。生产队将5%～7%耕地及适量山林分给社员为自留地、自留山，鼓励社员发展家庭副业。同时，对公社化期间无偿抽调生产队的耕牛、农具及其他物资清退给生产队。

生产队为基本核算单位体制的确定，使农业生产得以迅速恢复和发展，1962年，全县粮食产量比1960年、1961年分别增长1.97%和4.16%。1963年至1965年，农业生产持续取得好收成。

　　三年的"大跃进"和人民公社化，在工作上虽有过失误，但在全县干部群众的苦战下，封开县的工农业生产仍有一定的发展，尤其是在农村兴建了大批山塘水库、防洪堤闸，北旱南涝状况初步改观，为以后农业的发展打下较好的基础，不少农田水利基本设施，至今仍发挥效益。

兴建基础设施　改变山河旧貌

中华人民共和国成立后，封开县历届县委、县政府根据社会主义建设的形势发展，紧密结合自然资源颇为丰富，尤以"木头、水头、石头"最为突出的县域实际，组织发动广大干部群众治山治水，不断开展造林绿化，大兴水利水电，大办交通，合理开发利用资源。长期的奋战，各项基础设施建设得到了较稳定的发展，为改变山区发展滞后局面打下了良好基础。

一、治山兴林　积极发展林业

地处两广边陲的封开，县境内山地面积广，土壤肥沃，气候温和，雨量充足，利于林木生长。然而，由于历史原因，近代林业并不发达，至1949年，封川、开建两县有林面积117.31万亩，仅占宜林山地36.2%，每亩年产值0.18万元。

中华人民共和国成立后，县委、县政府致力于治山兴林，认真贯彻国家一系列发展林业生产的方针政策，在加强山林管护的同时，大力开展植树造林，全县林业走上了良好发展轨道。

（一）群众造林　取得成效

1949年前，造林形式主要是农民在各自山地上种树种竹，多为点播散播，不能形成集中连片，荒山甚多。

1953年土地改革，农民分得耕地、山林，县、区、乡政府发动群众上山植树，绿化荒山，农村广大群众积极响应政府号召，开展自采、自育、自种，促进了林业生产的发展。1952年至1955年，全县累计造林5.36万亩。为加强对林业生产的领导，1954年8月，县政府成立了林业科，主管全县林业工作。1956年，农业合作化期间，全县人民响应毛主席"绿化祖国，实行大地园林化"号召，开展集体造林运动，群众性造林持续出现高潮。1956年全县有林面积达到127.9万亩，活立木蓄积量178万立方米，分别比1949年增加10.6万亩和50.1万立方米。1956年至1957年，全县造林达8.94万亩；1959年至1960年造林14万亩。1962年，县委针对山林权不清而造成群众造林积极性受挫的情况，组织工作组划清山林界限，稳定林属。1963年至1967年，县委、县政府贯彻中共肇庆地委关于"绿化西江走廊"的决定，通过发动群众性造林和兴办林场，共造林34.17万亩，绿化了全县尤其西江沿岸的大片荒山。1968年至1975年，虽受"文化大革命"冲击，但年均造林仍达4.45万亩。

在依靠群众植树造林的同时，封开县还采用飞播造林的办法，绿化荒山。至1967年，全县有连片边远荒山30万亩（占宜林山地9.8%），适合飞播造林，县林业局做好飞播造林的规划设计后租用国家民航飞机，相继于1968年2月至1971年3月，总投入16.1万元资金，先后对县境内12座大山共29.30万亩的播区面积实施飞播造林，有效改变了荒山面貌。

20世纪70年代中期，山区林地多的公社专门组建林业生产建设兵团，抽调各生产队的青壮年，组成两三百人耕山造林育林队伍，成营、连管理建制，上山安营扎寨，大搞炼山造林，为林业生产发展作出了很大贡献。

（二）林场建设　多措并举

中华人民共和国成立后，尤其是20世纪50年代中期起，封开县在林业生产建设中，积极创办各级各类林场，国营、集体、社队一齐上，形成合力，助力林业发展。从1958年始办林场至1964年全县建成国营和集体办（以下简称国合）林场四个；1966年办起各类林场152个；1972年，全县有国营林场五个，苗圃两个，国合林场13个，社办林场九个，队办林场88个。

1958年，封开县内兴办的五个国营林场分别是平岗林场（1963年由省林业厅接管至今），大水口林场（1958年省建，1959年由县接管，1964年由肇庆地区接管至今），黄岗林场（原称黄岗伐木场，1973年改为黄岗采育场，1978年改为黄岗林场），七星林场（原称七星伐木场，1973年改为七星采育场，1985年改为七星林场），白沙林场（1958年是原七星伐木场总部，1961年正式定名为白沙林场）。国营林场实行"以林为主，多种经营，同时发展"，营林生产木材同时，兼办水电，搞加工，采松脂，国营林场森林蓄积总面积25.51万亩，有林面积20.5万亩。

1964年，县以国家投资扶持，集体出土地出劳力，联合造林，实行"山地入场，山权不变，林权共有，合营共管，收益分成"的形式，国家与公社合办国合林场，当年建成六角、麻园、长岗、平凤等四个。这些林场开始大面积造林，共种下集中连片的杉木共1.2万亩，种后连续抚育三年，确保生长又快又好。期间，县内各地还大种广宁竹。同年，长岗公社办起了万亩柿子场，罗董公社办起了万亩板栗场，白垢公社办起了万亩油茶场，金装公社办起了万亩油桐场。1965年建成狼岭及跃进国合林场两个。1972年建成石南林场，1973年建成石砚山、竹山、大木根等三个，1974年建成沙冲林场，1975年建成大旭、白垢林场，该13个国合林场至1984年造林22.2万亩。1990年场员工444人，山地总面积16.02万亩，有林地14.12万亩，活立木蓄积量60.43万立方米，当年产木材6215万立方米，总收入374.32万元。此外，1976

年8月，由县革委会一名副主任主管，下设林业采育场办公室，统管全县林业"封、营、造"工作，莲都、都平、封川等九个公社先后办起了林业采育场。采育场在生产上贯彻"以营林为基础，造管结合、采育结合、综合利用、永续利用"的方针，从事林业生产。1978年，林业采育场解散。

1964年始，封开各地还创办乡村林场、社办林场和队办林场。1964年至1983年，全县社办林场、茶场、苗圃等七个，经营面积6.15万亩，有林面积4.98万亩，活立木蓄积量7.57万立方米。

队办林场始于1959年，由集体出土地，生产队出劳力，林场专业队管理，林木收益为林场与生产队按比例分成。至1969年，大队办林场增至37个，1973年达53个。1977年，大队林场87个，场员1730人，经营面积22万亩；联队办林场八个，经营面积2.16万亩；生产队办林场57个，经营面积5831亩，为队办林场的高峰期。

封开县在各级各类林场的建设发展尤其是植树造林中，人民群众投入大量的体力劳动，带着锄锹，背着行囊，自带米饭甚至杂粮，安营扎寨奋战在荒山野岭上，披荆斩棘，耕山栽树，为造林绿化付出了巨大的努力。如1962年秋，大玉口公社（现大玉口镇及都平镇），组织全公社各生产队八成以上的劳动力4000多人开赴曾荒草满山的石砚山，吃住在山头，炼山垦地种竹，奋战半个多月，种下广宁竹近千亩，为后来创办林场打下了良好基础。全县大大小小数以百计的林场，在封开的林业发展中起到了主力军的作用。正是由于群众性造林高潮迭起和遍布各地林场的兴办建设，使封开林业始终保持着稳定发展的势头，而林业发展为封开创造了良好的生态环境，为国家提供了大量的林副产品，为发展工业提供了大量的原料来源，带动了经济的发展。长期以来，全县以林业资源为原料的工业总产值占全县工业总产值的五成以上，同时也为封开成为"绿色水库"起到了不可或缺的作用。青山常在，方可绿水长流，水资源丰富，为水电事业发展提供了基础和保障，形成良性生态循环。

二、兴办水电　农业固本强基

封开县境内河流属珠江流域西江水系，大小交流密布，流域面积大于100平方公里的河流有九条。封开县属于亚热带地区，雨量丰富，光照充足，由于地形地貌与气候的变化，产生的降雨变化差异后，年降雨量分配不均，既易旱，也易涝，因此境内自然灾害主要为旱、洪、涝。北部的长安、金装、南丰和中部的杏花、罗董为历史上的苦旱区（杏花、罗董又是水土流失严重地区），南部西江、贺江沿岸的长岗、平凤、封川、江口、大洲、白垢等地属历史上的洪泛区。1949年前，由于缺乏水利设施，受旱灾及水灾影响十分严重，群众抗争乏力，任其肆虐，经常出现"三天无雨小旱，五天无雨大旱，一遇暴雨洪水横溢，农田变泽国"的悲惨景象，旱涝无法保收为常事。

中华人民共和国成立后，党和政府视水利为农业之命脉，集中地方财力，发动和组织民力，贯彻"民办公助""旱、涝、洪兼治""小型为主，中、小型结合"等一系列方针政策，持续不断开展水利建设。从20世纪50年代开始，每年秋、冬、春三季组织群众，少则几万、多则十几万人上工地兴建水利设施，逐步建成了比较完整的水利、水电、水土保持等系统工程，发挥着抗旱、防洪、发电等综合效益。

（一）水电工程建设　有序推进

中华人民共和国成立后，封开县自1950年起至1990年40年以来，全县人民在县委、县政府的领导和组织下，发扬自力更生、艰苦奋斗的精神，坚持不懈地开展以蓄、引、堤、电结合，洪、涝、旱兼治的群众治水运动，努力贯彻"以小型为主，中小型并举，续建配套为主，区、乡自办为主""民办公助"等一系列水利工程建设方针，进行了长期持续的水利工程建设。经过40年的努力，至1990年底，全县用于水利水电建设的投资5497.29万元，总投工10211万工日，共建中型水库三座，小（一）型水库15座，小（二）型水库61座，小型塘库1152座。引工程300座。共建堤闸83座，堤防108条，总长142.5公里，共建电力排水站82座，装机容量5550千瓦。大批水利工程的兴建，改变了县境缺水易旱的局面，控制了一般的洪涝灾害，过去"十年九不收"的贺江、西江两岸大量低洼田有了丰收保障，从根本上改变了中华人民共和国成立前"水旱灾害年年有"的被动局面，有力地促进了工农业生产的发展。据统计，1990年全县水稻平均亩产为354公斤，比1949年增长118.5%；全县工农业总产值51219万元，是1949年的41.9倍。

封开水力资源较为丰富，可开发利用水资源有11.94万千瓦，但在中华人民共和国成立前没有得到充分利用，水电建设是个空白。中华人民共和国成立后，封开县在电力工业起步的同时，着力办水力发电。1956年，探索利用利水水库渠道水力冲击木制水轮机，带动20千瓦发电机发电取得成功。1958年，兴建利水水库渠道电站，安装一台漩桨式金属水轮机带动一台60千瓦发电机。同时，莲都公社建成先锋号水电站，用木质水轮机带动发电机发电。县委在先锋号电站开现场会，办技术培训班，全面展开试办小水电。至1964年底，建成小水电站11座，装机420千瓦。1965年开始，全县掀起兴办水电热潮，全民出力，多方集资，县、社、队三级搞工程。当年7月，全县第一座利用水库（中型）蓄水发电的大冲电站动工，县委、县政府将筹集多年计划建办公楼的15万元全部投入该工程，并派出县领导和一批干部吃住在工地，带领1600多名民工，挑土筑坝，劈山开渠，昼夜施工，用一年时间，把蓄水1832万立方米的水库及电站建成。1966年，转向开发贺江，筑坝拦江、蓄水发电，相继兴建了民华和市县联办的白垢、都平电站。到1990年底止，共建成小水电站189座（不含白垢、都平电站）总装机容量28937千瓦（含白垢电站封开分成的6000千瓦），年发电量8789千瓦时，封开在肇庆市率先跨进全国首批100个农村电气化试点县行列。

1951年至1990年封开县水利水电建设事业的发展，大体经历了四个阶段：

第一阶段（1951年至1960年）：贯彻中共中央和省委、省政府提出的"大力开展群众性大办水利"方针，为消灭县境突出旱患，解决农田灌溉和人民生活用水问题，水利建设重点是以建设蓄、引、提水防旱灌溉工程为主，组织群众开展一村一塘水利运动，结合治理水土流失修筑堤坝。1956年冬兴建第一座小（一）型水库利水水库，试办小水电站；次年冬兴建第一座中型水库（西山水库），金装河滚水坝工程（西金联合灌溉工程）。这段时期，全县先后建成了西山水库、金装河滚水坝引水中型工程，利水、朝阳、罗马、观塘、谭双、林青、都斛、白梅等小（一）型水库以及40座小（二）型水库和黄岗引水、石牛圳、华拦陂等引水工程，初步解决了北部和中部苦旱区的灌溉问题，并为后来进行大规模水利水电建设打下了基础。

第二阶段（1961年至1970年）：水利建设以防旱与防洪治涝并重，兴利除害，发展小水电。在"巩固提高、加强管理、积极配套、重点兴建"的水利建设方针指引下，配套建成了西山等水库的主干渠工程，还兴建了小洞等五座小（一）型水库，建成县城江口镇河堤路码头护岸工程、蟠龙口堤闸并扩建利水水库为中型水库。1966年春，建成了（大冲）中型水库且于水库下游建成一、二、三级电站。1969年冬兴建东安江大和滩电站，1970年建成民华水轮泵站，左右岸安装水轮泵12台，提水灌溉南丰、渡头的万亩农田，十台总容量1250千瓦的发电机组同时投产发电。全县基本形成了"以蓄为主，蓄、引、提、电结合"的灌溉工程体系，有效灌溉农田21.5万亩，解决4.5万人生活用水困难。小水电建设为防洪治涝，改造低塱田，建设电力排水站提供电力。

第三阶段（1971年至1980年）：水利建设主要是续建配套，巩固提高，建小水电，堤闸、电排站。1971年，大冲电站七台机组，贺江白垢桂坑小电站相继建成投产，1974年桂坑中电站、大和滩电站投产发电；江口、南丰、河儿口、金装等35千伏变电站相继建成投产，输电线路从长岗至长安贯穿县境南北，初步形成县自己独立电网体系。至1980年底，全县拥有小水电装机容量11720千瓦，建成35千伏输电线路95公里，10千伏输电线路382公里。1976年建成水口防洪排涝工程并以堤围工程与排涝设施有机结合，使洪涝严重的沿江大片农田基本得到整治且基本控制了一般的洪涝灾害。

第四阶段（1981年至1990年）：在"加强经营管理，讲究经济效益"的水利方针指导下，进行水利改革，向"两个支柱"（水费改革和综合经营）、"一把钥匙"（建立健全经济承包责任制）方向迈进。工程管理单位普遍实行事业单位企业经营，包干管理责任制，建立和健全乡镇水利水电基层组织。抓好水费改革，对灌溉用水水费计收偏低的状况进行调整，全县统一规定收费标准，每年每亩收费标准不少于两元。积极开展综合经营，坚持多渠道多层次筹集资金，增加水利水电投入。这一时期，水利建设以搞好工程安全加固达标，续建配套，恢复和发挥效益为宗旨，补强加固堤围，维修加固水库，更新老化设施。进一步完善水利水电设施，提高其功能效益。

1983年经国务院批准封开县被列为全国首批100个农村电气

化试点县之一，全县人民为实现电气化县的宏伟目标，在县委、县政府领导下，根据封开县水力资源，工农业生产发展对电力电量的需求以及现有电站、电网建设和管理状况，重点搞好电源和配套电网的同步建设。在"自建、自管、自用"方针和"谁建、谁管、谁用、归谁所有"原则指导下，全县掀起办小水电热潮，这一时期相继建成了七星河二级、深六一二级、都尚、清水、山马降、党山三级、红峰等17座水电站。1988年底全县已建成小水电装机达24566千瓦，比1982年翻了一番，年发电量达0.841亿千瓦时，比1982年增加1.2倍。1989年5月，经省、市验收，封开县成为肇庆市第一个达到农村电气化初级阶段标准县。到1990年底，全县建成水电站182座，总装机容量28937千瓦，建成110千伏容量5.15万千伏安变电站一座、35千伏变电站八座及35千伏输电线路145.3公里、10千伏输电线路933公里，连接各乡镇及各电站，所有乡镇和96.3%农户用上电，工农业生产和人民生活用电得到基本解决。

（二）全县干群参战　众志成城

在封开县轰轰烈烈的水利水电建设运动中，党政的正确领导，人民群众的积极参与，水利水电系统的干部、职工技术人员的苦干巧干所形成的强大力量，是封开水电事业建设取得一节节胜利的根本保障。中华人民共和国成立以来，大大小小的水利水电项目建设，人民群众在县委、县政府领导下，依靠社会主义集体力量，始终发扬自力更生、艰苦奋斗精神，干群齐心，团结拼搏，写下了辉煌的创业篇章。20世纪50—70年代，兴建的水利水电工程，县委、县政府均抽调了农村青壮年组成庞大的民工队伍开赴工地，参与建设。他们依靠简陋的劳动工具，劈土凿山，拦河筑坝，战天斗地艰苦奋战，为水利水电事业付出了辛苦的汗水，作出了巨大的贡献。

自1956年冬兴建全县第一座小（一）型水库——利水水库起，均抽调农村青壮年组成民工队伍参加工程建设。以区（社）为单位组成民兵团（营）、连、排编制，集中到工地安营扎寨，并从每个民兵团（营）中挑选30至50个男女青年骨干组成青年突击队，担任工地最艰苦工程作业。参加建设的民工分为两类，一类为冬春施工高峰时才参与，另一类则长年固定参与。民工人数一般在两千至一万人左右。1957年兴建西金水库和金装河滚水坝引水联合灌溉工程，组织了五万多名民工上工地。各级党政领导亲自指挥，县委、县政府主要领导把办公室搬到工地，并与民工们吃住在一起，并肩作战。广大民工在战斗于第一线的党员干部率先垂范带领和组织下，劳动热情高涨，发扬大无畏精神，不怕苦不怕累，靠勤劳的双手，以顽强的意志，用简陋的劳动工具，完成了艰巨的工地劳动任务。每次水利水电会战，庞大的民工队伍都发挥了主力军的作用。

1966年冬，县境贺江梯级电站建设拉开序幕。在首先建设的白垢电站（包括桂坑中、小电站）动工时，由科、局级干部21人组成工程指挥部，从各公社抽调3500名青年民兵，他们自带粮食、工具上工地，拦河筑坝，最大的工程是用人工开挖的一条长1100米的运河——桂坑运河，引贺江水至运河口，建容量为1000千瓦的小电站及总容量3750千瓦的中电站各一座。参加工地劳动的民工，长年累月，酷暑寒冬，奋战不息，用钢钎锄头凿石挖土，用簊箕装运土石肩挑至两边河口及山坑低凹处。艰苦的劳作，民工们常常手掌肩膀磨出血泡，甚至皮开肉绽也不下火线，以顽强的奋斗拼搏精神，争时间，抢进度，出色完成每天的劳动任务。当时，都平公社高浪大队有一已年过半百的村民容喜廉，自告奋勇与青年民兵一起来工地参加电站建设，这位曾参加过解放开建县城南丰战斗的老游击队战士，听到工程建设需要组织民工上山砍运树木的消息，便主动请缨，带着一批青年民兵上山，砍伐树木时浑身爬满蚂蚁，还被黄蜂蜇伤，皮肤长满又红又肿的血泡。人们劝他休息，他却忍着痛痒坚持砍树劳动，还与年轻人一起将树木肩扛下山。他受到了指挥部的奖励，被民工们尊称为"不老榕"。而像他那样的普通劳动者为了国家建设事业而兢兢业业，忘我劳动，无私奉献的事例在水利水电会战中屡见不鲜。1970年10月，为了加快开挖运河的工程进度，县组织全县高中以上学生及中小学教师利用放农忙假时间到工地参加工程建设。师生们奋战十天，经受了艰苦的劳动磨炼的同时，也为白垢电站的早日建成献出了力量。

封开县所进行的全县性水利水电建设，随处可见由社队抽调的众多民工忙碌的身影，而当时的民工劳动报酬，却少之甚少。20世纪80年代前，抽调参加工程建设的民工由县分人数、土方任务到社队，各民工自备伙食，队付工分。为鼓励农民上工地，可比队里务农的报酬稍高。固定民工，由生产队记工报酬，并稍高于队里的社员。另外，工地指挥部给予在工地建设的每个劳动力定额补贴（每日完成一个定额）一角或五角人民币加半斤左右大米指标的伙食费补助。

（三）谷圩堤大会战　万众给力

谷圩堤会战即1975年冬封开县倾全县之力在长岗镇谷圩河下游水口出口处兴建县内规模最大的防洪排涝综合性治理工程大型建设行动。谷圩堤会战是封开县水利水电建设，改善农业生产条件的重大战役，也是封开人民万众一心战天斗地的缩影。

注入西江的谷圩河上游河道弯多、地势低洼，汛期西江洪水倒灌，其四条支流184.5平方公里集雨面积所形成的山洪汇于谷圩下游，使河两岸的多个村636户近3600多人以及6500亩耕地常被淹浸。据统计，中华人民共和国成立后至1994年，西江江口水位14米以上洪水出现过93次，当地农业生产受灾的多达28次。

谷圩大会战现场

1975年11月10日，封开县委发出《关于做好水口工程大会战的通知》，同时成立"水口防洪排涝工程大会战指挥部"，指挥部由县从机关抽调部、委、办、局负责人以及各公社党委政府领导成员共82人组成，县委副书记丘均任总指挥，从机关单位抽调干部职工150人，负责工地民工的政治思想工作及器材、物资供应、管理工作。全县17个农村公社调集了两万名青年民兵（约占全县劳力的六分之一）组成17支民工队伍（实行军队式管理模式），各公社参战民工由一名公社党委副书记带领，民工们自带伙食、工具、被席行李，自行解决柴火及住宿工棚，自付工分（生产队记工）参加大会战。按时间按质量完成指挥部分给的各公社各大队施工任务。第一期工程为筑堤，按土方300万立方石方总量计，每个参战民工要挑土石方9000担。任务艰巨，天气寒冷，各公社为提高工效，鼓动士气，组织青年突击队并进行流动红旗评比，大搞劳动竞赛，一些突击队员表现相当积极，日挑土方不断自行加码，由两立方增至三四立方，起到了骨干带头作用。民工们早上5点多起床，一直干到晚上7点多才收工，每天劳动时间强度都保持八九个钟头以上，积极性很高。杏花公社民兵突击队为保证工程用沙，在气温零下两摄氏度的严寒里，到半米多深的河水中捞沙，1000多民兵有半数以上手脚皮肤冻裂，渗出鲜血。参战的县领导既当指挥员又当战斗员，会战50天里，除开会及工程检查，天天参加工地劳动。六个县委常委参与体力劳动均超30天，多的达40天。工程副总指挥吴龙昌，在零下两摄氏度的严寒中，赤着脚和民工一起捞沙。各公社、单位参战领导均与民工们同甘共苦，日夜奋战在第一线。寒假期间，全县大批中学师生和小学教师也响应县的号召，参加工地劳动，为工程建设献力。经50天奋战，顺利完成工程任务。这次大会战完成土方2354万立方米，石方2.8万立方米，改河总长4820米（挖新河填旧河），新筑河堤总长5172米（堤高11.58米，堤顶高程25米），挖通了一座长918米的山坳，建成一条长480米、肩宽8米的引水渠，同时扩大耕地面积1200多亩。此外，还建设了堤闸工程和电力排灌站工程。水口防洪排涝工程的建成，抗御了1976年以来西江特大洪水，捍卫了堤内6000多亩农田，1976年早造比上年同期增产稻谷60多万斤，粮食产量创历史最高水平，效益立现。

1975年冬的兴修水利建设，除以谷圩堤为主战场外，各公社也组织大批劳力在当地大搞农田基本建设。主要工程有：封川公社的东塘排洪圳改河；江川公社修筑西江堤围；平凤公社金星河改河；长岗公社六水口改河；泗科、白垢公社修筑贺江堤围；罗董公社上里河改造；杏花公社五千亩低产田改造；渔涝公社西村河改造及一万亩水田改土；莲都公社松根水库续建及四村、河口改河；南丰公社修筑贺江堤围；金装公社虾江河、状元河改造；长安公社大木根和党山水库建设；大玉口、都平、七星公社水田改土。这一年，是中华人民共和国成立以来群众性水利建设最为轰轰烈烈的不寻常之年。

三、开通公路　连接城乡交通

封开县地处粤西北边陲、西江上游和贺江下游，境内崇山峻岭相连，沟壑纵横，河流交错，县城江口镇坐落于西江与贺江交汇处，古有"海上丝绸之路"交接码头，封开水路运输历史悠久，历来为两广交通之门户。1949年前，封开的水路交通相对陆路而言，条件尚可，清末及民国时期，先有外轮在西江航运，后有小电船及木质船航行于西、贺两江。除外轮外，来往民船全靠人力拉纤，十分落后。陆路交通更差，中华人民共和国成立前，封开县是肇庆地区唯一无公路的县。陆路交通仅靠几条乡间羊肠小道，人们往来及货物运输，全靠步行肩挑背扛。从封川县城到开建县城（现南丰），途经不少乡村圩市，全程80多公里，全是山路或田边路（田基），路宽不足一米，崎岖难行。中华人民共和国成立后，党和政府十分重视交通事业建设，全县人民发扬艰苦创业精神，齐心协力，掀起一次次修路高潮，推动着交通事业取得了节节胜利，交通落后状况不断改变。

20世纪50—70年代，封开的交通道路建设，主要集中于陆路，着力于开筑砂土公路省道、国道、县道和林区道路。在党和人民政府的领导下，认真贯彻"民办公助"和"民工建勤"的公路建设方针，广大人民自力更生、艰苦奋斗、积极修筑各类公路，县境交通事业日益发展。

（一）省道建设　率先打响

1950年，在封川县召开的第三次各界人民代表会议上，修筑公路提上议事日程。会后，封川、开建县分别成立修筑封川县城至开建县城南丰公路（即现省道水谷线封开段），修路所需费用以捐献和发行公路股票的形式筹集（每股100斤稻谷）。同时，动员每户捐献一条杉木，18岁以上的青年每人捐献十块青砖或石块，用于建造桥涵。群众热情很高，捐来的木料、青砖、石块摆满全线路基两旁。县政府为顺利完成路坯工程，划分地段，由各区府负责包段完成。公路全线的六个重点工程，也由所在各区抽调组织民工负责挖通。全线公路桥涵工程由县工程桥涵工程队完成。在普修路段，实行全民动员，凡年龄18岁至45岁男女青壮年全部出动，各乡按人口劳动力情况划分好路段，将民工编好队，选出大、中、小队长，明确质量标准后全面铺开动工。

1951年县政府认真贯彻国务院《关于1951年民工整修公路的暂行规定》，在全县掀起筑路高潮，广大人民在秋收后、春种前，踊跃投工修路。民工们还提出"筑好公路迎土改"的口号，把修筑公路工作搞得如火如荼。经过四年的艰苦努力，1954年底，封川至南丰路段（封川至开建全线第一期）全部竣工。1955年3月15日在封川中学球场举行通车剪彩仪式，汽车从封川开往南丰，沿途许多群众欢庆通车。该公路的建成通车，结束了封开县没有公路的历史。

1955年，县公路指挥部继续组织群众投工进行第二期、第三期施工。是年4月，控倒性工程冷头桥竣工，封川至江口路段建成通车。1956年底，又建成金装至怀集县岗坪路段。至此，封开公路全面竣工（原名封开公路，经与怀集县城通车后，更名封怀公路）。该线全程117.4公里，公路技术等级三至四等，路基平均宽度7.5米，路面平均宽3.5米，桥梁59座，除其中一座为钢筋混凝土结构外，其余全为简易木桥。这条公路连通封开东部占全县总人口80%以上的区乡，故又称封开东线公路。该路创下了封开道路发展史上的数个第一：靠人工开挖的第一条里程最长的公路，封开第一条通车的公路，客货运载量最大的公路，受益人口最多的公路，兴建时间跨度最长的公路，境内连接圩镇最多的公路。此路开通，具封开交通道路发展里程碑的意义！

1964年10月，动工兴建县内第二条省养公路——河（儿口）莫（莫村）公路。县投入资金13.28万元，雇请外地民工1500多人，历时一年又五个月，首先建成了渔涝河儿口圩至七星圩的全长25.8公里、路面宽4.5米的七星公路。紧接着又修建七星公路延长线，由七星圩通往德庆县莫村镇分水界，全长八公里，1967年建成通车，沟通德庆县并成为封开至肇庆的第二条干线（同时，也是封开县的重点林区公路）。1988年河儿口至莫村公路，全省公路大普查时经上级公路部门批准属省干线。

1966年至1968年开通了经西江轮渡连接郁南县的水口至长岗引渡公路0.6公里，公路交通外联又有了新的路径。至此，封开公路可北连怀集县，东（南）连德庆县，西可连郁南县，公路的内外交通从零开始，取得了突破性发展。

（二）国道建设　紧随其后

国道321线，经封开路段是长岗回兰寺（与德庆县交界）至下典口（与广西梧州交界）45.91公里，1956年始建。

1956年7月，县成立长岗公路指挥部，修筑封开县第二条公路，也是全县第一条民办公助的公路，县政府副县长王月仙兼任总指挥，交通科科长张乃焕任副总指挥，还抽调12名干部为指挥部的管理工作人员，修建时以长岗民工为主。区乡干部任民工队长，带领群众挖泥挑土，削山填沟，拿下土石方工程任务。省地公路部门补助了7600元，主要用于购买桥梁涵洞材料。在资金不足的情况下，把沿线神坛庙宇拆掉，用其砖、石、木料建筑涵洞。干群们齐心协力，大干苦干，经过18个月的艰苦奋斗，于1957年底谷圩至回兰寺的18.8公里的长岗公路建成通车。该路段初属县的支线公路，技术等级为等外路，路基宽5～7米，路面宽3.5米，桥梁7座，大小涵洞108座，1973年7月始把临时式桥涵分别建为永久性桥涵。

　　1965年秋，时任中国人民解放军总参谋长罗瑞卿到封开视察，听到粤桂边界还未开通公路等的情况汇报后，表示支持封开修建江梧公路（江口至梧州）及兴建江口贺江大桥。还要求陪同视察的省、地领导做好有关部门工作，尽快修建好粤桂公路早日通车。1966年3月，省交通厅制订的《交通运输工作纲要》指出"修建全省主要公路干线网，要达到连得上，过得硬，隐蔽好"。根据这一要求，封开县成立代号为"六六二"筑路指挥部，打响修建江口至下典口路段和江口贺江大桥的交通之战。该公路（含贺江大桥）工程，中央和省投资320万元，由省公路局第二工程队测量、设计和施工，经多方努力，动工于1966年6月，1968年12月全线竣工。江口贺江大桥为钢筋混凝土结构，双曲拱长157.24米，宽7.5米，为县内最早兴建的跨江大桥，也是当时肇庆地区公路桥梁最高的一座，不仅将江口镇南北两片联成一体，彻底告别了摆渡过江的历史，还为县城增添了一景。而江口至梧州交界的江梧公路，后于1988年划为广（州）成（都）线，称国道321线。当时，该路路基宽7.5米，路面宽5米，砂土路面，穿县城江口，西连广西梧州，东（南）通德庆、肇庆，迄今为县境内唯一的国道路段。它的建成通车，对促进粤桂两省交通运输起着很大作用。

贺江大桥1969年元旦通车

（三）地方公路　齐头并进

中华人民共和国成立后，封开人民在大力开展省国道公路建设的同时，群众性建设地方公路（县道和乡镇公路）的热情也持续高涨。广大干部群众不怕严冬酷暑，靠一锹一锄，肩挑人扛，劈山开路，靠愚公移山的精神、以"民工建勤"为筑路主要形式，修筑了一条条县线公路、乡镇公路。1958年7月，革命老区平凤至蟠龙口的平蟠公路建成通车，全程64公里，另十二岭至登河公路同月开通；1963年动工的渔涝至白垢公路于1964年建成通车；1978年4月，江口至大洲镇公路建成通车，全长18公里（西线公路首段）；1983年5月，江川至平凤全长26.7公里公路通车。从此，江川至郁南开通陆路交通运输业务。此外，1978年至1992年，还先后开通了封川镇半岗至白垢、罗董寺村至五星、大玉口镇至渡头镇（连通两镇通往南丰及广西贺县）、莲都镇至怀集桥头镇、大洲至泗科、泗科至都平镇（都平镇经西线连通县城）、候村口至大玉口镇（经东线连通县城）、小洞至都平镇东岸（都平镇经东线公路连通县城）、都平镇至大玉口镇等多条公路。

当时封开县群众性投工修建地方公路，主要有三大举措：一是县直接组织民工建西线公路（江口经大洲、都平、大玉口至渡头，又称江渡公路），1976年12月，县从西线的大洲等五个公社抽调了近千名青年（其中不少是刚走出校门的初高中毕业生），由一名公社领导率队，带着行装及劳动工具集结于贺江西岸的江口至大洲沿线，以公社为单位，组成民工团，按工程指挥部划分的地段和分配的土石方任务，展开开筑江渡公路的交通大会战。筑路大军在县领导、全国战斗英雄高品阳等指挥部人员组织带领下，实干苦干，艰苦奋战近两年，终于用人工开通江渡公路首段工程江口至大洲全程18公里的砂土公路。参加修路的年轻建设者们，在为开通山区地方公路奉献出青春汗水的同时，也经受了艰苦的劳动磨炼。二是各公社抽调农村劳力成立相对固定的开路专业队伍，长年累月开筑公社与县城或连通相邻公社的地方公路。专业队员在秋冬农闲时节群众性修路大会战时，则充当技术指导和炸石的爆破手，发挥骨干作用。当时，县抽调筑修江渡路的民工，队里记工分，县供粮食和副食品；公社抽调社内专业筑路的，仅是由生产队里记工分。三是农闲阶段，组织全公社所有劳力进行大规模的季节性的筑路劳动，每年两至三次，倾全社之力，集中攻坚破难，削山填壑，逐段推进。地处两广交界最边远总人口不足万人的大玉口公社，靠群众性筑路运动，在开通连接封开东线公路的湾到至南丰小洞公路后，又乘势而上，动工建设大玉口至渡头长19公里的公路，将社内大部分村庄连通并接上南丰的县主干线，全公社数千劳力坚持连续大干多年，终将社内的主要交通公路建成通车，成为全县群众性筑建公路建成的里程最长、工程量最大、坚持时间最长的工程，也成为群众性修筑公路的学习榜样。时任大玉口公社党委书记陈连洲，把公路建设当成全社最大的农村工作任务，亲任总指挥，修路期间，始终奋战在第一线，与群众同甘共苦，团结拼搏，哪里有困难，哪里最艰苦，就出现在哪里，被社内外群众称为"开路书记"，在群众中威望很高。1980年11月县人民代表大会上，被人大代表直选为县人民政府副县长。

（四）林区公路 不断延伸

封开县是广东省有名的林区县，山地广阔，具有丰富的林业资源，培植和合理利用林业资源，必须有良好的交通运输条件。1949年前，全县各地所产的木材，靠河道放运。从中华人民共和国成立到1956年，县内有两条公路：肇封（国道321线前称）及谷怀公路（封开东线公路），但林区公路仍为零。随着林业的发展，林产品（柴、竹、木）的交通运输成为影响林区发展的瓶颈。林区公路建设既是全县交通建设的重要组成部分，又是林业发展的重要基础性工程。于是，20世纪50年代末起，封开县委、县政府将林区公路建设摆上了重要位置，县林业局特别重视林区交通建设，设立基建股设计室和下属机构林区公路工程队，把林区公路建设推向高潮。

1958年，总长21.4公里、路面宽4.5公里的县内第一条林区公路——黄岗公路开始修建，该路起点为渔涝圩（接水谷线）至七星境内的国营黄岗林场。当年10月动工，由时任县委副书记张鲁生担任工程总指挥，在各公社抽调3000多名青壮年组成筑路队伍，他们就地扎寨，靠锄、锹、钢钎、箕等落后的施工工具，向悬崖峭壁开战，劈山填沟，经过两年又七个月的奋战，完成土方23.6万立方米，石方8.7万立方米，于1961年5月全线竣工通车。这条进山公路开通后，将处于大山深处的林区与外界紧连一起，林场生产的木材由省森工车队负责外运，结束了靠河道放运的历史，林区公路建设取得了第一场胜利。

1964年，在开通了渔涝至白垢19公里的县内第二条林区公路（兼县与镇连通功能）后，河儿口至七星圩的七星公路又开始谋划修建。这是县内最长的林区公路，当年10月动工，雇请了外地民工1500多人，连续奋战一年又五个月，1966年3月建成通车。该林区公路全长26.8公里，路面宽4.5米，既是县内重点林区公路，又是河莫（通德庆莫村）公路主要路段，由国家投资123.28万元。一年后，又从七星延长至德庆县莫村的分界线，成为封开县至肇庆的第二条干线。河莫线1988年成为省干线，既担负起县内最大的林区七星公社木材的外运重任，又发挥衔接外县陆路交通的重要作用。

20世纪60年代中后期起至80年代初，还先后建成了深六、六河、桂坑、东江、罗源、步水、大冲、续岭、寺元、清进等十来条主线林区公路。此外,县林业部门还以民办公助的形式,投资90万元建成封川扶来至六角林场等社、队一部分林区支线公路60多公里;1979年还加宽改建了两条总长18公里林区公路,把林区三级公路路面4.5米改为二级路面6.5米。

林区公路都在深山险岭中修建,石方多,涵洞多,挡土墙多,工程难度大,绕山涧,越沟壑,施工作业十分艰苦。但林区公路建设者们发扬河南林县人民修筑红旗渠与天地奋斗其乐无穷的大无畏精神,长年累月吃、住、干在荒山野岭,用勤劳的双手开辟一条条深山老林通向外界的平坦大道。20世纪六七十年代是封开林区公路建设发展的鼎盛时期,公路沿着县内各个林区向深山不断延伸,在使河道放运木材的原始运输方式成为历史的同时,也缓解地处林区的边远山村群众行路难的窘状,大多数林区公路后来成为乡村公路甚至省、县道,兼具林区运输和乡村客货运交通的双重功能,取得双赢效果。

第四节 搞好医疗卫生　保障人民健康

1949年前，封川县城、开建县城，各仅有公立医院一间，均只有一名医生。社会医疗卫生发展甚慢，群众治病多靠在圩镇的为数不多的中医生，或串乡过村的游医。广大农村长期缺医少药，贫困人家小病拖成大病以致死于非病的情况时有发生；传染病失于预防，疟疾、天花、麻疹等长期流行而无法控制。

中华人民共和国成立后，在党和政府的领导下，封开县重视医疗卫生事业的建设和发展，不断建立健全医疗卫生机构，着力加强医疗卫生队伍建设和医疗服务工作，大力开展公共卫生活动，探索推行农村医疗合作制度，努力解决群众问医治病问题。随着时代的发展，全县医疗卫生工作总体水平平稳提高。

一、健全机构　筑就卫生平台

中华人民共和国成立后，县政府领导组织开展医疗卫生工作首先是建立医疗卫生机构，包括卫生管理机构和层级医疗卫生单位（医院、卫生院、卫生站等）设立和建设。

（一）卫生管理机构　几经变动

中华人民共和国成立初期，先是由1950年成立的县卫生院统管全县医疗卫生工作，1953年设立县卫生科，1961年4月，县人民委员会设置卫生局，1968年3月成立县卫生服务站革委会，1973年4月，复设卫生局。管理机构虽几度易名，但其职能依然为统管全县的医疗卫生工作而不断得到强化。

（二）医疗卫生单位　增量提质

发展医疗卫生事业，重要载体是设立医疗服务机构即建设救死扶伤、为民治病祛病的医院。中华人民共和国成立以来，封开县逐步建立的医疗服务机构分为三级：即县人民医院（包括其他站所）、公社（镇）卫生院（所）、大队（村委会）卫生站（室）。另外，部分学校机关单位、厂场也设立医疗室，共同担负起为人民防病治病保障健康的任务。为推进医疗卫生事业发展作出了很大的努力，基本改变农村缺医少药的情况。至20世纪六七十年代，鼠疫、天花、霍乱病绝迹，小儿破伤风、麻风、地甲病、白喉、流行性脊髓灰质炎等病得到有效控制。

当时，县城（县级）医疗卫生单位有：县人民医院，1950年成立；封开县第二人民医院（前身称南丰医院，成立于1951年，1987年改为现名）；县防疫站，1956年成立（1968年撤销，1970年复立）；县妇幼保健所（前身是妇幼保健站，1954年成立，1984年更名为妇幼保健所）；县慢性病防治站（前身是封川县麻风防治站，1956年成立，1983年更名为现名）。

公社（镇、区、乡）级卫生院：1954年，南丰、渔涝、杏花、凤村（今平凤）四个区建立卫生所；1956年，增设长安、渡头卫生所；1958年，卫生所改称卫生院，同时增设江口、封川、大洲、长岗、罗董、莲都、金装卫生院，又在江川、白垢、大玉口、都平、河儿口建立卫生所，实现每公社有一所卫生院（所）目标。1968年，白垢、大玉口撤所建院，并增设七星卫生院。1974年，都平、江川撤所建院，是年，全县18个公社（镇）均有卫生院。罗董、渔涝卫生院建成中心卫生院，还在边远的泗科、平岗、河儿口、锦秀、新地建起六间卫生所，便民就医。

农村卫生站：1956年，农业社始办卫生医疗室，封川县有

28个，并培训半农半医的保健员650人，由农业社记工分或由受益农户统筹其报酬。1958年农村人民公社化后，各公社卫生院均培训一批乡村保健员，在生产队或生产大队办起保健室182个，配备少量中草药、中成药和急救药品，医治小伤轻病，不收诊金，只收药费。1968年全面推行农村合作医疗，全县办农村合作医疗站89个，由大队选定赤脚医生，报酬由大队统筹解决，主要任务是医治辖区内常见小病、预防注射、疫情报告等，并协助公社（镇、乡）卫生院调查地方病、流行病，筹划组织开展爱国卫生运动以及妇幼保健、计划生育技术指导等。1970年，全县194个生产大队，有178个办起合作医疗站，参加合作医疗数23.49万人，占全县总人数的79.2%，有赤脚医生502人，不脱产卫生员1479人。1975年，全县办起合作医疗站189个，占全县人口的88.4%人数参加了合作医疗。1977年，全县有合作医疗站194个（达到每个大队均有目标）、赤脚医生583人（女的174人）。当时所建立的农村合作医疗制度，提供"一支银针，一把草药"（针灸、中草药）的方法和自采、自种、自制中草药为群众治病，少量使用西药。其经费来源，参加者每人每月交0.2～0.5元，由生产队统一交生产大队合作医疗站。社员就医，每人只交诊金0.05元。由此，彰显出方便群众就近、就地医疗及减轻医疗费用的功能，起到进一步贯彻落实预防为主方针，促进农村各项卫生医疗工作开展的较大作用。1982年，医疗站改称卫生站，赤脚医生改称乡村医生。

二、培养队伍　提高医技水平

1950年后，封开县医疗卫生队伍建设也伴随着卫生事业发展的需要而不断壮大。1950年，封川、开建两县卫生院，有工作人员21人，其中卫生技术人员14人。经多年发展，尤其是由于省、市每年分配的一些大、中专医学院校的毕业生来封开工作后，至1958年，全县有医务人员300人，其中卫技人员262人，全县平均每千人有1.13个卫技人员。至1977年末，全县有卫技人员613人，农村赤脚医生583人，不脱产卫生员1380人。20世纪80年代，医疗机构增加，医疗卫生技术人员队伍持续壮大，素质逐步提高。

为了提高医疗卫生人员的医疗技术水平和服务能力，县卫生管理部门及各级医疗机构一直注重对卫技人员的培训工作，坚持"缺什么，培训什么"的原则及"面向农村为基层服务"的宗旨，通过以下的主要途径积极培训医疗卫生技术人员：一是短期培训，1953年至1958年，培训不脱产的卫生员1348人次。1958年成立县卫生学校，每年坚持举办各类型医学知识技术学习班。二是脱产进修，县卫生学校开办西医士、中医士、护理、护士班，培养的毕业生全部分配在县内各医疗卫生单位。同时，选送品学兼优者到省、地区医院进修，到大、中专学校进修、代培。三是函授学习，各医疗单位鼓励在职人员参加医科大专函授学习，提高文化知识及医疗技术水平。另外，20世纪60年代有一批响应"医疗卫生工作重点放到农村去"的号召，从省、地区来的医务工作人员加盟基层医疗单位工作，通过"传帮带"对医务人员的技术提高起到了一定作用。

三、公共卫生 受到政府重视

1952年，县政府成立了爱国卫生运动委员会（简称爱卫会），由主管卫生的副县长兼任主任，组织发动全县人民大搞爱国卫生运动，时值朝鲜战争，美军使用"细菌战"，县委、县政府以此教育广大人民，开展群众性除"'四害'、讲卫生、灭疾病"的爱国卫生运动。尔后，坚持每年1～2次突击行动。1956年，组织群众性灭鼠、灭蚊、灭蝇，打扫室内外清洁，疏沟渠，填洼地，铲除苍蝇、蚊虫滋生地，圈猪积肥，改善环境卫生。1961年，建立除虫灭病指挥部，组织开展群众性的改水、改厕、改炉灶、圈牲畜的环境卫生运动。县城江口镇成立环境卫生管理所，加强环卫队伍建设，增设一批公共卫生设施，并开始实行清洁卫生早晚打扫街道卫生制度。1972年，县在杏花公社召开环境卫生现场会，大力推广经验，各社兴建三级无害化粪池和公共厕所，逐步改变农村粪便不作无害化处理的习惯。是年，全县建猪栏1.5万间，基本做到"圈猪积肥、人畜分居"。1972年，县爱卫会制定《卫生公约》，广泛向群众宣传爱国卫生知识，结合农村积肥、铲土填洼、疏通水渠、修建水渠或下水道，拆除一些不符合标准、影响公共卫生的私人厕所。20世纪80年代初，县政府投资50万元，整治县城江口的环境卫生，开沟填塘，整治下水道，建公厕。

在城乡大力开展环境卫生工作的同时，饮水卫生也得到政府的重视。中华人民共和国成立后，县政府号召城乡居民饮用清洁水，倡导多打井，并要求创造条件兴建自来水厂，对厂矿企业则加强废水、废气、废渣的处理，防止污染饮用水。1959年，江口镇建成全县第一座自来水厂。此后，县卫生部门主动协助社队寻找合适水源，打水井。1979年4月，县爱卫会和卫生防疫站在杏花公社进行改水试点工作。9月，召开全县饮水现场会，推广经验，全县出现打井热潮。是年，全县新建水井158口，手压泵井3500口，7.65万农村人口饮用上清洁卫生水。"八五"期间，国家、集体、个人共投资798.7万元用于改水工程，越来越多的人口饮用上安全卫生水。

此外，政府在食品卫生及地方病、传染病、慢性病防治、妇幼保健等方面也按照上级的部署要求结合本地实际，发挥卫生职能部门的积极性和依靠广大群众的配合支持，扎实工作，取得了相应的成效。如1983年底，国家确认封开县基本消灭血丝虫病；地甲病患病率控制在国家标准范围之内；1970年，全县已控制了疟疾的暴发流行；1950年以来，未见天花病例发生；从1987年后没发现流脑病例；1965年起，小儿麻痹症基本得到控制，麻风病基本上达到国家卫生部门控制患病率以下的要求。1963年，妇幼工作的新法接生率为91.3%，1978年已达95.5%。

第五节 社队企业发展 规模由小到大

封开县社队企业（后称乡镇企业）始于20世纪50年代由农村手工业和个体能工巧匠组织起来的合作社，尔后立足本地资源，逐步发展壮大，形成一定的规模。

一、发展历程 显示顺序渐进

中华人民共和国成立初期到"一五"计划时期，社队企业始呈雏形。当时，经农村土地改革，个体手工业得到发展，农村部分兼营商品性手工业的农民，以及部分分散在农村圩镇的手工业者，逐步开展合作办企业，组织成立手工业合作社（组），1953年全县有三个手工业合作社（组），进行农副产品粗加工；1955年，其产值占全县农业总产值3.8%。1956年，手工业合作社（组）发展到32个，这是社队企业的雏形。1958年，全县有公社企业53家，尔后"大跃进"及经济困难时期，大部分企业不景气，到1963年仅剩17家，产值下降五成多。1965年，公社、大队两级企业分别为35家和25家，有所恢复。1973年公社企业恢复和发展到65家，年收入148万元。1975年县成立社队企业办公室，专门负责社队兴办企业。是年，公社企业94家，总收入272万元，固定资产259万元；大队企业311家，总收入106万元，固定资产23万元。1978年底，全县农村社队等四级企业达650家，从业人员达10019人，总收入1033万元，固定资产原值557万元。

1980年，社队企业实行以提高经济效益为中心的调整、整顿，落实经济责任制，使生产稳定增长。

二、产业结构　突出以农为主

当时，封开县的社队企业，主要依托本地资源，以加工利用为主，涉农企业占多。

农业企业分为种植业和养殖业，是社队企业起步时期的主要组成部分。在20世纪50—70年代，由公社、大队、生产队三级自主经营。20世纪70年代中期，社队兴办的林、农、果、茶、药场和猪、牛、羊、鸡、鸭、鱼、蜂场逐步发展。1977年，社队兴办有农场12个，种植水稻、甘蔗，规模较大，仅果场十个就达近万亩。茶场八个，药场五个，规模不大。采育场六个，林地面积9.72万亩，原木产量7700立方米。猪场13个、牛场三个、鸡场13个、羊场三个、鸭场一个、渔场六个，规模较小。

封开社队企业涉及行业有采矿业、农副产品加工业、缝纫业、木材加工业、竹和藤制品加工业、土纸制造业、建材业、日用陶瓷业、机械制造业、农机具修理业、铁制品业等，尤以木、竹、藤制品业所占比例重。封开县林木、竹子、藤类资源丰富，中华人民共和国成立后，随经济发展得到开发和利用。至1977年，全县办起木材加工厂116间，从业人员1086人，竹子加工厂（场）22间，藤厂三间（大玉口公社的较有名，1974年开始用蕨心加工藤制品出口，年产值达10万元以上）。此外，封开县水力资源也较丰富，1962年社队开始办小水电站，至1977年社队办水电站327座，装机容量4196千瓦，发电量403万千瓦时。社队企业的机械工业，主要是农机修理及制造金属农具及农机配件，为农业生产、农村建设和社队企业自身设备更新改造当"配角"。20世纪70年代中期以后，由于乡镇公路、机耕路已基本形成路网，机耕和货物运输趋向方便，社队两级运输业应运而生，发展较快。至1977年，社队运输企业达24个。最早的乡镇运输业始办于1958年，承担当地农副产品、农业生产资料、社队企业产品、原材料等运输任务。社队企业的行业还有建筑业，公社成立建筑队，始于1958年，到1977年发展到19个，其中建队时间最长的是南丰、渔涝两个建筑队。

三、经营管理　探索建立机制

封开当时全县所办的社队企业，基本上是政企不分，社办社管，队办队管，企业干部属"亦工亦农"。1975年，县成立社队企业办公室，各地相继成立公社企业办公室，大队则成立企业领导小组，实行县、社、队三级管理体制，并根据国务院发展社队企业的有关规定，进行管理和指导，企业缺乏自主权。企业用工，一般由公社、大队、生产队协商抽调，职工劳动报酬，实行亦工亦农、劳动在厂、分配在队、评工记分、厂队结算办法。1976年至1980年，在社队企业中着重搞好计划、劳动、财务管理，建立健全以岗位责任制为中心的各项规章制度，克服劳动无定额、质量无要求、消耗无标准、开支无制度的混乱现象，始实行定人员、产值、利润、上交任务、质量、超产奖励的"五定一奖"制度。

那个时代封开县社队企业的创办和发展，产生的积极作用有：一是吸纳了社会上的能工巧匠参加集体合作组织，集中民智为社会、经济尤其是农业生产服务，具有一定的优势，如各公社兴办的农机（具）修配厂，能及时就近修配生产队里的农业机械和各式农具，有利于农忙时节的抢种抢收，不误农时，促进了农业生产的发展。二是提高农林业的产值效益，对山区丰富的柴竹木等原材料通过社队办的加工厂加工，既可减少运输成本，节省资源（此前深山中的柴竹木运输，靠水路运输动辄花二三十天才到达有船载的目的地，中途沉没或烂掉的不少，而木柴则多靠肩挑背扛，翻山越岭人工运输，费时费力），解放劳动力，更可提高资源的经济效益。三是增加集体收入，壮大集体经济。四是激励有志农村青年的创业热情，让他们施展才干。都平公社五星大队（现革命老区胜塘村委会），有一仅小学毕业的青年岑活新，主动要求队里让他到县城的工厂参观学习，回来后又找公社的水利员指导，利用水轮泵配装马达发电，然后又安装机械办线芯厂，把丰富的柯力木加工成工业用加工线芯（半成品木制小滚筒），把队办线芯厂搞得红红火火。社队企业虽对农村农业发展有积极的推动作用，但毕竟受到技术、设备、交通、信息等诸多不利因素的掣肘，终未呈现出旺盛的发展势头和持久活力，部分关停，更多的是后来由私人承包，经营性质发生变化。

文体邮电事业　发展势头平稳

中华人民共和国成立后至20世纪70年代末，封开县的文化、体育、邮电等事业与教育卫生等民生事业一样，也有较大的发展成效。

一、文化事业　传承中求发展

中华人民共和国成立初期，县委、县政府为加强文化工作的领导，成立文教科文化股，后于1956年9月将文化、教育分别设科，1973年，县文化局成立。在县委、县政府的重视和职能管理部门的努力推动下，文化组织机构与团体逐步健全和增多。1950年底起，封川、开建曾先后设立文化馆，担负着全县群众业余文化活动的组织指导辅导工作；农村文化室在20世纪50年代后随群众文化的蓬勃开展而在大队一级建立；70年代中后期，全县18个公社相继建立文化站，负责组织开展本地区群众业余文化娱乐活动，成为农村最基层的文化管理机构，80年代全县成立农村文化室120多个。1955年由县文化馆组织社会无业艺人成立红光剧团（封开粤剧团）；1963年10月，县文联成立；1965年，县委宣传队又组织成立了文艺宣传队（1975年易名为封开县文工团），这些文艺团体对县内各项文化活动的开展、活跃城乡文娱气氛起到了一定的作用。县粤剧团、文工团常送戏下乡，巡回为农村群众演出文艺节目。如1974年，演职员已增至45人的县文工团，排演的现代粤剧《山乡风云》在县内各农村巡回演出，颇受群众欢迎。

与此同时，群众文化活动也持续性开展，流行于县内的传统文化活动，主要有舞狮、舞龙、麒麟白马舞、唱山歌等。1951年至1966年，县内曲艺活动颇为兴盛，江口、南丰、罗董、长岗等地，一些群众自发组合的业余曲艺群体由自娱自乐形式发展到公演。20世纪80年代，各乡镇业余曲艺队配合各时期中心工作，多以整台节目形式免费公演，宣传效果良好。50年代，县内每年都有一次全县性的文艺汇演或调演。至80年代，全县较大规模的文艺汇演或调演有1952年中秋节、1957年春节、1963年春节、1968年国庆节、1983年春节和1989年国庆节等。

封开山区群众文化活动另一重要组成部分是电影放映。1951年八一建军节前夕，广东省电影教育工作队首次来到封开县放首场电影，以后又在县内人口较集中的乡村，配合土地改革运动放映。1952年初，广东省电影教育工作队101队派驻封川、开建县，在全县城乡巡回放映。1956年该队下放封开县管理，成为封开县电影一队。同年底，为满足群众文化生活需要，又成立县电影二队。1958年初，江口、南丰两地分别办起影剧院，并成立江口、南丰电影放映站。年内，渔涝等地办起农村电影放映队。1961年4月农村电影队收归县编制。1976年，全县发展一批县办、企业办、公社办的电影队，共27个放映单位。每个公社均有电影放映队，在本区域内巡回放映。1983年，全县电影放映单位发展到63个，放映网点遍布各乡村。在电影放映队不断增加的同时，城乡影剧院也在增加。20世纪50年代初，封川县城仅有一间单层砖木结构的人民会堂作为放映点；开建县于1951年初将原关帝庙拆建成南丰人民礼堂。1958年，县政府将江口工人会堂改建成江口影剧院，成为县内第一个固定场所（1976年重建，并改称为封开县影剧院）。20世纪50年代在农村，全县有九个区（公社）所在地的圩镇，先后建成有舞台设置的砖木结构大会堂，作为开会、演出和放映之用。20世纪六七十年代，各公社以至各大队均建起了砖木结构的会堂，成为开展群众文化活动相对固定的场所。兴建文化活动场所，村民们的支持度和积极性很高，建筑材料自力更生解决，靠拆除旧庙堂或生产队自制泥砖、瓦，解决砖瓦问题，上山采伐生产队集体松杉统一交大队作为行桷门窗材料。当时，建公社、大队会堂的建筑用料，多将所需材料数量分配到生产队，限时间送交，群众从不讲价钱和劳动报酬，自动自觉无偿贡献，爱国家爱集体、大公无私思想蔚然成风。

封开县的广播电视事业起步于20世纪50年代中期，1956年建成县广播站，借用电话线传输广播节目。1958年10月，全县五个人民公社（当时为大公社），均设有广播扩大站，直播县站节目。1966年，全县安装入户喇叭1570只。1971年9月，全县17个公社均建有广播站，75%以上生产队通广播。1976年至1979年，全县194个大队，有162个通广播，并有80%以上的生产队通广播。1986年10月，县至乡镇广播信号由载体传输改为试用调频广播传播，封开广播事业进入有线与无线混合覆盖的阶段。1979年1月，县内第一座10瓦功率差转台——江口电视差转台建成使用，封开电视事业（差转机转播电视台节目）迈出了发展新步伐。

二、体育运动　有序推向城乡

中华人民共和国成立后，封开县的体育事业在党和政府及职能主管部门——县体委的领导下，在群众的积极参与下，得到健康发展。

体育运动场地及器械逐年增加。1958年，南丰中学建成全县第一个足球场；1981年，县人民体育场建成投入使用。当时，各中小学校和较大的机关、企事业单位普遍建有篮球场和乒乓球室等。1969年，县城江口建成可容纳5000名观众的水泥露天灯光篮球场。田径场、羽毛球场等体育场地和设施设备也在各乡镇、学校陆续建成和日趋完善。

群众体育活动在城乡较为活跃。1954年至1956年，群众性武术活动一度兴起。1973年县体校开设武术班，封开运动员多次多人在省、全国和国际比赛及出国表演中获好成绩。1982年县成立武术协会，推动武术活动开展。县、公社均不定期组织中国象棋比赛，1982年县成立了中国象棋协会。游泳、长跑、乒乓球、篮球等体育活动开展也较为正常。

农民体育运动逐步发展。南丰、渔涝、杏花、江口等区镇尤为活跃。如老区杏花，1954年至1956年国庆节，召开运动会举办多项体育比赛。1963年10月，县举办首届农民篮球赛；1982年，县成立农民体育协会，翌年元旦，举办首届农民运动会。至1995年，已举办了五届全县农民运动会，有效地推动了全县农民体育运动的开展。

三、邮政电信　发展步伐加快

中华人民共和国成立初期，封川、开建两县均设邮政局、电话所（为地方行政直属）。1953年6月，实行邮、电合并，始称邮电局。1955年，封川县邮电局下设两个支局五个代办所，开建县设五个代办所。1961年（两县再度合并）设置封开县邮政局。1964年，县邮政局下设四个支局，十个邮电所，三个代办所。1969年10月，邮、电分设，设置县邮政局、电信局，各下设支局及所，1973年又合二为一，复称邮政局，并按行政区域在基层设分支机构，公社所在地称邮电所。1975年，全县设邮电支局16

个，邮电所三个，社办电话站四个。

为使县与区、乡直接通邮，1951年起，先后开通封川至南丰、封川到泗科、南丰至都平步行邮路及封川至蟠龙口、长岗木船邮路。1955年，封川县发展农村步行班邮路五条，开建县步行班、自行车班各两条。是年3月，封川至南丰公路开通后，封川至南丰步行班邮路改为封川至长安委办汽车邮路。1958年，全县大队级实现队队通邮。1963年，开辟新投递路线（包括步行班和自行车班以及步行与自行车混合班）共33条。至20世纪60年代，在大部分农村，乡邮员靠步行送邮件及报纸，每天风雨无阻，跋山涉水，步行数个小时，长年累月奔走不息，表现出感人的敬业精神，有了他们的辛勤付出，才使基层干部群众及时看上报纸，了解国内外新闻时事。曾参加渡江战役的伤残军人吴孔未，复员后被安排在大玉口邮电所当乡邮员，虽只有一只手，但坚持20年如一日步行送报纸邮件到数十里的各山村，保持着革命军人顽强的斗志。至1976年，步行班在县内全部取消。1971年，在渔涝等四个公社率先使用三轮机动车派送邮件。1980年起，江口及南丰通往各圩镇的邮路基本实行委办汽车邮路。邮件送达越来越快捷，邮政业务量从1951年的25000元到1980年升至3000万元。

中华人民共和国成立后，封开县的电信业也稳步发展。市内电话形成于1961年，封川、开建两县再度合并后。1963年，总装机容量400门，用户电话176部；1978年，总装机容量600门，用户电话582部；1987年总装机容量900门，用户电话762部。1988年12月，县城江口镇内开通自动电话，尔后，各镇相继开通，并逐步形成自动电话联网。农村电话网络1953年开始形成。当年，封川、开建两县有交换机10部，总装机容量270门。1966年，全县农村电话总机20部，总装机容量940门，用户电话625部，所有的生产大队均通电话。1975年农村电话交换点17个，交换机21部，农村交换机直达县电路24路。1989年10月，南丰镇率先开通自动电话，1994年11月，全县实现了自动电话程控化，从此，所有的人工电话交换机全部停用，并实现全县联网直拨，封开县电信业进入发展新时期。

第七节 工业生产发展 走向由弱到强

封开县的工业在中华人民共和国成立前，长期发展缓慢，仅有些小手工业且量小质弱，技术落后，工艺简单，生产能力低。中华人民共和国成立后，县委、县政府贯彻执行"以农业为基础，以工业为主导"的方针，从改造手工业入手，逐步建立公私合营工业，兴办地方国营工业，工业生产走上从弱到强的发展之路。

一、发展轨道 起伏曲折前进

20世纪50年代初，党和政府致力于工业经济生产关系上的变革，在开展个体手工业和工业实行社会主义改造的同时，恢复和发展手工业并以公私合营形式办厂，逐步建立起地方国营工业。1950年6月，封川县政府与江口柴行资方合资兴建米机电力厂。县内几家私营松香厂合营办起南丰松香厂。1952年至1953年，又办起渔涝、江口松香厂和南丰国营益民米机电力厂。此后两年，先后将公私合营的松香厂以及江口的私营文化印刷社转为地方国营工业。"一五"计划时期，开始有计划地进行社会主义工业建设。1954年至1956年，相继建立起酒厂、糖厂、农机厂、油脂厂、副食品厂、纤维厂等国营企业；1957年，全县建立起公私合营企业七家，国营企业14家（其中国营工业10家），集体企业33家。是年，国营工业年产值已达164.2万元，在全县工业总产值中所占的比例由1953年的25%上升到40%。

　　"二五"计划期间，全县公私合营工业全部过渡为地方国营工业，各圩镇个体分散的小手工业作坊，逐步成为集体社办工业，全县工业企业为国营、集体两种经济体制，县重点发展国营工业。1958年，全民大炼钢铁，搞"大跃进"，县办起钢铁厂（1963年下马）。1961年冬，贯彻"调整、巩固、充实、提高"方针，在关、停、并、转一些厂矿同时，县也先后办起了化工厂、日用品厂、造船厂、封川造纸厂（地区辖，1970年归县辖）等一批工业。至1965年，全县工业企业73家，其中国营18家、二轻五家、乡镇企业15家，另有属中央辖管的粮油加工厂三家，省、地办的森工、纸厂等企业。这个时期的国营工业，年产值占全县工业总产值80%左右。

　　1966年，"文化大革命"开始后，个体工业消失。1967年，原属中央的三家粮油加工厂下放县办，县属企业增加松香、粮食加工、酿酒、副食、制糖、造船、机修、农械等行业共21家。20世纪70年代初又办起了氮肥厂、晶体管厂、水泥厂、水轮机厂、预制件厂、农机二厂等。从70年代后期开始，调整工业产业结构，整顿工业企业，1981年关闭南丰氮肥厂，将农药厂并入林化厂，办起南丰糖厂，汽车维修中心。"七五"期间，相继办起麒麟山矿泉水厂、欧村石材厂、开源化工厂、江城塑料厂、波纹面厂、食用菌厂等。全县工业总体呈稳健发展势头。

二、行业发展　倚重地方资源

　　中华人民共和国成立以来，封开县在发展工业生产中，积极探索利用自身条件和实际，逐步建立起以利用、开发地方资源为主的多行业、多门类、多品种的工业体系。20世纪50年代初期至70年代末，封开的工业行业有：陶瓷业。长安、金装、江口等地建有队办陶瓷厂，1970年开始，莲都、渡头等地开办有公社陶瓷厂，1978年，全县陶瓷生产量达33.39万元，产值12.9万元。建材业。主要是石灰和水泥工业，县内石灰岩地区社队用本地石料烧炼石灰，1976年莲都公社建立的文华石灰厂较大型，年产量340多吨。1971年5月，筹建于1969年的县渔涝替甘水泥厂建成投产，开全县水泥工业先河，尔后又相继建成多间水泥厂，水泥工业为封开工业支柱产业之一。采矿工业。封开经查明有矿种33个，遍布各乡镇。传统开采的主要是黄金、石灰石和花岗岩。黄金（人工）开采始于清代。中华人民共和国成立后，黄金开采及管理归属县矿站。1956年，矿区开始用半机械化开采。1958年至1961年，地方国营组织近千名劳工分四个矿区开采，产矿金59.44千克。1963年以后，采取社、队和农民个体办矿形式采挖。20世纪70年代后期，允许多种形式办矿，粤桂两省（区）到金装（黄金主产区）采金人数达2000多人，为黄金开采的鼎盛期。花岗岩石是封开最为丰富的地方资源之一，全县储量有27亿立方米。在中华人民共和国成立后，开采和加工日益增加，大量开采和加工始于1991年。造纸工业。封开境内盛产竹、木、芒草，造纸资源丰富。1949年前，南丰等地曾有土纸生产。1959年，封川造纸厂建成投产，成为县内首家现代造纸企业，此后该厂发展成为封开的骨干企业之一。印刷工业。1951年县政府筹办的"封川县人民印刷厂"建成投产，后又有教育局创办了中学印刷厂，二轻集体办的粤西印刷厂，工农印刷室等。县人民印刷厂为该行业业务量、产值、效益等最大的企业。机械工业。1954年成立国营封川农具厂，县境开始出现机械工业。1970年在南丰建立农机二厂，原江口机械厂改为县农机一厂。1977年全县机械工业总产值达449.4万元，占全县工业产值的10.6%。食品工业。1955年创办公私合营的合群糖厂（1959年转为国营），1969年建成县糖厂，1983年国营南丰糖厂建成投产，全县日处理甘蔗由20世纪60年代后期的300

吨增至500吨；1958年县在江口办起酒厂，至1977年，全县社队办酒厂（坊）34家。1980年至1981年，产品远销北方地区，北京市销售封开生产的喜凤酒达1600吨，有"喜凤"飞进北京城之称。80年代初建成麒麟山矿泉水厂，年产量达1000万瓶。林产化工。封开林产资源丰富，为林产化工业发展提供了强有力的支撑。林产化工业是封开县在中华人民共和国成立后发展最快的产业，其主要是生产松香。1951年至1953年，县内办有规模较小的几家松香厂，1954年，经过"三大改造"，长岗"南生"松香厂改为地方国营，县内时有的四家松香厂互相协调，生产能力不断增强，使封开的林产化工业进入新的历史阶段。尔后，随着交通运输条件的改善和生产发展需要，先后在杏花、莲都等多地增设加工车间，到1958年全县松香产量达2000吨，产值达100多万元。1968年9月，全县松香厂合并，成立封开县林化厂，从1968年到1974年松香生产持续稳定发展，到1974年松香产量达到6542吨，产值达到558.82万元，创税利139.65万元，成为封开工业的支柱。此外，木材加工业也是县内一大行业，遍布乡村城镇。1949年前，多为个体户的父子店。20世纪50年代起，得到较大发展。1952年，县兴办家具厂，初为手工制作，1962年改为机械加工。1958年、1965年、1969年，先后改建为县船舶修造厂、县木材综合厂、县牙签厂。1977年，全县有木材加工厂116间，加工木材2099立方米，产值198万元。

三、学习大庆　坚持奋发进取

封开县工业战线在20世纪六七十年代，与全国一样，掀起工业学大庆运动，号召广大工人学习大庆石油工人的艰苦创业，鼓足干劲为国争光，知难而上完成生产任务的奋斗精神，励精图治，团结拼搏，在本职岗位上发光发热，多作奉献。通过学习大庆运动，进一步推动工业生产的发展。1973年，全县工业总产值完成年计划的100.4%，比1972年增长1.7%，其中完成较好的是机械工业，超额10.43%，二轻工业超额7.8%，提前超额完成计划有林化厂等五家企业，大幅度增长的工业产品有电力、松香、水泥等。1973年，全县完成技术革新项目90多项，最为突出的是电机厂，完成大小革新项目达29项，工效增十多倍，成本大幅度下降，利润超额5.3倍。纸厂、氮肥厂干部职工发扬自力更生精神，充分发挥聪明才干和干劲，成功改造沸腾炉，为燃烧本地马安煤创造条件，大大节省成本，提高效益。农机一厂发动群众大搞技术革新，自创输送水设备支援水利建设；林产企业克服生产发展中的各项困难，总产值比1972年增加11.6%，木材产量增加1.8%，木材收购量增加12.7%。

1977年2月，县委召开了工业学大庆会议，讨论和制订普及大庆式企业的规划和措施，号召工厂、企业再掀"工业学大庆"运动新高潮。同年5月，县委召开常委（扩大）会议，着重解决如何加速封开县工业生产发展问题。随后，还召开了有两万人参加的工业学大庆，农业学大寨誓师大会，号召全县掀起大干社会主义高潮，在县委的强力推动下，全县工企业狠抓挖潜改造和技术革新，改革旧设备，旧设计和旧工艺，切实加强企业管理，整顿和健全各项管理制度，克服电力燃料和原材料不足等困难，1977年全县工业产值创造了历史最好水平，比1976年增长9.8%，呈现良好的发展局面。

第七章
改革开放时期

　　1978年12月，中共十一届三中全会召开，完成了党的思想路线、政治路线和组织路线的拨乱反正，中国进入社会主义现代化建设的新时期，进入改革开放的新纪年。三中全会后，改革开放政策陆续出台，焕发了人民群众的社会主义建设的极大热情。封开县委、县政府及时把工作重点转移到"以经济建设为中心上来"，坚持从实际出发，大胆改革，开拓进取，团结带领广大人民群众同心同德，奋发图强，坚定走综合开发山区经济道路，全面推进经济体制改革，经济快速发展；全面加强各项社会事业建设，社会安定团结，呈现出欣欣向荣局面。与全国一样，全县经济、社会以及各项民生事业发展发生了重大变化。

第一节　端正思想路线　推进改革开放

　　从1978年开始，封开县委组织干部、职工、群众开展关于真理问题的讨论，把林彪、"四人帮"一伙颠倒、歪曲、篡乱的理论、方针、改革纠正过来，随后又对"两个凡是"错误思想予以批判，澄清是非，逐步恢复和发扬实事求是、一切从实际出发、理论联系实际的思想路线，为全县工作着重点转移到社会主义建设上来，推动社会经济及各项事业的恢复和发展打下坚实基础。

　　1978年秋，县委成立落实政策办公室，组织力量开展平反冤案假案错案工作：一是为"右派"平反。从1979年开始，县委遵照中共中央有关拨乱反正指示，实事求是地复查，平反历次政治运动的冤案错案。全县原被错判的"右派分子"168人，全部恢复名誉及工作，对认定有"右派言论"受到批判或处分人员，撤销原来的结论和处分。二是落实"文化大革命"期间被乱打乱杀和因揪斗迫害致死者的政策。三是落实1966年9月在机关、企事业单位清理所谓"地富反坏右"分子中被遣送回乡或送农场劳动改造的政策，全部摘掉帽子给予平反并安排工作。四是落实由于在"文化大革命"中开展清理阶级队伍及"一打三反"运动被错误处理人员的政策。五是落实受审查需要作出政治结论人员的政策，同时，对干部政策、知识分子政策、统一战线政策、华侨政策等进一步贯彻落实，对有申诉的历史案件进行复查，纠正其中冤案错案，对"文化大革命"中打砸抢分子和严重违法乱纪的人员分别给予严肃处理。

1978年11月起，按照肇庆地委部署，封开县还组织开展了整风工作，开展批评和自我批评，总结经验教训，各级干部加深了思想认识，明确了方向。同年，按照中共中央《关于减轻农民不合理负担指示》，进行认真清理并赔退。落实政策、平反冤假错案、把历史遗留问题处理好以及真理标准讨论和整风等一系列拨乱反正举措，深得民心，有利于恢复和发扬党的实事求是的优良传统，有利于解放思想、健全法制、凝聚民心，调动广大人民群众的积极性，促进安定团结。

1980年10月，封开县第四次党员代表大会召开，中共封开县委所作的《加强党的领导，加快发展农业，为夺取社会主义现代化建设的伟大胜利而奋斗》的工作报告，提出加强贯彻领导、实现工作重点转移到以经济建设为中心的方向和目标；1984年11月，封开县第五次党员代表大会，县委工作报告提出"坚持在改革中前进，努力开创封开县经济建设新局面"号召，在县委领导下，封开人民解放思想，统一认识，振奋精神，团结奋斗，在改革开放大潮中，同心协力，真抓实干，掀起了社会主义建设热潮，开创了封开县发展变化的新局面，经济、社会以及社会各项事业建设走上了稳定快速发展的轨道。

第二节 调整产业结构　农业发展提速

封开是以农业为主的山区县，改革开放中县委、县政府坚持把农业发展放在社会经济发展大局中的突出位置，积极实施兴农富民战略，因势利导广大农村干部群众在体制变革中涌现出来的生产积极性，大力调整生产布局，致力发展三高农业，促进了农业加快发展。

一、联产承包　农业增产增收

封开农村改革自推行家庭联产承包责任制开始，根据中共中央《关于加快农业发展若干问题的决定（草案）》精神，1979年2月上旬，县委召开了四级干部会议，部署全县农村建立联产承包责任制，尔后又制定了《关于普遍推行联产承包责任制问题的意见》，推行水稻包产到组，其他各项生产可以包产到组、到劳动力、到户，至1980年，全县包产到组的474个生产队均获增产。每亩平均比上年增产稻谷87.5公斤，增长17.5%。1981年春，县委顺应民意，决定全面推行家庭联产承包责任制，很快普及全县。在推行联产承包责任制中，各级还认真宣传贯彻相关的改革措施：一是明确今后粮食征购指标一定五年不变；二是社员自留地、家庭副业和集市贸易，任何人不得乱加干涉，生产队完成国家粮油征购任务后，农产品可在农贸市场进行买卖；三是牛羊牲畜及家禽等（生猪除外），国家不派征购任务，可由个人处理；

四是走农工副综合发展道路，既要粮仓满，又要"荷包涨"，允许并鼓励农民充分利用山地、河滩开展多种经营，大种作物，农民承包生产的农产品，除完成上缴国家和集体任务以外，全归自己所有。根据实践中出现的情况和发展形势需要，1981年10月28日，县委印发《关于水稻生产的四种联产责任制若干具体问题的处理意见》，确定可采取多种形式的联产承包责任制。是年8月下旬，县委召开四级干部会议，学习党的改革开放总方针，统一思想认识，会后组织540多名干部下乡开展工作，至年底，全县88%生产队实行水稻包产到户。

家庭联产承包责任制的推行，彻底克服了分配上的平均主义，纠正了长期存在的管理高度集中和经营方式过分单调的弊端，使农民在集体经济中由单纯的劳动者变成既是生产者又是经营者，农户在生产经营和劳力使用上有了自主权，大大调动了农民的积极性和主动性，给农业生产注入新的活力，促进了农业生产的发展。1981年至1988年，全县粮食作物连续增产，1983年调整生产布局，水稻种植面积在比实行联产承包责任制前的1978年减少8726亩的情况下，总产量仍比1978年增长24.2%，达17.06万吨。1999年6月，县委印发了《关于进一步稳定和完善农村土地承包关系的实施意见》，全县田地进入再延长30年的第三轮承包期，保持了稳定发展的社会局势，为农业可持续发展提供了政策支撑。

二、因地制宜　推动多种经营

20世纪80年代以后，随着改革开放不断深入，在农业生产上逐步纠正不重视多种经营的倾向，全面推进产业结构的调整，鼓励农民因地制宜发展农村商品经济，大办专业户创收。为激励农民发展经济，走勤劳致富道路，1983年2月，县委、县政府召开了1600多人参加的全县劳动致富表彰大会，对全县18户农村年收入万元户进行隆重表彰（其中七户来自老区村）大会还表彰售粮万斤、人均超千斤的种粮大户16户。大会同时宣布全县有专业户9326户，占农户的15.2%，万元户及专业户在发展农村经济中起到了领头雁的作用。调整产业结构也取得较好成效：1984年全县粮食作物与经济作物的结构比例从原来的9∶1变为7∶3，该年全县粮食产量在减少3.2万亩种植面积的情况下，总产仍然比上年增长2.2%，经济作物如花生、糖蔗、黄烟、蚕桑等得到较快的发展，并先后办起了一批农林商品生产基地。1984年县政府拿出财政周转金138.5万元，支持县属农、林、牧场和农村社队发展商品生产，调动积极性，把农业搞好，使农民致富。1985年4月，全县取消粮食统购，改为合同定购；取消粮油、生猪派购，开放生猪价格，随着改革之路的不断扩宽，农村劳动力转移形成势头，至1987年，全县农村有5.62万人（占总劳力41%）转移到从事工业、建筑业、交通运输业、商饮业等行业中去，广大农民按社会经济发展需要变换职业和社会身份，改变过去大批劳动力捆绑在土地上，单纯种植水稻的状况。1988年，全县黄烟种植自1982年首次超万亩后逐年扩大，当年黄烟产量达360吨。1992年，革命老区平凤镇红庄管理区积极调整农业生产布局，实现"两分水田八分蕉"的生产格局，建成全县最大的"香蕉走廊"，年产香蕉200万公斤，为全县农业产业结构调整，农村发展商品经济提供了成功经验。县专门召开了现场会，在全县农村进行推广。1992年，全县农业生产布局调整有新突破，粮食作物和经济作物面积比例为65∶35。1994年开始，随着农业生产从粗放经营向集约经营转变，封开农村陆续出现股份合作制的生产经营形式，在一定范围内使土地、劳力、资金技术形成优化组合，至1995年底，全县有股份合作经营体560个。1995年，积极实施"一江两线三区四名优"农业发展战略，在稳定粮食种植面积的基础上，引导和扶持群众大办种养业，大力发展名优特农产品。全县各地根据本地实际，产业布局调整不断加快和向优。当年，南丰镇办起了1.6万亩优质粮基地，莲都、封川镇各办起千亩甘蔗基地。种植龙眼、油栗、三华李，饲养杏花鸡、莲都山羊，利用贺江站库区网箱养鱼，渐成规模。1996年至1997年，全县又掀起了群众性种果高潮，在30个水果示范基地的示范带动下，全县两年种果面积达16万亩。

三、龙头带动　彰显品牌效应

在发展农业专业化产业中，封开县着力抓好最具本地特色的农业品牌——杏花鸡养殖和封开油栗种植，大力打造中华名鸡杏花鸡养殖大县和中华名果封开油栗等特色农业品牌。以此为龙头，带动全县特色农业产业经营步伐的加快，推动农产品生产规模呈基地化不断壮大。

封开杏花鸡是广东省三大名鸡之一，久负盛名，但过去靠农户散养，规模小，多自产自销。改革开放为封开杏花鸡养殖业发展提供了良好契机，县委、县政府及农业部门更是将其作为农业品牌，花大力气精心打造，强力推动发展壮大。通过"专业合作社+公司+农户"的模式，带动全县农户大规模科学养殖杏花鸡。2003年，已成为市级龙头企业的杏花源有限公司带动三万多农户，全县杏花鸡饲养量达到550万只，2005年突破1000万只，2006年，正式挂牌成立杏花鸡养殖协会，创办了两个各10万只县级杏花鸡养殖示范场，县制定了《杏花鸡饲养技术操作规程》，次年又颁布《关于加快杏花鸡产业化经营的实施意见》，为争创农业品牌和壮大其产业发展从技术上、政策上提供支持和保障。2009年，封开杏花鸡"地理证明商标"获得国家商标局批准；

2010年，建成国家级杏花鸡养殖标准化示范区；2012年，杏花鸡养殖的龙头企业——封开广远家禽育种有限公司创办广远食品加工厂，采取先进的全封闭、无菌操作技术，主要经营冰鲜杏花鸡、盐局杏花鸡，扩大杏花鸡深加工规模，延长杏花鸡产业链。当年，全县杏花鸡养殖达2100万只，且呈产销两旺之势。在杏花鸡养殖呈产业化不断发展壮大的同时，其品牌越来越响，先后被评为"广东人气土特产"国家级无公害农产品认证，"广东十大名牌"农产品，还曾在中央电视台农业频道播报推介，长期稳坐广东三大名鸡之首。

封开油栗（又称奇香皇油栗）在当地已有500多年栽培历史，是久负盛名的土特产。改革开放前，仅在长岗镇有种植传统，面积和产量不多。改革开放以来，封开当其为特色农业产业化发展的品牌，不断扩大发展。1998年，县统筹投入资金100万元，在长岗镇成功创办了200亩油栗示范基地，带动当地群众大种油栗，并不断向周边镇延伸发展。经多年努力，2004年全县种植面积已达五万亩。2006年，县为提高油栗的种植科学技术和产品质量，制定了《封开油栗标准化技术规程》，成立县水果协会，在种、管、销上形成产业链，提高产品竞争力。2009年，全县油栗结果面积2.7万亩，并在罗董、杏花创办了3100亩示范片，通过示范带动，将油栗产业化发展持续升温鼓劲；2012年，全县种植面积达9.8万亩（其中新种3.5万亩）。发展中作为名优水果的封开油栗，其名声越来越响；1988年度被评为"广东省名优稀水果品种"；1999年被列入市县山区综合开发项目；2000年被列入广东省"一乡一品"发展项目；2002年封开油栗成功注册了"奇香皇"牌商标，2003年获得了无公害食品认证；2006年通过绿色食品认证，并获得"中华名果"称号；2007年封开县被国家经济林协会授予"中国油栗之乡"称号；2011年获国家商标局颁发"封开油栗地理标志产品保护"。

在已成功打造为中华名鸡养殖大县和中华名果封开油栗两大知名品牌效应影响下，封开农业产业化路子越走越宽广，农村涌现出一批经营规模较大、经济效益较好的种植和养殖大户，建立起一批"三高"（即高产、高质、高效益）农业生产基地，全县农业开始了由粗放经营向集约经营的转变。整个农业产量、质量和效益都稳定提高，"三高"农业示范基地越办越多。1995年，全县县、镇、管理区的"三高"农业示范基地4.67万亩，示范大户117户；1999年利用封开县被批准列入山区综合开发示范县和农业综合开发项目县的有利因素，制订《封开县关于推进农业产业化经营的实施意见》，加强对农业产业化的领导和扶持，大力培育和发展农业龙头企业，积极推进农业产业化发展，名优农产品生产规模不断壮大。2000年，全县新办"三高"农业产业基地83个，建立农业龙头企业12家，2003年麒麟李种植1.65万亩、黄烟种植四万亩、十月桔种植3.3万亩、山羊养殖四万只。此后，以农村种养业为主的农业产业化发展稳步推进，至2012年，全县水果收获面积30.03万亩，总产量23.67万吨，山羊饲养量5.23万头，生猪饲养量38.39万头，存栏20.49万头，出栏17.94万头，水产养殖面积3.2万亩，渔业总产量2.76万吨，全县农业总产值43.48亿元，农民人均纯收入8433元，比1979年人均收入的139元增长60.7倍。

为推进农村经济体制改革的深入和农业生产的发展，县委、县政府不断推出一系列配套政策措施，一方面致力引领全县人民致富奔小康；另一方面，认真落实党和国家的强农惠农政策，切实为农民松绑减负。较有代表性的事例数据如：2001年，全县全面实行粮食购销市场改革，取消粮食定购任务，开放粮食购销价格，农业税由征实物改变折算货币征收。2009年，减轻农民负担

6924万元，其中购农业机械补贴103.46万元。2011年，根据广东省政府《关于推进山区县农业改革的指导意见》，县政府结合县情，及时制定了《封开县农村综合改革实施方案》，营造有利于"三农"发展的政务环境，进一步深化富县强镇，简政强镇，事权改革，推动农村基本公共服务体系建设。2012年全县共向农户发放各类财政性补贴资金4515万元。

与此同时，坚持采用政府投入资金，组织群众投工建勤相结合的形式，努力改善农业生产条件，为农业可持续发展夯实基础。如2003年，投入资金530万元，在长岗、渔涝实施改造低产田1.6万亩；2012年，全面完成2011年度南丰镇国家农业综合开发高标准示范建设工程项目和都平、莲都、大洲和罗董四个镇的粮食基础能力建设项目，整治农田面积1.8万亩，投入资金1600万元。是年，还成功争取谷圩河灌区、杏花河灌区两个国家农业综合开发中低产田改造项目和长安镇县级基本农田保护示范区建设项目以及罗董、长岗、杏花、渔涝四个省级基本农田整治项目，总投资2810万元，整治农田面积1.97万亩。

加快林业发展　实现绿化达标

封开作为广东省林业重点县之一，县委、县政府在改革开放中全面推进经济体制改革，通过进一步完善林业经营管理体制，实行林业折股联营，积极发展林业商品经济，加快了林业的发展，把林业生产推上新台阶。

一、林权改革　注入发展活力

1981年，县委、县政府根据中央文件精神，实行林业"三定"（稳定山林权属、划定自留山、确立林业责任制），全县山地中划出140.3万亩作责任山，由农户经营，使用期30～50年，划出6.6万亩作合作山，由集体经营或发包到户。责任山是根据承包合同经营集体林业的一种形式，属社会主义的合作经济，山权归集体所有；从集体山林中划出79.8万亩，分给社员作自留山，山权属集体所有，使用权长期归社员，自留山的林木归个人所有，实行"谁种谁有，允许继承"的政策。

封开实行林业"三定"后，农民生产积极性大大提高，群众性造林再掀热潮，积极在自留山、责任山上植树种果，纷纷办起杉、竹、果、药材、茶叶等"五小园"，向山要绿、更向山要富。1981年至1984年，全县各地共办起"五小园"2.99万个，面积达13.7万亩。还有联户办小林场113个，家庭办林场359个，面积22.3万亩。1986年至1990年，群众性造林57万亩，其中荒山造林25万亩，迹地更新12.2万亩，疏残补植14.6万亩，退耕还林7800亩，低产林改造4.4万亩。当时，全县出现了许多耕山大户，最具典型的是大洲镇泗科管理区的李彬传。1982年他自办十亩果园成为万元户后，于1985年承包2530亩荒山植树造林，筹款4.5万元修筑十公里林间公路，又承包20亩土地种柑橘。几经努力，种杉100亩、松1400亩、果230亩，1989年还建起猪场，多种经营。1990年全年总收入7.2万元，成为全县耕山致富的标兵，当选为省七届人大代表。1982年，广东省把封开县划为省用材林基地重点县之一。

实行分户承包责任山后，农户营林分散，不利于集约化经营。1988年至1989年间，老区村所属的七星镇有林农自行联合连片经营责任山，县委及时总结群众经验，因势利导，于1990年1月，在七星镇向阳管理区进行试点。同年4月，发出《关于对集体责任山实行折股联营，完善林业双层经营体制的意见》，向全县倡导实行林业股份合作制。山权不变，将承包到户的责任山现有林木作价折算入股，进行联合经营，经济合作社（生产队）建立股份登记账、收支账、分红账，发股份证到户。合作经营后，林木采伐、加工、销售等经济活动以及重新造林、设施建设等集体统一组织经营，承包到户到人或专业队去完成。

1990年7月6日，《南方日报》以《如何进一步经营好责任山——封开县经验：实行合作经营》为题，于头版头条位置报道了封开责任山折股联营经验。同年11月，广东省第五次山区工作会议介绍了封开县七星镇责任山折股联营的做法。

至1992年9月，全县18个镇114个管理区（占全县57.51%），1031个经济合作社（占34.5%）21135户加入林业折股联营，经营山林面积78.53万亩，占责任山面积53.46%，集体林业实行股份合作经营后，产权明晰，山地、资金、技术及劳力诸要素结合更趋优化，分户承包责任山分散经营之不足得以解决，有力促进了林业生产发展。

随着经济合作社责任山折股联营，经济合作社与管理区，国营林场与经济合作社，国家部门企业与经济合作社等，多部门多层次股份合作营林相继出现。较大规模的有县林业局、县木材公司、县新江纤维板厂与南丰等七个镇部分经济合作社的股份营林，1992年秋，开始首期工程，县部门投资87.4万元，经济社提供山地及原有疏残林折价，营造马尾松、小叶桉速生丰产林4900亩，1993年至1995年，投入300万元，营造专用林13870亩，集体林业始现较大规模集约经营。

二、造林绿化　跃为全国先进

1985年冬，广东省委、省政府作出"十年绿化广东"的决定后，封开县委、县政府作出"三年消灭荒山，五年绿化封开"的决定。县委书记、县长、县农委主任、林业局局长带头创办造林绿化示范点，随后县五套班子成员、县直各单位、镇委、镇政府领导也创办造林绿化示范点，带动全县掀起造林绿化高潮。1986年至1991年，全县完成人工造林72万亩，1988年，消灭荒山目标如期实现。尔后，继续升温鼓励，1990年，县委、县政府又作出《关于切实抓好造林绿化，实现绿化达标县的决定》，成立县镇两级由县长、镇长为责任组长的领导小组，实行层级责任制，绿化荒山，在公路两旁、县城四围，植树造林、疏林补植等，共投入资金515万元，1991至1995年造林32万亩，林业用地绿化栽植率达97.9%。县委、县政府在大抓造林绿化的同时，强化林政管理，完善林业管理体制，加强护林防火，1991年5月，县出资15万元，租用飞机喷药扑杀松毛虫以保护森林。经过全县人民多年的共同努力，封开林业生产尤其是造林绿化取得了优异成效：1990年造林绿化受到中共广东省委、省人民政府表彰，封开县委书记、县长分别获晋升一级工资奖励。全国绿化委员会、林业部、人事部分别于1986年12月和1991年3月授予封开县"全国造林绿化先进单位"称号。1991年11月经省委、省政府批准为绿化达标县。1995年、1996年春，全国绿化委员会、林业部、人事部分别授予封开县林业局局长"全国绿化奖章"和"全国绿化先进工作者"称号。

至1995年，封开全县有林面积达287.68万亩，林地栽培率97.9%，绿化率93.8%，森林覆盖率72.6%，活立木蓄积量943万立方米（广东省排名第二），与1950年相比，有林面积增加1.45倍，山地总产值增加503倍。

三、乘势而上　建设现代林业

封开县实现绿化达标后，县镇政府及职能部门坚持依法治林，林业生产建设实行从传统林业向现代林业转变，从粗放经营向集约经营转变，从生产原材料向深加工利用转变。一是积极发展区域性林业。在北部走廊建立50万亩新林区，营造速生丰产林；在老区村所属的七星、河儿口、莲都镇和五个国营林业单位建立20万亩高标准用材林基地、10万亩涵养水源、自然保护和科学研究的生态林基地、10万亩多功能综合林基地；在中南部建成100万亩"高产高脂"双基地；在境内西江、贺江流域建立50万亩工业专用林基地和25万亩经济林基地。二是实行集约化经营，继续大力推行责任山折股联营和股份合作制造林。1992年至1997年，全县股份合作制造林面积达15万亩，占6年造林总面积的45%。三是以争创全国造林绿化百佳县为抓手，加强现代林业建设。全县人民认真贯彻县委八届四次全会和县十一届人大三次会议作出的《关于加快县境内321国道沿线山上绿化工程建设的决定》和《关于321国道线内由江口机砖厂至曙光管理区后山建设生态公益林的决定》，持续几年按全国造林绿化百佳县创建标准扎实推进造林绿化。1992年至1997年，全县完成人工造林32万亩，其中营造速生丰产林12万亩，义务植树720万株。全县林业用地栽植率达97.37%，绿化率达93.8%，森林覆盖率达到72.8%。1998年，封开被授予"全国绿化百佳县"称号。

1998年起，封开县进一步加强领导，落实责任，动员各级干部和群众积极参与林业第二次创业，坚持多形式造林，并由县领导带头创办"三高"林业示范点。1998年至2000年，全县共投入造林绿化资金2245万元，完成造林面积25.81万亩（其中速生丰产林7.03万亩）。

2001年至2005年期间，以保护和改善生态环境为重点，调整林业产业结构，加快生态公益林和商品林基地建设，至2005年底，全县有林面积达288万亩，森林活立木总蓄积837万立方米。2001年10月，封开被国家林业部命名为"中国松脂之乡"。

2006年至2010年期间，封开县以坚持科学发展林业，促进生态文明建设为重点，建设现代林业。一是大力引进重大项目建设。2007年5月，引进外资兴办了封开县威利邦木业有限公司，建成年产22万立方米中高密度纤维板和30万亩工业原料林基地项目。二是加快集体林权制度改革。2009年3月，县委、县政府出台《封开县集体林权制度改革实施方案》，启动集体林权制度改革工作，至2011年3月，全县基本完成林改任务。三是大力抓好县城造林绿化，投入1000多万元，种植珍贵绿化树及绿草；在省道公路一、二重山种植阔叶树及马尾松；投入14413万元，完成造林32.3万亩（其中营造速生丰产林23.4万亩）。2008年至2010

年，还投入1115万元，推广种植降香黄檀等珍贵树种21092亩。此外，还在部分村庄启动实施"生态文明万村绿"工程建设。县城绿化也持之不懈：如1981年至1995年，20万人次的干部职工参加县城绿化；完成江滨公园、塔山公园及大龙山等山头地段的绿化工程。至1995年，县域绿化覆盖率达35.8%，人均公共绿地5.94平方米。

国有企业改革　带动工业发展

封开县于党的十一届三中全会召开以来，尤其是20世纪80年代以后，执行改革开放方针，允许多种经济成分并存，在发展国营企业的同时，鼓励集体、个体兴办企业，促进工业全面发展。在发展中，全面实施改革，推动工业发展加快步伐。

一、国企改革　逐步迈开步伐

国有企业改革，是中央实施做强做大国有企业方针的重大战略步骤，中心环节和核心是建立现代企业制度，增强活力，提高效益。封开县的国有企业改革，一大举措是在全县工业企业全面实施"一包，二挂，三转，四放"等一系列措施，推行厂长（经理）目标责任制，在分配上实行工效挂钩，采取不同形式的浮动工资，落实企业自主权，转换经营机制，使企业真正成为自主经营、自负盈亏、自我约束、自我发展的经济实体。同时，为适应社会主义市场体制要求，以产权制度改革为突破口，根据生产发展的需要，分别实行合作合资、股份制、租赁制、集团制形式。从1990年西江汽修中心率先转为合作经营后，相继有23家企业开展产权改革，到1995年，转为集团制的有明珠实业集团公司、林产工业集团公司等产权重组两家，至2002年底县内的工业企业体制改革基本完成。产权改革大大增强了企业组合实力和经营活动，加快工业发展步伐，不断开发名优产品，发挥产品优势，初步形成具有地方特色的以建材、造纸、林产化工、木材加工、糖业、电力为主体的资源开发型的工业结构，松香、机制纸、矿泉水、中纤板、家具、化工产品等开始打入国际市场，并创造了一批国内名优产品。1998至1999年，经县人民政府批准，国有工业企业采取在将原企业评估界定的基础上，再吸纳经营者，职工注资入股，改组重建有限责任公司，1999年底，县直国有企业24家，改制的23家，工业生产保持良好态势。2004年，全县经贸企业全部实施转制。2006年，全县工业逐步形成水泥制造、林产化工、木材加工、石材加工、水力发电等支柱产业。1981年国有工业产值为3899万元，1995年达到45360万元，至2012年，规模工业增加值达21.35亿元。

二、依托资源　骨干企业壮大

封开县资源丰富，最具优势的是石头、木头和水头（即水资源）。县内骨干企业多为资源型企业，改革开放给其壮大发展带来更有利契机。党的十一届三中全会以来，县骨干企业水泥企业、石材厂、造纸厂、纤维板厂、林产化工厂、水电站（厂）等三大类资源型企业发展呈越大越强之势。

水泥石材骨干企业：20世纪八九十年代，两间县属水泥厂一是创办于1971年的封开县水泥厂，1980年前平均年产量仅有3983吨，改革中通过抓经营管理，建立健全各项承包责任制，产品质量数量都明显提高，1994年达48万吨，获"广东工业企业经济效益200强"称号。二是江口水泥厂，1983年建成投产，时年产水泥2.44万吨，1995年年产量跃升至20万吨。一间石材厂——欧村石材厂，始建于1983年，开发加工花岗岩石资源，经不断发展，到1995年已具年产花岗岩荒料一万立方米和板材三万平方米，石砖、地板砖各5000立方米的生产能力，为封开县最大的花岗岩生产企业。1990年，县欧材石材厂与日本和兴产株式社合资开发"封开县开达石材公司"，经营花岗岩石材，每年出口规格方料2000立方米，多销往日本、东南亚及中国港澳地区，石材开发利用渠道进一步拓宽。

水泥企业后来有新的变化，原有几家水泥厂（包括联峰〈桂峰〉水泥厂、龙昌水泥集团公司）相继停产，但2006年成功引进央企华润水泥（封开）项目，这一项目的落户，充分发挥了山区资源型县域经济的主导作用，至2009年底，已建成两条日产4500吨的生产线（每条年产200万吨），至2012年，1—4条生产线达产达标，年产水泥达800万吨。而石材企业逐渐发展成石材加工基地——谷圩石材工业区。2005年，拥有锯石机200台，年加工石板材180万平方米。

封开涉及林木资源的骨干企业是林产化工和纤维板生产企业。林产化工是封开县于中华人民共和国成立后发展最快的产业，为国营工业的支柱之一。十一届三中全会以后，突飞猛进地发展，1986年封开林化厂与国家林业部林产工业公司、广东省林产工业公司联营成立广东省华林林产工业联合公司，1988年底建成投产三条现代化生产线，总产值达2780吨，实现税利1117万元，1995年实现总产值10350万元，2009年除年产松香两万吨，还有系列深加工产品。经转型升级，成为省高新技术企业，国家万吨级松脂深加工中试基地，2012年一期工程建成投产，总产值达1.236亿元。一直以来林产化工是县财政收入的一大支柱。1992年建成投产的新江纤维板有限公司，是对木材进行深加工型企业，1993年转换经营机制后改称明珠实业有限公司，目标是将其建设为外向型现代化企业，拥有具世界水平的生产线，年产中密度纤维板三万立方米。2007年，新建成年产规模22万立方米的中纤板的威利邦木业有限公司，2012年总产值达4.29亿元，跃为全县大型的木材加工型企业。还有封川造纸厂，利用山区丰富的竹子做原料造纸，该厂属1960年建成投产的老厂，从1983年开始，更新设备及着力技改，1985年产纸量达4950吨，创建厂以来生产最好水平。1995年总产值8635万元。1999年初，转制为金信纸品有限公司，1999年总产值15510万元。2009年，县内大的制纸企业有年生产规模三万吨机制纸和1.5万吨高级特种用纸的华信纸业公司和嘉宜纸业公司。2012年，嘉宜纸业有限公司总产值8171.1万元，成为全县纸业制造的"一哥"。

封开水力资源丰富，全县水能蕴藏量13.8万千瓦，可开发水电装机容量14.49万千瓦。改革开放以来，全县以各类投资主体兴办的大小水电站越来越多，至1997年，全县已开发投产的水电装机容量达8.01万千瓦。

依托独特的石头、木头、水头资源优势，封开工业突显其水泥制造（石材加工）、林产化工（林木制品）、水力发电为支柱产业的山区工业发展特色。

三、招商引资　加快工业振兴

随着经济体制改革的不断深入，封开县在改革开放的时代潮流中，对外开放，引进资金、引进项目，将资源优势转化为经济优势，加快工业振兴，促进全县经济社会稳定快速发展，成为县委、县政府工作的重中之重。

1983年，封开首次引进资金10.21万美元，创办中外合资企业杏花宾馆。但当时招商引资对外开放仍属试水探索阶段，规模较小，多与体制改革捆绑进行。随后，为了进一步扩大招商引资规模，提高其层次和效益，县委、县政府出台了一系列文件，主要有《封开县鼓励外商投资和民营经济发展优惠办法》《外来投资者在我县享受优待的实施办法》《封开县鼓励外商投资优惠办法》《推动关于封开县招商引资目标管理责任制》等，招商引资工作出现新局面，外地客商纷纷到封开投资办厂或发展其他产业。先是四家打火机厂入驻旺角工业园，接着有香港客商投资500万元办玩具厂，台湾东荣食品加工基地，还有嘉宜纸业公司、亨达利水泥制造项目、碧邦化工有限公司、德辉电子科技公司、岭南奇境有限公司旅游景区开发项目等。2007年后，成功引进的重大项目主要有：香港华润水泥控股有限公司，总投资100亿元，兴建10条新型干法旋窑水泥生产线，配套建设50公里长皮带运输廊和2000吨深水码头。至2009年，该企业首期建成投产。2012年1—4线已达产达标，年均税收超1亿元；截至2012年底，华润水泥（封开项目）有限公司累计投资17858.84万美元。广东威利邦木业有限公司投资七亿元，年产22万立方米中高密度纤维板厂，2009年建成投产。2010年，封开县被省授予"广东省重点项目建设工作先进集体"荣誉称号。2012年，全县签订投资合同金额达247.35亿元，项目涉及生物制药、新能源、房地产、旅游多个领域。2012底，广东华林化工中试基地，封开县联峰水泥制造有限公司水泥粉磨站，一德化工建成投产。招商引资项目使封开工业发展扩量增质提速，成为振兴工业的驱动器。2012年，全年实现规模以上工业总产值93.44亿元，增长25.6%。

构建交通路网　延伸全县城乡

封开县自1978年全县18个乡镇全部开通了连接县城的公路后，又不断升温鼓劲，着力进行路网建设，包括县道、乡道、村道的建设和省道、国道的拓展延伸、升级改造以及高速公路谋划建设（2010年，长岗水口西江大桥竣工后，广梧高速公路封开连接线开通，从县城江口经郁南上广梧高速车程半个小时，封开结束不通高速的历史）。

一、乡村公路　取得突破进展

20世纪80年代，封开县的乡道、村道建设全面推进，县、镇政府积极贯彻"民工建勤""民办公助"的乡村交通道路建设方针，以管理区（村委会）为单位发动群众利用农闲季节靠人工经多年持续奋战，将人行小道扩宽为2～3米的乡村道路，至1992年底，全县有182个行政村开通了砂土公路，约占全县193个行政村的94%，可通小汽车的自然村1829个，约占全县自然村总数的83%，可通手扶拖拉机的有2073个，约占全县自然村总数的94%，乡村道路建设取得突破性发展，为以后的硬底化村道建设打下了基础。随着乡村公路的开通，村民们20世纪80年代时可以自行车、90年代后多以摩托车甚至小汽车代步，运输农副产品、生产生活物资，拖拉机、小货车逐渐替代了肩挑背驮，既解除了群众的劳苦，又减轻了运输成本，缩短运输时间，山区农民初尝路通财通甜头。

　　新世纪的2000年，县委、县政府响应省政府号召，专门印发了《关于组织开展"四通"大会战的通知》文件，并成立了以县长为总指挥的大会战指挥部，组织群众开展"四通"（通公路、通电话、通电、通邮）大会战，投入资金约837万元，扶持全县24个地处偏僻边远尚未开通公路的行政村，在群众的投工建勤的配合下，奋战一年多，开通了乡道四级公路九条共83.7公里。至此，实现了村村通公路的宏伟目标，乡村道路建设取得决定性胜利。"四通"大会战结束时，全县有乡道达604.4公里，镇通行政村公路总里程为492.5公里。

　　为加快完善交通道路设施建设，提高乡村道路的通行质量，封开县从2004年起，又打响了乡道硬底化建设之战。县委、县政府提出奋战三年，将全县所有镇通行政村的路况差、设计标准低的长达492.5公里砂土路全部实现硬底化目标。县、镇成立工程建设指挥部，加强领导组织协调实施工作，县政府制定了《封开县镇通行政村公路硬底化建设实施方案》等有关文件，确保工程建设严要求、高标准、快速度、规范有序地推进。实现这一目标需投入资金近亿元，筹措资金是乡道硬底化建设的关键。有别于20世纪七八十年代靠群众义务投工劈山开路的乡村道路（砂土路）建设的大会战。困难面前，全县干部群众响应县委、县政府号召，纷纷集资捐款支持乡村道硬底化建设。罗董镇大洞村有一名74岁退休教师，将几十年积蓄的12058元一次性捐出修路。都平镇三洲村外出乡贤35人，带头捐资共43000元，使原计划2005年动工兴建的硬底化村道提前一年建成。在资金得以较好落实的情况下，2004年全县便有31条共长171.6公里的乡村道实现了硬底化。2005、2006年又建成200多公里，至2007年底全县所有通行政村道路全部按计划建成了硬底化。硬底化村道通至行政村后，继续向各自然村延伸，至2012年底，已完成乡村道路面硬化建设995多公里，通500人以上大的自然村道路基本实现路面硬化。

二、主线干道　实施改造升级

在乡村公路建设如火如荼的同时，由县城江口经大洲、都平、大玉口、达渡头与南丰省道相连的县道主线西线公路（旧称江渡公路）于20世纪90年代初全线贯通，至1992年，县线公路、乡镇公路总里程361.1公里（其中县线公路七条，里程143公里）。此外，县内较大型的45座水库、矿山、电站均有公路相通，公路主干线紧密相连，陆路交通网络架构基本形成。县道公路建成后不久，相继又进行改造升级，将沙土路陆续建成硬底化路面（有部分是先铺柏油路后建水泥路）。至1997年底，县线公路全部升级为水泥道路。

1990年，随着对县内省道水谷线改造升级建设战役打响，封开人民拉开建设现代公路的序幕。1991年11月，县政府提出《关于动员全县人民支持公路建设，实现县公路建设新目标的决定》，在动员民工建勤对部分路段扩宽路基的基础上，1992年9月，对水谷线进行改造，将沙土路改建为水泥路（按国家重丘二级水泥路面标准建设，路基宽为8.5米，路面宽七米，无陡坡急弯，基本顺直、平坦）的重大建设工程正式动工，整个工程分三期进行，经历时五年的艰苦奋战，于1997年建成了封开境内第一条里程总长为100公里的由长岗谷圩至怀集交界的高级水泥公路。1999年秋，为接通国、省道的大环市路，又修建了谷圩至旺村段（基本沿谷圩堤走向）全长五公里的水泥公路，将省道水谷线与国道321新线相连接。连通全县九个镇的县内水谷线〔20世纪90年代末改称为岗（坪）旺（村）线〕，建成重丘二级水泥路面后，封开山区交通公路基础设施薄弱、落后面貌大为改变。

紧跟省道岗旺线掀起全面改造的是国道321线。1992年，封开县委、县政府通过引进外资，以合作投资方式对国道321线封开段进行全面改造。路线走向基本上抛开原有旧路，开辟沿江新路，按国家重丘一级水泥路面设计、施工。该交通建设重大工程于1992年8月动工，1994年底全面竣工，江口县城路段为环城公路，在贺江一桥上游另新建一座水泥拱桥——贺江二桥。新改建的321线封开段全长40公里，路基宽19米、路面宽15米，四车道，宽畅平坦顺直。

此外，1999年12月至2003年11月，完成了省莫河线全长30.7公里改造（砂土路面铺成沥青路面）工程。

封开境内县道尤其是公路主干线新321和岗旺线的改造升级完成，为山区社会经济的发展提供了良好的交通环境，为促进城乡经贸往来及人民群众生产、生活、交往等带来了极大便利。

三、高速公路　拉开建设序幕

进入新世纪，封开县开始谋划高速公路建设，加快改善封开区域大交通环境。2007年，动工兴建全长14.792公里（其中县境内8.162公里，郁南县境内6.63公里），总需资金2.1亿元的广梧高速公路封开连接线（含封开西江大桥），连接线采用二级公路技术标准，设计行车速度80公里/时，经三年多努力，2010年7月1日，在广梧高速云浮至梧州段正式通车时，封开连接线同步建成通车，它的建成，不仅为封开县带来交通便捷，而且对完善连接郁南、封开两地的快速通道，完善路网结构，亦有十分重要的意义。广梧高速封开连接线工程通车后，从封开到广州的车程从以前的243公里缩短至200公里，行车时间缩短到三个小时内，既有利于封开的招商引资，也极大改变封开县城对岸的平凤、江川镇交通区位劣势，惠及六万多群众。这是封开高速公路建设迈开的第一步。

广梧高速封开连接线建成虽使从封开县城江口至高速路车程只需30分钟内，但毕竟仅从封开境外擦肩而过，封开全境尚未有真正的高速公路。因此，封开县积极谋划筹建广佛肇高速封开段。2010年8月13日，县委十一届八次全会提出积极配合市做好建设广佛肇高速公路封开段前期工作，并于当年完成了高要小湘至封开段的二可评审。2011年，广佛肇高速公路项目前期工作按计划顺利推进，2012年在被纳入省路网建设规划的同时，各项筹建工作也加紧进行。2013年6月期盼已久的广佛肇高速终于动工兴建，封开县正式进入交通"高速"时代指日可待。

党的十一届三中全会召开后的改革开放时期，封开的交通路网建设取得了可喜成效，截至2012年底，封开县拥有公路2036.12公里，其中国道40公里，为一级公路；省道133.24公里，为二级公路；县道264.24公里，三级公路占211.87公里，其余为四级公路。交通路网的发展带旺了陆路客运和货运业的发展，2012年，全县客运班车开通线路除县内各镇路线外，还开通广西梧州、八步以及珠三角各地的直达线路，年客运量95.89万人次，客运周转量5208.7万人次，有各类货车近千辆，共5176吨位，交通事业的发展给封开山区人民的生产生活带来了极大便利，成为各项民生事业中群众感受最深、受惠最多且最为直接的福祉。

水利电力发展　续写新的篇章

党的十一届三中全会后，封开的水电建设，继续保持良好的发展势头，为工农业生产的发展注入新的活力。

一、水利建设　着力提质增效

改革开放以来，封开的水利建设，突出两大主题。

（一）加强维护管理和扩建，升级改造提增效能

如1983年改建小（一）型朝阳水库钢筋混凝土涵管、平板定轮提杆闸门开关；1984年将白梅水库涵管改建为钢筋混凝土结构，将原转动门盖拉杆改为螺杆升降式平板闸门。1988年，将中型水库西山水库放水闸门更新为斜螺杆式平板钢闸门、利水水库由拉杆式转动改为提升式平板钢闸门。1990年续建东方红水库及其渠道配套工程，将一批引水工程的拦河坝、引水管渠由土石结构改为水泥浆砌石（水泥钢筋混凝土结构），对防洪排涝工程全面加高加固。20世纪90年代以后，力度加大，如1996至1997年两年，完成加固堤防42宗42公里，主干道维修84宗101公里，水库除险加固30宗，完成了七星河水库（电站）工程的涵管改建工程，谷圩堤（路）改建工程（防洪标准由五十年一遇提到一百年一遇），还完成了江川大堤等四宗堤围的加高加固工程。1998年至2002年，大力开展以治理"六堤""七库"为重点的农田水利建设，共投资7000多万元，完成沿西江六宗千亩大堤按百年一遇

标准加高加固工程。2003年至2010年，完成两宗中型水库、55宗小型水库的除险加固工程及县城河南防洪堤主体工程。2011年，完成了投资8307万元的总长8.5公里的县城江滨堤工程（在河南防洪堤工程基础上扩建加固）及两宗中型水库的除险加固工程。

（二）大手笔投入，掀起民生水利建设高潮

20世纪70年代末至90年代中期，开展山、水、田、林、路综合治理，至1995年底，全县共修筑栏沙坝92条，谷坊1.4万亩，造林保水13.7万亩，共治理水土流失面积19.51万亩。1996年至1999年，改造低产田7.13万亩，治理水土流失面积6.7平方公里。2008年争取上级支持资金3510万元，完成了农业综合开发，中低产田改造等15个农田水利基础项目建设。2011年，投入资金3332.6万元，组织实施14宗农村饮水安全工程建设，解决了12万多人的饮水安全问题；渔涝河治理工程完成了镇圩段防洪主体工程；是年，封开跻身全省第一批农田水利建设重点县。

二、电力建设　重于利用资源

改革开放以来，封开县将电力建设作为能源建设的重要组成部分，继续依凭本县水力资源较为丰富的优势，大办水电事业，开发贺江及其支流东安江、七星河等水力资源，形成高、中、低水力发电并举，国家、集体（股份）、私营齐上的新格局。1983年12月，国务院批准封开县列入全国首批100个农村电气化试点县，全县电力建设进入一个新的阶段。

（一）持续发力新建（扩建）水电站

20世纪80年代以来，县政府以"谁建、谁有、谁管、谁受益"的方针，进一步调动各级办电站积极性，采取县电费收入用于办电、与市有关部门联合办电、允许新建电站加收电源建设费等多方筹集资金，根据电气化达标要求，努力抓好电源建设。先

后建设（扩建）了一批水电站。其中主要有：一是县办电站和市、县合办电站：1985年扩建贺江白垢电站总装机容量两万千瓦项目投产发电；1993年建成总投资1.38亿元，总装机容量三万千瓦的贺江都平电站；二是县、镇合办电站；1989年投产发电的总投资1300万元，装机容量2000千瓦的七星河二级电站；先后于1987年、1990年投产发电的总容量1920千瓦的七星深六一、二级电站，1990年建成容量640千瓦的莲都清水电站；1995年扩建的装机容量2000千瓦的东安江大和滩电站（二期工程）。至1995年底全县拥有水电站41宗98座，总装机76166千瓦，年发电量3.66亿千瓦小时，产值2892万元。尔后，1997年建成装机容量3200千瓦七星河水库一级电站和增加装机容量1000千瓦的七星河二级电站以及125千瓦的杏花三礼电站，还建成了1.5735万千瓦的县水电局属下电站。1999年，建成总装机容量四万千瓦的贺江江口电站，至此，封开境内贺江三个梯级电站全部建成，江口、白垢、都平三个电站总装机容量9.475万千瓦，设计年发电量3.48亿千瓦小时，成为全县水电能源的大哥大。同时，小水电站建设也齐头并进，至2012年，全县建成小电站共55宗，总装机容量11910千瓦，大小水电站遍布全县各地，县境内水力资源得以充分开发利用。

（二）大抓输电设施建设

自20世纪80年代以来，随着水电站的增加，输变电工程迅速发展。至1995年，共建110千伏输电线路22.2公里，35千伏输电线路204.07公里，10千伏输电线路86.5公里，低压线路4989公里；建成110千伏变电站一座，总容量5.15万千伏安，35千伏配电降压站八座，总容量2.4万伏安，10千伏配电变压器996台，总容量7.89万千伏安。输电线路连接各电站、各乡镇，形成独立电网，并接通省电网，将水能变成电能，送到各乡村，各厂矿企业、各机关学校单位，满足广大人民群众生活、工农业生产乃至各行各业的需要，为国民经济发展、各项社会事业建设提供强大动力。

此后，电网建设不断推进及完善。1996、1997年，对县城区电网进行整治，升级改造；1998年建成江川35千伏变电站，结束了由广西梧州供电该镇的历史。1999年110千伏长岗输变电工程建成运行，改写了封开县只有一个110千伏变电站的历史。2000年建成河儿口输变电工程，2003年建成110千伏南丰输变电工程和35千伏长安输变电工程。1999年至2003年，还投入资金10466万元，分两批开展了农村电网改造工程。2004年建成35千伏的金装输变电工程，2006年除建成110千伏封开城北（旺角）输变电工程及35千伏深六输变电工程外，还完成了配网工程建设改造项目共48个。2008年，建成35千伏莲都、平凤两输变电工程；2009年，相继建成均为110千伏的河儿口、长岗、江口（扩建）三个变电站及35千伏的泗科、白垢输变电工程；2007年至2009年还完成了147个配网民心工程。2010年，建成投产市供电局重点工程220千伏封开输变电工程，保证封开主网的连续、安全、可靠供电，结束了封开县电网只有一条110千伏线路与市网连接的历史。2011年，按计划提前完成主网110千伏福石输变电工程，并成为省样板工程，树立了封开电网建设的品牌，为落户于封开的央企——华润（水泥）封开公司的生产用电提供有力保障。至2012年，封开电网变电设备已拥有220千伏变电站一座，主变压器一台，总容量18万千伏安，110千伏变电站六座，主变压器10台，总容量33.3万千伏安，35千伏变电站八座，主变压器11台，总容量4.19万千伏安。

封开电力建设取得显著成效最耀眼的是：1989年5月，达到农村电气化初级标准，成为肇庆市第一个电气化达标县；2005年，封开通过省验收，全国水电农村电气化县达标！

第七节　教育事业发展　调整改革提高

党的十一届三中全会之后，县委、县政府确立教育优先发展方针，增加教育投入，改善办学条件，深化教育改革，加强师资队伍建设，强化学校管理，推行素质教育，提高教育质量，创建教育强镇，促进全县教育均衡、和谐发展，努力办好人民教育事业。

一、实施普九　推动基础教育

1981年至1983年，封开教育工作以普及小学教育为中心，狠抓适龄儿童入学率，降低在校生流失率。在各级政府领导重视和教育部门的努力下，1983年，全县适龄儿童36540人，入学儿童35203人，入学率96.9%，巩固率98.1%，经省、地验收合格，基本实现普及小学教育任务。1985年复查，小学入学率为97.9%，巩固率97.9%，封开被评为省普及小学教育先进县。1989年，改革教育管理体制，实行分级办学、分级管理，全县继续巩固提高普及小学教育的程度和水平，并向普及九年义务教育发展。1994年，县政府出台关于1994年我县普及九年义务教育的实施意见，提出封开全面实施普及九年义务教育目标，还针对个别镇出现初中流失生的情况，印发关于采取紧急措施控制初中生辍学的通知，要求必须认真抓好初中入学率及初中在校生的巩固提高工作，并把它作为实施"普九"的重点、难点抓紧抓好。1994年，封开普及教育各项指标均达标，普九工作取得可喜成效。

此后，全县中小学入学率、升学率稳步提升，2002年，小学入学率99.7%，初中入学率96.10%。随着高校扩招和12年义务教育的实施，初中入学率每年保持在99%以上，高中阶段的教育得到快速发展。2001年高（职）中在校生达3952人。2012年，全县高（职）中在校人数16152人，是2002年的4倍多。2000年高考上省线332人，2012年达2661人，上线率为84%。

期间，从1980年起贯彻"调整、改革、整顿、提高"的方针，调整全县普通中学布局，改革中等教育结构，逐步撤并了"文革"时期办起的一批小学"戴帽"初中及每个公社办的高中。1983年，由13所高中调整为四所普通完全中学，初中调整为16所。1992年，全县小学不再附设初中班，至1995年，全县有各类普通职业中学三所，普通完全中学三所，初级中学21所。

二、学校建设 取得重大进展

中华人民共和国成立后，县政府对教育投入逐年加大，教育部门在每年教育经费中拨出专款给学校维修或建校舍之用，但由于县经济基础薄弱，对教育的投资仍有限度，校舍远未能满足教育事业发展的需要，积年造成危房较多，且欠缺校舍、课桌椅，教学设备简陋、滞后。1983年7月，县委扩大会议作出《关于改善和加强全县教育工作的十项决定》，掀起学校建设热潮。

（一）大力实施"一无两有"计划

"一无两有"计划，即学校无危房、班班有教室、学生人人有桌椅。县委扩大会议后，县成立以县委副书记为组长的实施"一无两有"领导小组，领导组织计划的实施，并发起捐款筹措解决"一无两有"的资金，获热烈响应。县委、县政府领导率先行动，社会团体、各界人士鼎力支持，港澳同胞解囊相助。至1995年来，各方捐助1380万元，其中捐资办学最多的单位是白垢电厂，捐资155万元。个人捐资最多的是香港一爱国同胞捐港币80万元。香港社团向罗董中心学校捐资220万元（含设备）兴建了育苗楼及江口镇第二小学、长岗旺村小学、新泰小学等教学楼。落实"一无两有"工作顺利推进。"七五"期间，拆除危房七万多平方米，维修新建校舍21.9万平方米，其中新建钢筋水泥楼的校舍121幢，建筑面积7.56万平方米，砖瓦杉木房67幢1.2万平方米，维修面积13.04万平方米。同时，添置一批课桌和老师办公用桌。1989年，封开被评为广东省"学校建设"先进县，1991年10月，经省、市校危房改造检查小组验收，全部达标。1995年全县校舍建筑总面积37.24万平方米，其中钢筋水泥建筑的教学楼、实验综合楼、老师和学生宿舍等共31.47万平方米，占总建筑面积的84.5%。学生人均校舍面积小学7.2平方米，中学9.68平方米，完全小学以上学校全部实现教学楼房化。此外，教学仪器设备（包括实验楼、实验室）的配置也不断增多，学校设备简陋状况有很大好转。

（二）开展薄弱学校、山区老区学校改造

2007至2008后，又一次开展危房改造等专项行动，至2012年，共投入资金两亿多元，新建、扩建、修建校舍（教学楼）247幢（所），建筑面积26.24万多平方米，还建设一大批实验楼、仪器室等设施。

（三）兴办教师安居工程

自1995年以来，县委、县政府把实施老师安居工程作为一件大事来抓，通过多渠道筹措资金，加快老师住房建设步伐，至1997年，全县共投入1.185亿元，新建老师住房2310套，总建筑面积23.4万平方米，全县学校教职工家庭人均住房面积达17平方米，教师住房困难问题得到基本解决，调动了教师的工作积极性，促进了教育工作的发展。

三、教育创强　提高综合实力

2005年起，封开县教育工作以争创一流的教育队伍、一流的教育教学管理、一流的教育教学设施、一流的校园育人环境、一流的教育教学质量为目标，扎实有效地开展创建教育强镇，最终成为教育强县。2005年，将江口镇作为创建教育强镇的先行镇，投入1000多万元，对城区学校进行布局调整，扩建（维修）校园校舍，充实教学设备设施，改善育人环境，使江口镇教育综合实力明显提高，2006年8月，顺利通过省验收，成为全县第一、全市第二个省教育强镇。此后，继续努力，加强硬件设施建设的同时，积极实施素质教育，免费义务教育，形成学前教育、义务教育、高中阶段教育、成人教育协调发展格局，全县学校基础设施大为改善。2008年在平凤镇被评为教育强镇的同时，江口中学创建成为"广东省国家级示范性普通高中"，并被评为"广东省高中教学水平评估优秀学校"，封开县中等职业中学通过"国家重点职业学校"复评。2010年，加大教育投入，确定创建河儿口、杏花、金装、渔涝四个省级教育强镇目标，对四个镇的基础教学设施设备，校园环境，教育教学质量提出了更高的要求，确保创强工作取得实实在在的成效，是年底，四个镇顺利通过省评估验收，成为我县第三批省教育强镇。2011年，江川、大洲、大玉口镇又创建教成为育强镇，2012年，在长岗、莲都、白垢等三个镇成为省教育强镇时，全县教育强镇达12个，如期实现把封开创建成为广东省教育强县的目标。"创强"五年来，封开县委县政府将"创强"工作列入县惠民的重点工程之一，累计投入三亿元，以创建教育强镇为抓手，开展新一轮中小学布局调整，加快义务教育学校规范化建设和推进高中阶段学校"创强促优"、成人教育、幼儿教育协调发展等工作，教育和谐协调发展的综合实力不断增强。

第八节

医疗卫生事业 不断取得进步

党的十一届三中全会以后，封开县的医疗卫生事业稳步向前，医疗技术不断提高，设备日臻完善，卫生、防疫、保健工作取得较好成绩，农村缺医少药情况已基本改变，人民群众的健康得以有效保障，1989年，全县人口平均寿命已达70.5岁，比1949年前提高20岁，1995年，全县人口死亡率从1949年的16.5‰，下降到5.97‰。

一、队伍建设 数量质量向好

为了充实和壮大医疗卫生队伍，提高医疗技术水平，改革开放以来，全县医疗卫生职能部门及各卫生医疗单位，坚持采取短期培训、脱产进修、函授学习、引进人才等措施，加强人才队伍建设。1978年，全县共有卫技人员613人，1995年增至957人，是年底，全县有农村卫生站193个，近九成的乡村医生（原称赤脚医生）通过学习提高领取了合格证书。2012年来，全县公立医疗卫生机构人员达到了1325人，其中卫技人员1112人。卫技人员中的高、中职称人数也逐步增多，队伍整体素质进一步提高。2012年，全县执业（助理）医师达320人，注册护士410人。

二、设施建设 逐步趋向完善

1980年之后，县级医院和乡镇卫生院得到不断改造和扩建，县属三所医院和16所乡镇卫生院按广东省"一无三配套（无危房及人才、房子、医疗器械配套）"的标准，积极筹措资金加强硬件设施建设，先后兴建（扩建）县人民医院及各镇级卫生院的门诊部、职工宿舍楼。2000年，县人民医院拥有万元以上设备52台（套），县中医院（汤国华医院）新门诊综合大楼在香港慈爱团体热心人士的捐助下，于2002年建成。2005年至2006年，争取省、市扶助资金1820万元，对全县医疗单位进行业务用房改造，添置救助设备，其中12所镇级卫生院购置了救护车，镇级卫生院首次有了救护车。2007年至2009年，实施便民廉医工程，共投入资金3450万元，完成了五幢镇级卫生院门诊综合楼建设和县人民医院综合楼主体工程建设。2010年至2011年，县人民医院住院综合楼投入使用，县中医院康复综合楼建成；投入近500万元，改造了渔涝等镇级卫生院。2012年投入635万元，建设（改造）八间乡镇卫生院。同时，镇医疗卫生单位的医疗设备也在不断增添完善。1994年底，县人民医院成为"二级甲等医院"；1995年，县第二人民医院（前身为南丰医院）成为二级乙等医院。至2002年底，全县有医疗、防疫保障、卫生教育、工矿企业卫生室、农村卫生站等医疗机构297间，其中公立非营利性县级医院两间，中医院一间，防保机构三间，镇级卫生院17间。2009年，实现全县村村有规范化卫生站的目标。2011年底，全县拥有二级甲等医院、二级甲等中医院及二级乙等医院各一间，医院床位837张。

三、制度建设　保障民众健康

20世纪80年代以来，封开县着力推行卫生工作改革和保障机制建设，缓解看病贵、看病难问题，促进人民群众的健康事业更有保障。1998年6月，县委、县政府制定了《关于加快卫生改革和发展的意见》，提出加强城乡卫生保健工作，实现人人享有卫生保健权利的目标。1999年始，全面推行新型农村合作医疗制度，参加人员逐年递增。2003年有89078人，占全县农业人口22.7%，2005年177129人，占44.72%，2010年有39.84万人，覆盖率达99.17%，2012年上升为99.99%，新型农村医疗合作制度的建立和完善，在一定程度上解决了群众看病贵、看病难的问题，使农村群众享受到改革开放的红利。

与新型农村合作医疗制度一样切切实实给人民群众带来健康利益，使人民群众真切地感受到党和人民政府关怀的还有不断完善的妇幼保健制度，慢性病、传染病防治，公共卫生管理以及创建爱国卫生城镇、卫生村等工作的有效推进。1980年以后，全县妇幼保健站加强对孕妇的产前检查和产后访视工作，妇幼卫生保健得到有效保障。2005年住院分娩率81.08%，新法接生率为99.67%，无孕产妇死亡。2012年，住院分娩率98.34%，孕产妇死亡率为零。全县妇幼保健状况大为改善。从1979年开始，县内进一步加强儿童预防接种的保健工作。1988年开始，对出生两月的新生儿接种卡介疫苗，1997年开始，切实做好脊髓灰质炎疫苗的强化工作，每年坚持开展两次大规模的强化服食糖丸活动。2000年，建立综合性预防保健体系，把麻疹和乙肝疫苗接种纳入计划免疫内容。1996年，封开县已完全达到国家卫生部颁发的《消灭血丝虫病标准》的各项指标；小儿麻痹症基本得到控制。1999年，达到基本消灭麻风病指标。2006年，成功创建省级卫生村四个，实现零的突破，至2012年底，全县累计投入资金6090万元，建设省卫生村288个。

第
九
节
科学信息技术　发展遍及城乡

党的十一届三中全会以后，封开县的邮政电信、广播电视及科技事业，进入了迅速发展时代，惠及广大城乡群众。

一、邮政电信　稳定快速发展

邮政业：邮路邮运，全面走上汽运时代。20世纪80年代初，汽车邮路已达全县各镇，至"八五"期末，全县农村邮件投递路线有78条，邮程2053公里。2012年，县内主干线邮路五条，总长6760公里，农村邮路20条，投递路线长26546公里。邮政业务量随社会经济的飞速发展而增速明显，如1988年至1992年，年均递增率达51.6%。1996年初，完成邮储联网工程，进入全省邮储网络。2010年邮政企业全年业务总量为1182.27万元，增长12.65%。2011年，封开邮政三大板块实现业务收入2365.3万元，全县已有邮政储蓄网点12个，年内邮政储蓄增长约7000万元，全县邮政储蓄累计余额达6.5亿元。

电信业：1988年底，县城江口镇开通3000门步进制史端乔自动电话，全县停止使用摇把子电话。1990年全县安装自动电话2590台，至1992年，全县拥有自动电话交换机5000门，安装自动电话4645台，BP机1300台。尔后，南丰等九个镇相继开通自动电话，1993年之后，电信业得到迅速发展。是年6月，县800门数字程控电话开通，全县有十个镇自动电话联网，次年，其余各镇也相继开通了可直拨国内外各地联网的长途电话。1995年底，全县农话传输实现数字化，2000年，全县城乡固定电话35315户，流动市话6619户，移动手机3.6万户。2005年，全县电话用户73328户，固话普及率为15%，流动市话（小灵通）17416户，移动网络手机约11万台。2012年后，全县移动电话用户已超23万台，大部分的成年人都拥有了手机。

二、广播电视　跟上时代潮流

从1986年秋开始，县到乡（镇）广播信号试用调频广播传输，封开县广播事业进入了一个有线广播与无线（调频）广播相结合、有线与无线混合覆盖的新阶段。至1990年底，全县已建立调频广播转播站五座，收听广播节目人口覆盖率达90%以上，1992年5月，县人民广播电台正式成立开播，每天播音8小时10分钟，内容有县新闻及转播中央、省、市台节目等。

1979年1月，县内第一座十瓦功率江口差转台建成使用，1982年5月，渔涝镇有了第一个县内乡镇电视差转台，至1990年，全县各乡镇均建立了小功率电视差转台，1999年完成了"村村通广播电视"工程。电视用户于1979年起用了20年左右时间，完成了由黑白电视到彩色电视、由转动天线到有线传输、由单套节目到数十套节目、由个别拥有到全民普及的过程。至1999年，全县18个乡镇除边远的七星镇未开通微波电视信号外，其余全部实现微波联网。2000年之后，县内的有线电视传输网络得到不断的更新改造，并陆续为边远山区群众安装卫星接收设备，开通卫星广播电视。至2012年，县广播电视人口综合覆盖率达99.65%，电视机已成为千家万户标配的文化娱乐设备。

三、科技事业　发展态势良好

封开县的科技事业，在党的十一届三中全会后，随着改革开放的深入发展，呈现科技队伍日益壮大、科技力量日益雄厚的良好发展态势。1992年以来，全县已有各种学会、协会、研究会31个，会员32001人次，科技职称人员5505人，是1954年的14倍。县委、县政府越来越重视推动科技事业的发展进步，1984年，制定《关于知识分子待遇问题的十项规定》（1989年作了修改补充），明确规定：关心、尊重、信任知识分子。20世纪90年代初，县政府制订引进科技人才手续从简、待遇从优政策，以加大引进科技人才力度。县委、县政府在1992年6月全县第一个科技活动月中，提出科技兴农、科技兴工、科技兴县的号召。是年9月，县政府出台《封开县科学技术进步奖励实施办法》，10月又制订《封开县关于重奖有突出贡献科技人员的暂行办法》，对县内有突出贡献、创造出显著效益的科技人员给予重奖，调动、激励广大科技人员同心同德，为封开经济社会发展出谋献策、多作贡献，创出更多科研成果。至1992年，历年获得县级以上的科研成果235项，其中省级31项，部级八项（多为80年代以后获得），尤为突出的是1984年，封开县建成的北回归线标志塔（属全国大陆第一座，也是全国最高的一座标志塔），该塔的设计被评为广东1984年十大科技成果之一。在县委、县政府的领导支持下，科技部门坚持积极组织开展科学研究、科技项目投入、科普宣传、科技咨询、技术培训等一系列活动，把科技工作引向深入。在科技应用上也取得了不少进步。对农业生产持续推广良种良法，如2003年至2004年，杏花鸡产业化生产技术等三项列入省科技计划项目。2012年，河儿口镇油栗育苗科普示范基地获全国"科普惠农兴村计划"先进科普示范基地。工业生产实行新技术新工艺并不断革新技术，1982年至1983年，县机械厂研制成功CNF-5家用碾米机参加全国评比，获第一名；1988年6NF-9.5型分离式碾米机获广东省优质产品奖并在全国评比会上获总分第一名；1986年，国家林业部林产工业公司、广东省林产公司和县林产公司联手科技攻关，生产松香产品经国家商检局确认免检出口。1989年，江口灰沙砖厂技术协作小组研制蒸压灰沙砖两次获全国产品质量奖。1993年3月，县粤丰实业总公司研制的节油增力剂荣获全国星火计划成果展览洽谈会银牌奖。

第十节 文化体育旅游 开创新的局面

20世纪80年代以来，封开县的文化体育旅游事业，顺应改革开放时代潮流，不断取得发展的新成效。

一、文化建设 突显地方特色

80年代，农村群众文化蓬勃发展，全县成立农村文化室120多间。1989年7月，渔涝镇率先建成全县第一个乡镇级文化中心，尔后各镇相继建成了镇文化中心。90年代初，大洲镇上律村还出现第一个由村民个人投资兴建的村文化中心。2010年起，各地农村启动农家书屋工程建设，是年，共建成农家书屋73家，分布在16个镇上的73个村（居）委及学校。次年，增至210间，共有藏书38万册，提前实现全覆盖行政村的建设目标。

封开的传统文化活动（主要有舞狮、舞龙、舞麒麟白马、唱山歌及民间曲艺等），经"文化大革命"一度沉寂后，重新活跃。县镇政府予以正确引导和支持，组织了多项大型活动：1983年春节民间艺术调演，全县有20个演出队1000多人参加，县内民间艺术门类几乎全部与观众见面，盛况空前；1989年举行国庆40周年民间艺术调演；1992年，县文化局与金装镇举办民间艺术大游行；1997年6月下旬，在县城举办迎接香港回归民间大游行和表演活动；1999年国庆节为庆祝中华人民共和国成立50周年暨纪念封开解放50周年，举办了近千人参演的文艺晚会；2005年，成功举办首届广信文化节，共吸引来自省内外12支民间艺术队伍前来助兴和十多家新闻单位前来采访报道，封开作为广府文化发祥地的知名度和美誉感大为提高。2008年本县文艺人员自创自编自演的歌舞《唱支山歌抛过河》，在参加"广东省第二届民间歌王"大赛中获得铜奖。2010年，传统民间舞蹈《五马巡城舞》代表广东省参加上海世博会的"广东周"展演巡游活动，在世博会上亮相，得到中外游客的好评，为封开非物质文化遗产走向世界夯实基础，成为封开文化发展的重大亮点。

20世纪80年代以来，封开城乡群众看电影、看文艺演出、看电视、跳交谊舞、看录像、玩电子游戏等成为经常性业余文娱活动，每逢重大节日，县、镇均组织开展各种大型庆典性文艺娱乐活动，并时有跨省、跨县文艺联谊活动。90年代初，卡拉Ok厅、歌舞厅已由县城普及到乡镇，同时，县坚持组织的送戏、送电影上山下乡活动也较为活跃，每年场次均在100场以上，并成为常态化。2011年，县江口中学参加广东省"百歌颂中华"歌咏比赛获银奖。

改革开放以来，封开县的文艺（文学）创作活动方兴未艾，佳绩频现。1978年11月，全省群众文学创作评选，本土一名作者的作品《小山鹰》获二等奖，为中华人民共和国成立以来封开第一次获得省级文学创作奖。1992年，两名业余作者创作的歌曲获全国性征歌优秀奖、银奖；1994年，又有三名业余作者创作的歌曲获第二届"中国潮金曲征歌创作奖"；1995年，还有两名业余作者创作的歌曲获中国工人歌曲新歌创作大赛优秀奖；1989年至1995年，有13名业余作者艺术作品（摄影、书法、美术）在全国性参展（获奖）；1996至1997年，县内业余作者创作的文艺作品获省奖五篇，全国奖六篇；1998年至2002年，县内多名作者的书画作品分别入选"韩国"98世界美术大赛及《世界华人书画作品选集》《世界传世名画书法鉴赏》《二十世纪中国著名书画家》《改革开放二十年书法》等书画册，有的获国际金奖、全国民间工艺美术书法大赛金奖等。2003年，封开作者创作的歌曲在中央电视台《艺苑风景线》专栏播出，开创封开音乐工作者之先河。2005年，两名作者创作的歌曲获中国首届群众创作歌曲大赛银奖，一名七岁女童的美术作品获第四届"繁星杯"全国少年儿童美术、书法、摄影大赛二等奖，第十八届《双龙杯》全国少年儿童书画大赛铜奖。2008年，本县作者创作的歌曲获"感动中国"——2008全国第二届新创歌曲大赛一等奖、获"中国杯"共和国60周年优秀词曲、歌手、乐手展示大赛银奖。2009年，有一首创作歌曲获"感动中国"全国第三届新歌曲大赛三等奖，创作的一部戏剧小品获中国第六届戏剧小品文学评比三等奖。2010年，封开摄影作品获市第45届香港国际艺术摄影展金奖、获新华社主办"汶川·重生"的家园摄影赛铜奖；歌曲作品获"感动中国——第四届新创作歌曲、歌词大赛"歌词一等奖，还有两首创作歌曲获中国音乐文学学会、中国音乐家网主办的"二十一世纪华人音乐奖"一等奖，另一首创作歌曲获文化部中国少数民族音乐学会主办的"颂歌献给党"金奖。2011年，歌曲创作获国家级金奖三个、银奖四个、铜奖四个；另有多幅摄影作品在中国摄影家网上影展获优秀奖。2012年，六名作者创作的歌曲参加全国歌曲评送或大赛，获作词作曲金奖三个，银奖两个，铜奖两个；一名作者两幅书法作品分别入展中国书法家协会主办的第三届全国隶书展和第六届中国——临沂中小学书法展；六人书画作品在全国六省十一市政协第五届书画联展中获二等奖两个，三等奖两个，优秀奖两个。

封开文化事业的建设和发展，受到了上级的肯定，1998年3月，封开县被省人民政府评为省文化先进县，5月，被国家文化部评为全国文化先进县。

二、城乡体育 健康持续发展

改革开放以来，封开的体育设施建设进一步加强，一大批城乡体育场所建设陆续建成使用。1981年，县政府投资60多万元，建成占地面积2.2万平方米的体育场所。1995年以来，全县有足球场七个，篮球场328个（三分之一为水泥地板），乒乓球台近400张，羽毛球场108个，排球场12个，门球场九个。1997年建成全市学校首个总建筑面积2400平方米的教学游泳场。至2006年，建设有占地面积五万多平方米的封开县体育中心及两条综合性、多功能全民健身路径；还有江滨公园全民健身广场、塔山公园、虎鼻山森林公园。全县有标准田径场五个，体育馆一个（2001年建成投入使用），200米田径场五个，小型足球场23个，标准游泳池两个，标准水泥篮球场325个，羽毛球场252个，乒乓球室60间。全县共有近500个面积共44万多平方米的公共体育场地设施，人均体育活动面积达省的要求。2010年建成总面积5500平方米的县青少年训练竞赛中心，是年，县人均拥有体育场地面积0.8平方米，达到国家要求。2011年，南丰、渔涝率先建成了镇级农民体育健身广场，2012年又有莲都等六个镇相继建成。此外，结合文明村建设，农村文体小广场等文体设施已遍布各行政村。体育设施建设为全县城乡人民群众开展体育健身活动提供了有利平台。

随着社会经济的发展和群众文化生活的日益丰富，各类体育活动在封开城乡越来越活跃。20世纪80年代开始，封开较盛行的民间传统体育项目——武术得到恢复和发展；1982年，县成立中国象棋协会，棋类活动逐步兴起。近现代体育项目中的职工体育、农民体育、中小学体育均有较大的发展。1980年起，封开县连续十年被省、市评为群众性长跑先进单位，1986年，省授予封开县"长跑之县"称号。1996年始，每年农历正月初一举办传统性万人环城长跑活动。1982年，县成立农民体育协会，并举行了首届农民运动会，至1995年，已举办五届全县农民运动会。1989年12月，县举行首届"丰收杯"篮球赛，各乡镇组队参赛，至1995年举办了四届。1997年，全县成立全民健身领导小组29个，社会体育指导站45个，指导开展全民健身活动。各镇及部分村委会每年在国庆节、春节期间，均举办各项体育比赛活动。1997年，封开被评为全国群众体育先进单位。进入新世纪后，封开县的群体活动开展等更为形式多样、丰富多彩。如春节期间举办醒狮、武术汇演、足球对抗赛；三八妇女节举办妇女绿道健身行；五一期间举行职工体育项目比赛；全民健身日举行广场舞表演赛等。1988年起，县每两年举行一次中小学生田径运动会，至2011年已举办了12届。大部分中小学校每年或每两年举行校运会，推动学校体育运动的开展。1963年创办的县业余体校，"文革"初期一度停办，1972年恢复招生后，稳定发展。1992年，南丰等六个镇分别成立业余体校，1995年未，全县有少年儿童业余体校七所。

有助于体育运动的普遍开展，封开县籍体育运动健儿在参加各类体育比赛中有不俗的表现，运动技术水平不断提高。20世纪90年代起，一些运动员走出国门，参加世界性比赛，至1995年，体育运动员在参加地（市）、省、全国和世界性体育竞赛中，获第一名102项，第二名76项，第三名62项。1996至1997年，获国家奖两人。1998年起，一名运动员在全国青年皮划艇锦标赛中，连续几年获1000米单人皮划艇第一名好成绩。2003年，另一名运动员参加亚洲及全国赛艇锦标赛获轻量级2000米四人艇、双人艇第一名。封开籍运动员2005年参加全国全运会取得六金一银一铜的佳绩，并在国内外多项重大比赛中共获金牌20多枚。2007至2009年，又在国际、全国、省多项比赛中共获得130多枚金牌。2010年，共有21名运动员代表肇庆市参加第十三届省运会，荣获九金四银六铜佳绩。

由于封开县体育事业在改革开放中与时俱进而得到了上级的好评。1999年、2004年，封开被评为广东省体育先进县；在全国第十二届运动会上，荣获"全国群众体育先进单位（2009—2012年度）"殊荣。封开县体育局2005年被广东省委、省政府授予"广东省精神文明建设先进单位"称号；2009年被广东省委、省政府授予"广东省文明单位"称号和被中央文明委授予"全国精神文明建设先进单位"称号；2011年荣获"全国文明单位"荣誉。

三、旅游发展　从无到有向强

封开，素以优美的自然风光著称，且是历史悠久的岭南重镇、文化古都。既有遍布各处的文物古迹，又有绚丽多彩的自然风景，旅游资源十分丰富。但在20世纪80年代前一直是"养在深闺无人识"，未得以开发建设和利用。80年代后，乘改革开放东风，封开县充分利用其浑厚优美的人文景观进行传承、开发、建设、打造，旅游业一步步发展壮大。

资源保护受到了政府的重视。20世纪70年代末，县镇政府开始重视人文景观的保护管理工作，县成立专门机构，并发出关于加强文物保护工作的通知，公布文物重点保护单位。80年代后，先后拨出款项对革命遗址、主要历史文物古迹等进行维修，同时也加强对自然景观的保护工作。1982年7月，县人民政府发出《关于切实做好风景资源保护工作的布告》；1983年2月，成立封开县风景区管理处，负责全县风景资源的管理保护工作；

1984年4月，县人民政府发出《关于保护珍贵观赏植物资源的布告》，为资源保护工作提供了保障。

旅游景区开发建设顺利推进。20世纪70年代末，封开县委、县政府对境内得天独厚的旅游资源，就有开发利用的意向。时任县委书记多次陪同省、地领导人到渔涝、莲都景区视察。1979年2月，时任省委书记习仲勋视察后，对封开的自然风光、文物古迹甚为赞赏。是年秋，县委组织人员对境内风景名胜进行了调查，为开发建设作资料准备。1982年春，省、地主要领导同志视察封开，认为封开县各方面资源都很丰富，有条件办成独具特色的旅游区。是年6月，县委、县政府提出"开发旅游区、振兴封开经济"思路，决定成立领导小组并派出开发工作组驻现场，拉开了开发龙山景区的双龙洞、白石岩和千层峰首期工程的序幕，经过九个月努力，完成了双龙洞、白石岩两个洞穴的景物取舍和赏景线路的设计、施工，开建了双洞之间的80多亩人工湖（龙湖），同时在千层峰完成了梯级登山道、过河木板桥和观翠亭等项目建设任务。1983年，龙山景区开始接待游人，1984年，龙山景区二期工程配套设施龙山餐厅、龙泉茶居、接待站、停车场等项目全部竣工投入使用。景区开发建设中宣传推介工作也做得有声有色，广东电视台录制播放《封开秀色》、北京《中国画报》（1983年第6期）在主要版载千层峰和大斑石大幅照片、一名著名摄影家拍摄了一组照片用于编辑1984年挂历。一系列多媒体、多形式宣传动作，对提高封开景区知名度、美誉度产生了良好效应。

在龙山景区同步建设及随后相继建设（完善）的较为大宗的项目有：县城江滨公园（1982年始建，1995年扩建），1984年在江滨公园内建成我国大陆第一座北回归线标志塔；1987年建成龙山风景区内的卧龙山庄，接待游客住宿；1990年建成县城塔山公园；1991年开发黄岩洞古人类遗址，建立黄岩洞陈列馆；1995

年在千层峰景区建筑亭、台、桥、牌坊、度假村、烧烤场、戏水场等配套设施，成为集食、住、购、玩、游一条龙服务的景区。1996年建成龙山景区的龙山瑶寨。至1998年，封开已开发建设有1993年5月经省批准的省级龙山风景旅游区及天下第一石、千层峰、古人类文化遗址黄岩洞、黑石顶省级自然保护区、北回归线标志塔等观光度假景点景区。

1998年6月，县委、县政府出台了《关于实施封开县旅游管理体制改革的意见》和《关于加快发展我县旅游业的意见》，提出"旅游旺县"的战略部署，深化旅游企业改革，进一步推进旅游景区、景点建设。尔后，龙山景区的配套服务设施不断完善。2003年开发了建设大斑石景区，2004年开发建设了杨池古村景区。2005年，以成功申报封开"国家级地质公园"为契机，全面发展旅游业，打造"岭南古都、山水名城、国家公园"品牌，大力开发莲都"十里画廊"、贺江"九曲十八弯"等新景点，修复汶塘村等四大古村落。2006年加快步伐，建成了广信塔、国家地质公园标志碑和地质公园博物馆、广信驿站、虎鼻山公园、龙山奇境酒店（按四星级标准建设），修复了封川古城、辛亥革命广州起义七十二烈士之一的李炳辉故居等，吸引了越来越多的人来封开旅游。2009年，建成了粤西第一个两广最大的"生态+军事题材"的大旺海鹰博览中心的军事特色旅游景区，且成为中国最大的立体军事主题景观。

封开县独具特色的旅游景区，吸引了越来越多游客前来观光旅游。1996年接待游客24.7万多人次，2007至2009年，封开国家地质公园、龙山风景区先后获得"最受广东游客欢迎国内游目的地""最受欢迎自驾车游目的地""广东省十大新潮景区""肇庆最佳名胜旅游景区"等称号，2009年接待游客达112万人次，2012年为189万人次，旅游事业为推进封开经济建设作出了积极贡献。

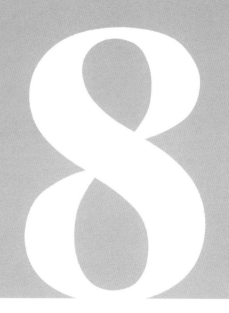

第八章
进入加快发展新时代

　　2012年11月召开的党的十八大，明确了经济建设、政治建设、文化建设、社会建设、生态文明建设五位一体的总布局，提出了夺取中国特色社会主义新胜利的基本要求，确立了全面建设小康社会和全面深化改革开放的目标，昭示中国特色社会主义进入了新时代。根据党的十八大和习近平总书记视察广东的重要指示精神，按照省市委的部署，封开县委和县政府团结带领全县人民，以科学发展、绿色共享为主题，着力稳增长，促改革，调结构，惠民生，全力推进重大项目、重大平台和重大基础设施建设，全县经济社会及民生事业持续稳步健康发展，在全面建设社会主义现代化新征程上坚定向前。

第
一
节

城乡建设提速 呈现喜人变化

封开县城乡发展，伴随着时代前进的脚步，中华人民共和国成立70年来，尤其是改革开放以来，出现了重大变化，党的十八大后，掀起了城镇化及美丽乡村建设的新高潮，城乡发展更为喜人。

一、城镇建设 奋力扩容提质

20世纪80年代前，封开的城镇建设（县城及各圩镇）虽比中华人民共和国成立前有一定发展，但总体变化不显著。街道小而短，各乡（镇）政府所在地的圩镇多为一条街，县城江口及原开建县城也仅有两三条窄短的街道，楼房以砖木瓦房占绝大多数。20世纪70年代以来，县城及各圩镇才开始使用钢筋混凝土建楼房，县城的以五六层、圩镇的以二三层为主，到20世纪八九十年代，逐渐向七八层甚至十层以上高楼发展。"七五"计划期间，农民进县城及圩镇建房增多。至1995年，县城江口有楼宇887幢，其中7~13层的136幢，总建筑面积137.27万平方米，比1949年增长12倍多。街道1949年仅有一条永安街，到70年代末达11条，至1995年，有水泥路面的大小街道41条，四米宽以上的街道总长16.9公里。城区面积比1949年增加七倍，街道长度由350米伸延至4.4万多米。1998年，县城打通虎鼻山，城区向河南发展，新城区建设有了更大的拓展空间。尔后，新城区成为县城发展的重点，2007年新城区主干道路全面建成，2008年，县新行政中心、人民广场投入使用，新城区首个楼盘山水雅苑建成入住。随着县城基础设施的不断完善，房地产开发项目不断上马，至2011年，建筑持续升温，城区在建房地产开发项目八个，总建筑面积47万平方米；2012年新开工建筑面积18.9万平方米，县城区建成面积由2.5平方公里增加到八平方公里。农村集镇（圩）建设也有较大发展，至1995年，全县建成圩市22个，圩市面积11.9万平方米，房屋建筑基本实现钢筋水泥结构楼房化。此后，建制镇的圩镇建设持续推进，发展空间不断拓展，市政配套设施日趋完善，硬底化街道越来越宽、越多、越长，水泥楼房不断增多，工业、商业、住宅公共活动场所布局合理，环境的绿化、美化、净化程度不断提高，各镇的镇区建设规模和质量得到较大提升。

党的十八大后，城镇化建设加快推进。2013年以来，城乡建设转型升级着眼于全面提升城镇化建设水平，坚持高起点规划、高标准建设、高效能管理，县城重点抓好城区东扩、西连、南拓，大力推动"两江四岸"和各大片区的开发建设，谋划和构建大城区格局。2014年，县作出新一轮《城市总体规划》，描绘城区扩容提质蓝图。城区规划进一步加强，城市建设用地由16平方公里增加到54平方公里，《封开县城东区控制性详细规划调整》及《江口镇城区控制性详细规划》出台，16个镇城镇总体规划开展修编或编制。根据规划，拉伸骨架，扩展板块，融合连体，大力推进中心城区建设，先后建成贺江一桥扩建、污水处理厂、封开碧桂园、广信文化园、人民广场、贺江一路改造、汇景湾、县生活垃圾卫生填埋场、水上居民安置工程（公租房）、县博物馆（新馆）等一大批项目。"三旧改造"、棚户区改造和农贸市场升级改造有序推进，扎实开展创建广东省卫生县城和县级文明城市硬件基础设施项目建设，完成大塘等三个市场以及建设二路等市政道路升级改造工程，贺江一桥至二桥段等的市政道路建成通车，城区面貌焕然一新。

各镇镇区建设全面推进。大力开展镇圩环境综合整治和宜居城乡建设。创建市宜居城镇九个，省卫生镇四个，名镇一个，全面完成原开建县城南丰旧城区街道升级改造任务。建成镇级森林公园四个，镇级污水处理厂三个，完成了县、镇、村"一县一场、一镇一站、一村一点"生活垃圾处理设施建设，圩容街貌、卫生环境大为改观。

二、乡村建设 变化越来越好

中华人民共和国成立初至改革开放前，封开乡村建设（主要是农村群众的住房建设），发展步履颇为缓慢。农房主要为砖木结构，且以泥砖瓦房占多，青砖屋少，每户面积约70~100平方米左右。改革开放后，随着农村经济发展，农民生活水平提高，半数以上农户建新房，其中不少农户兴建钢筋水泥混凝土楼房。1990年之后，兴建水泥楼房的农户逐渐增多，2000年后出现高潮。期间，一些村民到圩镇购地建房，有的还到县城甚至珠三角一带城市购买商品房，成为新城镇人。目前，农村中的住房已基本实现水泥楼房化，近几年在县城以上城市购商品房的农户迅速增多，有的村庄超过半数农户在城里有新房。

在农户住房建设取得重大变化的同时，社会主义新农村建设扎实推进。文明村（户）建设、生态文明村建设、卫生村建设深入开展，农村居住环境、村容村貌不断改善，村民道德意识、文明水平逐步提高。2012年起，优化人居环境，改善和提升城乡居民生活质量，积极开展宜居村庄建设和美丽乡村建设，以切实解决农村环境卫生条件和人居环境为目标的"大清洁、乡村美"农村清洁工程专项行动，通过分步实施，梯度推进，落实全面整治目标，向"一年出成效，三年大变样"目标迈进。

党的十八大后，乡村建设加快步伐。农村生产生活环境不断改善。扎实推进名村、卫生村、省级新农村连片示范工程建设，持续抓好城乡环境卫生整治，大力推进农村道路硬底化，"村村通"自来水工程等基础设施建设，改善农村人居环境。2013年新创建41个省级卫生村和61个生态文明村，完成20个自然村生态文明万绿村工程和三个名村示范村及五个示范村工程，辐射带动乡村建设创新局面。2014年，白垢镇白垢社区等四个宜居村庄（社区）创建工作通过专家评审，是年全县建成省级卫生村34个；渔涝厥村、河儿口西村、长岗大佃村、平凤吉邓村的名村建设也取得良好成效。2015年，成功创建省级卫生村38个，市级生态文明示范村三个，市生态村两个，宜居村庄五个，宜居社区两个，名村四个。2016年，完成了12个村通自来水工程建设任务，新建省卫生村35个，市级生态文明示范村三个，县级生态文明村36个；农村生活垃圾收运处理机制不断完善，村庄保洁全覆盖。2017年，社会主义新农村建设加快推进，打造了杏花镇凤楼塘表村等一批特色鲜明的社会主义新农村示范村，农村人居环境持续改善；完成1068个自然村整治，新增66个行政村通自来水，完成农村危房改造670户，新增省卫生村33个。2018年，生态宜居美丽乡村建设创出新成效：自然村人居环境综合整治完成率达81%，80%行政村完成环境综合整治任务，全县农村生活垃圾有效处理率达到98.96%，实现行政村村村通自来水覆盖率100%，新增省级卫生村44个。贺江沿线与广西接壤的江口等三个镇12个行政村省际廊道美丽乡村示范带正式启动建设。

第二节 重大项目建设 增强发展动能

乘十八大东风，封开进入快速发展新时期。为深入贯彻落实党的十八大精神，按照中央、省委、市委的决策部署，县委、县政府确立的经济发展思路是依托得天独厚的资源优势，坚定不移地实施重大项目带动战略，着力增强发展动能。

一、工业项目 形成堆头优势

新时期工业发展中，重点抓好华润（水泥）产业群、华林化工产业群等大项目建设生产。2013年，全县规模以上企业27家，全县工业生产总值117.5亿元，2014年达到136.3亿元，2015年增加到146.9亿元，2018年全年完成地区生产总值163.71亿元，规模以上工业增加值完成18.47亿元，增长2.8%。在诸多企业中，以华润水泥（封开）项目发展最快，效益最好，对全县工业生产乃至全县经济运行支撑作用明显。2013年，华润水泥完成投资5.38亿元，2014年完成投资7.57亿元，2015年完成投资8.39亿元。2015年12月，华润水泥第五条生产线点火投产，2016年6月第六条生产线点火投产。至此，华润水泥（封开）项目熟料产能达1080万吨，年水泥产能达1200万吨，年创税利达4.5亿元，2018年实现税收5.05亿元，成为全球最大的水泥生产基地。

在华润水泥项目不断发展壮大的同时，林产化工企业及嘉诚纸业有限公司也加大发展。2013年，华林化工有限公司完成了整体搬迁，松香车间及其关联企业海蓝化工有限公司、威斯达化工有限公司相继投产。至此，华林化工成为国家级中试基地，华南地区同产业的龙头企业。其生产的松节油成为广东省名产品。2015年，"华林牌"商标荣获中国驰名商标。封开嘉诚纸业有限公司有效增强创新动力，被评定为2018年度国家知识产权优势企业，完成主营业务收入超亿元。

二、办试验区　探索发展新路

位于两广交界的由我市、县与广西梧州携手创建的粤桂合作特别试验区，是封开县委、县政府根据封开县地处"两省四市八县"交界地、珠三角、北部湾和东盟三个经济圈的交汇点的地缘优势，抓住粤桂两省区加强战略合作的发展机遇，争取在与广西梧州接壤区域，各划70平方公里，按照"两省直管、市为主体、独立运营""统一规划、合作共建、利益共享""政策叠加、先行先试"的原则，于"十二五"计划初期开始谋划的。2012年12月，粤桂战略合作框架协议签署仪式在北京举行，接着，广东、广西两省（区）行政首长又在海南签署了《关于建设粤桂合作特别实验区的指导意见》。粤桂合作特别试验区是国家区域发展战略珠江—西江经济带的重要组成部分，试验区规划面积140平方公里，由粤桂两省区共建，封开革命老区平凤镇则成为特别试验区的核心片区。2013年12月，试验区《总体发展规划》获省级政府常务会议审议通过；2014年9月，成立粤桂合作特别试验区（肇庆）管委会，建设正式启动。此后，紧锣密鼓地进行规划、征地、基础设施建设和招商引资工作。2015年，特别试验区平凤片区积极与中建集团、粤电等央企、省属国企和大型民企对接，当年签约项目五宗，总投资额约163.9亿元；2016年签约浙海高清环保醇醚燃油等项目总投资约6.7亿元，另有重庆盈田公司投资

7.5亿元建设80万平方米标准厂房。2018年，已有广东顺盈森能源等四家企业竣工投产。是年为建立健全封开和粤桂合作特别试验区联合招商机制，出台《封开县人民政府关于鼓励工业园区建设和使用通用厂房的实施意见》等系列优惠政策，在深圳、北京等地开展精准招商，全年新签约项目11个，投资总额67.9亿元。目前，试验区建设正在稳步推进，全面建成后，将给封开社会经济发展产生巨大的拉动作用。

三、重大交通　走进高速时代

2013年下半年动工建设的广佛肇高速公路封开段，东接广州、佛山、肇庆，西连广西梧州，属封开境内首条高速公路，建成该高速路既为完成与珠三角、大西南交通网络对接又为实现封开与梧州一体化，同城化发展目标创造条件。经过三年多的努力，全长129.5公里、封开境内40公里、双向四车道的广佛肇高速公路终于2016年12月底正式全线建成通车，封开彻底告别境内不通高速公路的历史。

广佛肇高速封开段建设正在加紧推进时，封开重大交通建设又传来更令人鼓舞的特大喜讯，2015年，怀阳高速封开段提前开工建设。怀阳高速公路全长159.94公里，其中新建里程105.96公里（封开段长约90公里，占地一万亩），与广梧高速共线53.98公里，项目总造价约110亿元。新建路线起于怀集县岗坪镇，与新广佛肇高速互通于长岗欧洞，后跨西江进入郁南县都城镇，最后与平台镇与广梧高速相接。封开境内设六个互通立交。该路的兴建，纵贯封开县境南北九个镇，使县内大部分乡镇及人口直接享受到家门口有高速公路途经的便利，沿线1000多平方公里的土地将得到激活和开发。怀阳高速（封开段）开建以来，跨江大桥、穿山涵道等控制性工程及全线各标段进展顺利，2017年全年累计投资13.36亿元，占年度任务105%；2018年，完成投资20.91亿元，完成年度投资计划的150%；2020年底全线通车的目标一定能实现。建成后县境内将有两条高速公路，交通落后局面将发生根本性改变。

除高速公路建设外，其他交通项目建设的步伐也不停留。"十二五"期间，省道266线改造完成，粤桂合作特别试验区内连两广的大园桥建成通车，完成西江2000吨级航道整治和西江"文明样板航道"创建工程，建成全市首个森林航空消防基地直升机场，全县初步形成了连接珠三角、沟通大西南的现代综合交通运输体系。此期间，全县公路里程增至2210公里，每百平方公里公路密度提高到83.1公里。还投入4100万元完成县道共32.8公里改建工程；投入8240万元完成225公里乡道硬底化工程。2016年，完成乡道硬底化41.5公里，新开公路五公里，西线公路泗科二桥建成通车。2017年，完成农村公路硬化75公里，新开公路八公里。2018年，大力推进"四好农村路"建设，县道450线，427线改造工程通车；投入超1.5亿元，完成两座公路危桥改造、119.6公里农村公路路面硬底化建设、550.9公里农村公路安防工程及215公里窄路面拓宽工程；投入3737.71万元完成国道321线、省道266线和351线封开段公路安全生命防护工程，新开公路5.6公里，交通网络进一步完善。

构建现代农业　转型升级发展

党的十八大以来，封开县大力发展现代农业，积极培育农业农村发展新动能，坚持农业农村优先发展，继续加强农业基础设施建设，推动农业转型升级，实施乡村振兴战略，农业"三高"得到了快速发展，农村面貌焕然一新。

一、农田水利　建设力度不减

2013年至2018年，封开县继续抓好农田水利设施建设，按标准化要求开展县内水库除险加固工程和灌区改造工程，以及农业综合开发项目和基本农田保护示范田建设项目等一系列工程建设。2013年、2014年两年完成了4.39万亩高标准农田建设任务和1.35万亩国家农业综合开发土地治理项目任务，完成了六宗水库除险加固工程和渔涝河治理任务，加快金装、杏花河等中小河流治理和小流域治理。2015年至2018年，在南丰等三镇创办了万亩水稻高产示范片，完成了长安至金装镇农业综合开发土地治理项目和农业综合开发项目两个共1.8万亩。四年来建设高标准农田11.1万亩，省级农田水利重点县项目全面完成，西江干堤达标加固工程抓紧推进，一批中小河流治理，小流域综合治理，病险水库除险加固等工程有序实施。农田水利基本设施的不断完善，为现代农业发展提供了坚实基础。

二、科技兴农　迸发产业活力

2013年以来，为推进现代农业发展，深入实施科技兴农战略，进一步调整优化农业产业结构，在稳定发展粮食生产的前提下扩大特色农产品的生产规模，在发展特色农业产业中注入更多的科技元素，加快新品种新技术的推广应用，让封开的特色农业品牌打得更响。2013年，实施万亩国家级水稻高产示范区项目和5000亩省级优势农作物重大技术集群推广项目，完成了莲都、河儿口等十个镇的基层农技推广项目建设。2014年至2015年，共引进水稻新品种29个，创建六个万亩示范片，涉及农户一万多户，有效带动水稻大面积均衡增产。对本地知名名优产品，不断培植示范户（基地）和强化技术指导，提高示范效应。选择了广远杏花鸡标准化养殖基地、长岗油栗及无公害蔬菜基地作为农业科技示范基地，辐射带动全县种养业走科技之路，增经济效益。近年，县出台了一系列政策和文件扶持农业的"三高"产业项目，加大镇统筹力度，整镇推进产业发展，以"公司+基地+农户+合作社"模式发展产业，初步形成江川菠萝、平凤香蕉蔬菜、江川竹荪、白垢大洲菌类、杏花渔涝黑山羊、封开油栗和杏花鸡、莲都龙潭藕等特色产业。加快发展"一村一品、一镇一业"项目，着力打造粮食、畜禽、水果、茶叶等四个亿元产业集群。封开县力推著名的杏花鸡养殖业为主导产业，仅两家龙头企业的年出栏鸡苗量就达700万只，全县的杏花鸡饲养量，多年来一直保持在2000万只以上，现正在全力打造"中华名鸡"品牌，进一步把杏花鸡产业做强做大。2018年，封开杏花鸡通过国家产品技术审查，成为继封开油栗之后第二个国家地理标志保护产品。2018年底，全县有近20家涉农龙头企业带动3.23万户农户进行规模化、产业化的种养项目经营。为适应现代农业产业发展的形势，近年来，封开县建立完善创新机制，积极发展农民专业合作社，推动农业生产由分散型向集约化规模化发展。至2018年，全县有农民专业合作社474家，县级示范性家庭农场49个，这些新型组织在品种项目的选择、科学技术的应用、经营管理、产品销售中均起到了示范带动作用。

民生事业建设　全面持续推进

党的十八大以来，封开县在坚持以经济建设为中心，加快经济发展的同时，坚持民生优先，将文化、教育、卫生等各项社会事业放在重要位置，持续发力推进全面发展，取得了显著进步。

一、教育事业　展现协调均衡

封开教育在2012年成为省教育强县后进一步巩固创建成果，启动教育现代化建设工程，着力营造学前教育、义务教育、高中阶段教育、成人教育协调发展的新局面。2013年，为扩大高中阶段教育办学水平，满足教育发展需要，县委、县政府决定在江口新城区建设江口中学新校区；将县教育幼儿园创建成为省一级幼儿园、13个镇的中心幼儿园创建成为市一级幼儿园。为全县农村中小学家庭经济困难学生发放膳食和交通补贴380万元。是年起，落实农村边远地区教师岗位津贴。2014年，南丰、长安创建成为省教育强镇，实现教育强镇全覆盖；完成了县域义务教育发展基本均衡县创建工作，标准化学校覆盖率达100%。2015年强化教育信息化建设，抓好教育现代化设备设施配备，投入约4000万元资金为全县完全小学以上学校所有教室安装多媒体平台，将其实现"班班通"，完成创建省社区教育实验区工作。2016年，投入6000多万元建设数字化校园，全县中小学校接入互联网，实现了互联网"校校通"；创建广东省教育现代化先进县工作通过省验收；义务教育发展基本均衡县通过国家复检；江口中学新校区一期工程基本完成；建立健全学前教育、义务教育、高中阶段教育、高等教育家庭经济困难学生资助政策体系，实现各级各类学校家庭经济困难学生资助政策的全面覆盖，全县没有一名学生因家庭经济困难而失学；提高老师待遇尤其是高学历教学一线老师待遇，每人每月发放特殊津贴800～1500元。2017年，教育经费总投入6.11亿元，呈现年年递增趋势；全县特殊教育招生实现义务教育阶段全覆盖，全县完全小学以上实现教学教育资源全覆盖；在全市内率先成立便民助学资助中心，全年共落实2907名贫困户学生学费和生活费补助政策；创建省级安全文明校园两个，市级33个，覆盖率80.5%，积极推进广东省基础教育现代化工作。2018年，再提高山区和农村边远地区学校老师生活补助标准至每月人均1008元，义务教育寄宿制公办学校公用经费补助标准提高到每生每年300元，为山区和农村边远地区幼儿园教职工按照每人每月100元的标准发放津补贴；江口镇中心小学南校区投入使用，新增学位1200个，优化教育资源均衡配置有效落实，促进了全县教育事业的进一步发展。

二、医疗卫生　服务能力提升

党的十八大后，县对医疗卫生事业深化改革、加大投入、加强建设、医疗卫生服务能力得到有效增强。2013年，县残疾人康复训练大楼、居家养老服务中心相继建成投入使用；完成县120急救指挥中心软硬件设备安装，全国白内障无障碍县通过验收。建立了覆盖城乡的基本医疗卫生体系，新型农村合作医疗覆盖率达99%以上；县政府出台《封开县县级公立医院改革试点工作实施方案》《封开县县级公立医院综合改革政府投入政策实施意见》，积极稳妥推进公立医院综合改革。2014年，医药卫生改革深入开展，推进镇村卫生服务一体化管理，县级医院取消了药品加成，同步执行新的医疗服务价格；莲都镇卫生院率先建成医疗人员公租房（周转房）20套。2015年，全面取消药品提成，完成了乡镇卫生院医疗设备"五个一"配备（救护车、全自动生化仪、心电图仪、X线机、B超机），基层医疗卫生服务设施不断完善，建成平凤等七个镇卫生院公租房。大力实施中医药服务提升工程，全县镇级卫生院及60%的村卫生站能提供中医药服务，县第二人民医院住院部扩建工程完成并投入使用。2016年，县政府出台《关于建设卫生强县实施意见》等一系列文件，推动卫生强县建设。是年建成15个公建民营规范化村卫生站，基本医保与大病保险实行"一站式"结算，基本医疗保险异地结算平台进一步完善，建成县妇幼保健院综合大楼，全县16个镇卫生院公租房累计共296套全部建成，基层医护人员住宿状况大为改善。2017年，建成了县中医院康养服务中心，完成了48个村卫生站公建民营规范化建设、六间乡镇卫生院标准化建设，投入2095万元为县人民医院购置设备60种（件）。2018年，投资9940万元的县人民医院门诊医技大楼和投资1.8亿元的县第二人民医院新院完成主体工程、投资1580万元的县120指挥中心投入使用，投入1450万元完成15间镇卫生院环境改造提升和12间村卫生站公建民营规范化建设，投入2600多万元为县、镇、村三级医疗机构配备医疗设备，组建医联体六个，基层医疗卫生服务能力有效增强，为实现卫生强县目标夯实了坚实基础。

三、文化体育　发展继往开来

2013年以来，封开文体事业保持良好发展势头，不断取得新的建设成效。继续实施文化惠民工程，坚持开展送戏、送书、送电影"文化三下乡"活动，积极开展每年度的"感动南粤·最美封开人"评选活动。加强文化基础设施建设，重点文化设施建设在全省各山区县处于领先地位。高标准建设了文化中心、文化馆、博物馆、影剧院等文化活动场所，县、镇、村三级公共文化服务体系逐步健全。是年还改造提升农家书屋34间，完成了四个镇十个村（居）公共电子阅览室建设，县城首家3D数字电影厅投入使用。2014年，完成农家书屋提升工程36间，建成两个镇文化站，完成八个镇文化站按省一级站标准进行的改造升级工程，建成19个村文化室公共电子阅览室，并实现镇级文化站公共电子阅览室全覆盖，举办2015跨年演唱会开全省先河。2015年，全面完成全县18个镇文化站（馆）升级改造工程及14个镇文化站创建省二级、两个镇创建省一级站工作，建成村级电子阅览室52间，完成33间村文化室（农家书屋）提升工程建设任务。2016年，新建成65间村（社区）公共电子阅览室，实现县内全覆盖，建设莲都镇、南丰镇两个镇及大洲镇螺田村等六个村为省级文体广场示范点，大洲镇被评为广东省民间艺术之乡。2017年，建成村级综合性文化服务中心127个，实现全县镇级文化站省一级文化站点全覆盖。《封开山歌》成功申报成为省级非物质文化遗产项目。2018年，县博物馆、青少年宫（搬迁升级重建）竣工投入使用，村级综合性文化服务中心实现全覆盖。县文化馆总分馆制试点作为全省示范地区推广，县图书馆被评为国家一级公共图书馆，公共文化服务体系建设日趋完善。

乘喜获"全国群众体育先进单位"荣誉之风，封开县继续努力抓好体育工作，创出新的亮点：2013年建成镇级农民体育健身工程八个；2014年建成河儿口镇、杏花镇体育健身广场，县国民体质监测与运动健身指导站通过省市验收；2015年，建设江口镇城东及江滨体育公园，为社区群众增添良好健身场所；封开籍运动员孔德宇参加首届全国青运会，夺得男子1000米四人划艇冠军。2016年，新建县城两个社区体育公园，全县大部分社区已建有篮球场、健身场等公共设施；平凤镇新宁等五个社区被评为省第五批"城市体育先进社区"；县输送运动员参加省以上比赛项目及成绩有新突破，多人获国家、省有关项目比赛冠军。2017年，为全县16个示范村新配一批体育健身器材；县新建一个672平方米的钢架结构综合训练馆，完成了县体育馆升级改造和田径场改造，成功承办2017年广东省青少年举重冠军赛。2018年，成功承办广东省第十五届省运会举重项目比赛，封开县籍运动员在省运会中获金牌19枚，创历史最好纪录。

四、社会保障　守住民生底线

改善民生，提高人民群众福祉，让广大民众得到更多的幸福感和获得感，是改革开放的初衷和使命，更是封开县委、县政府贯彻落实党的十八大、十九大精神的重要主题。2013年以来，县委、县政府坚持把保障和改善民生作为公共财政投入的优先方向，在民生方面的举措不断增多、投入不断加大，2013年全县民生支出12.89亿元，占公共财政预算支出的66.27%；2014年全县民生支出14.27亿元，比上年增加10.60%，占公共财政预算支出66.28%；2015年办全县性十件惠民实事，财政拨款总额16.182亿元；2016年财政投入民生各类支出16.66亿元，增长6.99%；2017年，集中全县73.64%的财力用于民生建设；2018年，全县财政投入民生各类支出23.02亿元，增长41.80%，占一般公共预算支出比重80.06%。

在诸多民生举措中，影响最大、人民群众感到最暖心的当属社会保障。

2013年后，封开县委、县政府在社会保障方面更努力地按照"守住底线、突出重点、完善制度、引导舆论"的要求，切实解决好人民群众最关心、最直接、最现实的民生问题。一是建立健全城乡居民医疗保障制度，让各阶层民众分享到改革开放的红利。2015年，城乡居民基本医疗保险参保率超98%，医保年度累计最高支付限额提高到25万元；2016年再提高到30万元；2017年，全县城乡居民基本医疗保险覆盖率达100%，城乡医保政府人均补助标准提高至450元且报销覆盖范围不断扩大，报销病种不断增多。同时，医疗卫生部门积极开展平价药包和各种义诊、送医送药活动，为低收入群体减免医疗费用，有效缓解群众看病难、看病贵问题。二是积极筹措资金建设保障性住房和开展农村危房改造。"十二五"期间，全县共完成保障性住房1610套，完成农村低收入困难户危房改造2130户。2016年，完成农村危房410户。2017年，改造农村贫困户危房225户；总投资约一亿元，总面积37824平方米，28层共450套的水上居民岸上安置楼竣工，让水上住家船民终于住上安全舒适的水泥楼房，彻底告别了"居无定所"的历史。2018年，建成16个镇16幢556套乡镇干部周转房和112套棚户区改造住房。三是健全城乡最低生活补助和城镇职工最低工资保障机制，加大对五保、低保养老等方面的投入，建立农村五保供养标准和城镇"三无"人员供养标准自然增长机制。2013年以来，城乡低保对象生活保障标准、五保供养标准、孤儿供养生活费标准均逐年提高。2016年，城镇低保对象生活保障标准提至每人每月550元，农村的提至450元；五保供养补助标准则提至每人每月1350元，分散供养生活费由上一年的每人每月760元提高到860元。2018年，社会保障体系更趋完善，全面实施全民参保计划，参加城镇职工养老，城乡居民社会养老、失业、城乡基本医疗、工伤和生育保险人数任务全完成；兜底性社会救助保障更加牢固，城镇、农村低保人均补差水平分别提高到每月523元和每月248元，孤儿集中供养标准提高到每人每月1800元，分散供养标准提高到每人每月1000元，特困供养人员基本生活标准提高到每人每月1200元，残疾人生活津贴和重残护理补贴标准分别提高到每人每年2000元和2700元；城乡居民基本养老金由2012年的每人每月55元提至2018年的120元，并将"银发安康行动"惠及范围从原70岁以上老年人和60岁以上低保、五保老年人扩大到60岁以上老年人，实现全覆盖。

五、扶贫攻坚　取得节节胜利

帮扶困难群众脱贫致富，让全体民众走上小康道路，是封开民生建设的又一重要举措。2009年6月，广东省委、省政府在以往扶贫工作基础上部署实施扶贫开发"规划到户，责任到人"的工作，经过多年努力，至2012年已取得初步成效。2013年，封开县按上级统一要求，启动新一轮扶贫开发工作，成立了由县委书记任组长的工作领导小组，县政府发出《封开县新一轮扶贫开发"规划到户责任到人"工作实施方案》等文件，强调各帮扶单位根据各地各村各户实际情况确定相应的帮扶措施，落实一把手负总责和"农民不脱贫，帮扶不脱钩"的定点扶贫责任制。2013年，共投入扶贫开发"双到"资金4205万元，完成四个"两不具备"贫困村搬迁安置，落实村级帮扶项目149个，其中村级集体经济项目43个。2014年，投入资金1.27亿元，实施村级集体经济项目49个，贫困户扶持项目780个，贫困村集体经济收入和贫困户家庭年收入获得明显增长。2013年至2015年，累计投入资金2.71亿元，开展生产类帮扶项目4983个，实现贫困户家庭年人均纯收入从2012年末的2485元提高到2015年的9822元。村集体经济收入从帮扶前的0.43万元提高到2015年的11.45万元，扶贫工作取得显著成效。

2016年，封开县坚持以贫困户的精准脱贫为扶贫攻坚的工作重点，着力提高贫困人口收入、改变贫困村落后面貌、以衔接实现全面建成小康社会奋斗目标的时间节点，确保全县贫困人口全部脱贫、与省、市同步率先全面建成小康社会。县政府出台《封开县新时期精准扶贫精准脱贫三年攻坚工作督导检查方案》，坚持定期或不定期检查督导，推进平衡发展。进一步建立健全驻村干部一系列管理制度，压实层级责任，形成齐抓共管工作格局，确保按时按质实现工作目标。对贫困村的脱贫，以重点改变省定28个贫困村面貌为示范带动，加强基础设施和公共服务设施建设；结合美丽乡村建设和乡村振兴战略的实施，全面开展社会主义新农村建设，改善村容村貌，增强发展综合能力。突出经济建设重点，加快产业扶贫创办专业合作社和产业基地，增加科技含量，扩大生产规模，提高项目效益，带动经济发展；对村集体帮扶采取"输血"和"造血"并举的办法，提供适量资金参与见效快收益好或风险较小、收入平稳的经济项目、经营活动，如入股公司，入股小水电站建设，购置铺位出租等，促进经济稳定快速发展。对贫困户的帮扶以生产类扶持为主，包括送猪鸡苗、果苗、肥料、饲养物资等鼓励贫困户发展生产，实行"以补促养（种）、多养（种）多送"的滚动式发展机制，提高脱贫致富意愿和积极性，增加家庭收入。

2016年开始的新时期扶贫工作重点落在"精准"二字之上。要求各帮扶单位精心组织，狠抓落实。在全面核查、精准识别、查漏补缺、建档立卡、不漏一户、不落一人，防止"富人戴帽、穷人落榜"，各对口单位根据各自任务制定扶贫规划和年度计划，扎扎实实开展帮扶工作。是年累计投入资金1321万元，实施帮扶项目416个，上光伏发电项目五个，创办了一批香蕉、百香果、蔬菜、养牛、养羊、养猪、养鸡、养鱼等产业基地，完成危房改造370间，有3719人成功脱贫，超额完成年任务。2017年，全年投入扶贫资金1.56亿元，坚决打好精准扶贫，精准脱贫攻坚战。坚持一户多策，一人一策精准扶贫，加大产业扶贫力度，落实帮扶项目48708个，其中产业扶贫项目10083个，打造了蔬菜、莲子、茶叶种植以及光伏发电等产业扶贫项目，创新"互联网+土特产"模式，有效解决贫困户创业、就业和农产品销售等难题，使5404贫困户现预脱贫，改造贫困户危房225户。2018年，全年累计投入扶贫资金1.37亿元，其中投入产业扶贫项目资金5998万元，新增产业帮扶项目238个，再实现脱贫2662人，贫困发生率下降0.6%，完成农村危房改造439户，脱贫攻坚取得阶段性成果。

六、生态环境　坚守绿水青山

封开是广府文化和"粤语"发源地，境内青山碧水，风景秀美，环境优雅，自然生态良好，宜居宜业宜游，是我国唯一以县命名的西江流域第一个国家地质公园，生态环境质量优良而驰名于世。中华人民共和国成立70年来，由于历届县委、县政府重视环境保护，良好的生态一直保持不受污染和破坏。改革开放后，随着城镇化和工业化建设的推进，环境保持工作虽面临着不少挑战和压力，但县委、县政府始终秉承"绿水青山就是金山银山"的理念，不断加大生态环境保护力度，坚定走绿色崛起的发展之路。党的十八大以后，县委、县政府把环保工作摆上更重要位置，准确把握绿色发展的丰富内涵和要求，强化生态环境保护，促进资源节约循环利用，大力发展绿色经济，着力建设美丽生态城乡，形成人与自然和谐发展的现代化建设新格局。

近年来，封开各级党委政府坚定不移地实施绿色崛起发展战略，让封开人民共享天更蓝、山更绿、水更清的宜居环境。积极探索运用市场化手段强化环境治理，出台县生态红线划定管理办法，建立生态环境补偿标准体系和监管制度体系，组织带领全县人民持之以恒优化生态环境建设，多举并重、多方给力，打好绿水青山蓝天的保卫战和污染防治攻坚战，着力把封开打造成珠三角绿色生态屏障。一是加强生态文明建设。全力推进森林碳汇、生态景观林带、森林进城围城，乡村绿化美化等重点林业生态工程建设，实施城市空间增绿工程；抓好两江四岸、国道、省道、县道及城区植树造林，提高城乡绿化美化水平。2013年起，每年大面积营造森林碳汇工程林，生态景观林带，以及建设国家、省、市、县镇级森林公园和生态文明万村绿工程。仅2017年，全县建生态景观林带新里程21.8公里，面积1308亩；完成森林碳汇造林5450亩，完成省级森林碳汇林抚育21360亩，森林进城围城工程投入120万元，新建杏花县级森林公园一个；完成14个自然村绿化工程，公路沿线两旁绿化树种植共12.3公里，厚植绿色发展优势。二是科学处理好发展与环保的关系，依法把好经济项目环保准入关，加大节能排污监管力度。认真贯彻新《环境保护法》，实行最严格的环境保护制度，坚持环保优先，在工业园区规划设计中先考虑生态环境，引进项目先符合环保要求，污染型企业哪怕经济效益再好也要拒之门外。建立健全"全面覆盖、层层履职、责任到人、落实到位"县、镇、村三级监管体系。抓重点防控，工企业的环保监管重点是加强华润水泥（封开）有限公司和板材、石材加工基地、造纸企业减排治污的监督管理，认真抓好环境综合整治。环保监察部门坚持每周派员到工厂、企业巡查，防止偷排乱排，乱倒乱放，符合环保要求的方可予以年审，环保不过关的一律停产整顿。农业源的减排治污，是在禽畜养殖业划定禁养区、限养区的基础上，重点强化县内规范化养猪场、养鸡场的监管，跟踪督查其减排治污工程建设和设施的配备使用情况。同时，加大对工地扬尘、餐饮油烟、汽车尾气的监管，经常出动环保执法人员作现场巡查，车管部门也逐年加大黄标车淘汰力度，不断深化"五控"（控车、控尘、控燃、控烟、控炉）治理。坚持每月对西江、贺江、谷圩河、渔涝河等全县17条河流进行地表水质监测，确保水质达标，实现"绿水长流"。三是加快生态宜居美丽乡村建设。全域推进城乡人居环境整治，加大创建生态文明村、卫生村力度，确立"美丽乡村、环保先行"的思路，建成县生活垃圾卫生填埋场及各镇中转站，全县推行"户收集、村保洁、镇中转、县集中"的生活垃圾处理模式进行无害化处理。建成县、镇污水处理厂，完善城镇生活污水收集管网设施。各乡村结合美丽乡村建设抓好雨污分流等卫生设施建设，深入开展农村清洁工程专项活动，整治"脏、乱、差"成常态化。以省定贫困村及省级新农村连片示范工程、省际廊道美丽乡村示范带建设为突破口，大力实施"百村示范、千村整治"工程，促使城乡环境卫生状况发生根本性好转。全县城乡处处突现"村容整洁、乡风文明、环境优美"的特色，不仅让人们安居乐业，充满幸福感，也吸引了众多游客来游览观光，美丽乡村游已成为封开旅游业发展的一大亮点。

　　封开环保工作成果辉煌，2014年以"粤西氧吧、西江绿洲"的美誉入选"中国深呼吸小城100佳"。

第九章
老区建设事业与时俱进

  封开县现有老区村的镇六个，分别是平凤镇、河儿口镇、莲都镇、大玉口镇、都平镇和杏花镇（由于1998年渔涝镇分为河儿口镇、渔涝镇时，渔涝镇的两个老区村已隶属河儿口镇；同年七星镇并入河儿口镇，因此现渔涝镇已无老区村，原七星镇的老区村则成为河儿口镇的老区村），六个镇共158个自然村为老区村庄。老区总面积1146平方公里，2018年底六个有老区村的镇总人口为146408人。中华人民共和国成立70年来，封开革命老区与全县各地一样，发生了翻天覆地的变化。老区人民在中国共产党的领导下，继承前辈光荣的革命传统，发扬艰苦奋斗的拼搏精神，团结一心，奋发图强，在经济发展的各个历史时期尤其是中共十一届三中全会以后，坚定不移跟党走，开拓创新谋发展，求真务实搞建设，既是改天换地的战斗者，也是改革开放的参与者，更是走向新时代的推动者，他们以顽强的攻坚克难的拼搏精神，勤劳而平凡的双手共同推进老区建设取得辉煌成就，老区各项事业呈现蒸蒸日上，老区人民的生活过得越来越好。2008年，封开县委、县政府关于《封开县进一步加强革命老区建设的实施意见》文件出台后，老区建设事业加快了全面发展速度，开创了新局面。封开老区的建设和发展，最为受人关注、令人欣慰的是老区人民的行路难、入学难、看病难、住宿难、用电饮水难等民生问题得到了根本解决，老区面貌发生了巨大变化，老区人民生活质量和水平有了十分喜人的提升。

兴办人民教育　满足求学需要

中华人民共和国成立以来，封开老区教育事业得到很大发展。县委、县政府及老区镇党委、政府按照人民教育人民办、办好教育为人民的办学宗旨，不断增加教育投入，着力推进学校建设，办学条件不断改善，在满足老区群众子女就近入学的基础上，着力改造、扩建、新建中小学校舍。党的十一届三中全会后，老区中小学与全县同步进行了布局调整，从1979年起全面实施"一无两有"，至1999年，中小学教室基本实现楼房化，教师住宿实施了"安居工程"；逐步配置优质教学资源，积极创建具有地方特色的上等级的规范化学校；加强教师队伍建设，让老区农村孩子读上书、读好书，健康成长。

一、校园建设　发生重大变化

民国时期，封开老区所在的学校与县内其他地方的一样，普遍以庙宇、祠堂或众屋为校舍，教室狭窄、阴暗潮湿、破旧，课桌椅破烂，设备十分简陋。老区农村学校全是私塾学校且为数甚少，数十个自然村（相当于现两三个行政村所辖村庄）才有一间小学。有的偏远村庄的孩子每天要走一小时以上的山路才能到校，求学相当困难，许多孩子没书读，入学率极低。

中华人民共和国成立后，20世纪50年代期间，政府在老区各大队（现行政村）均办有公办小学，让适龄儿童能就近入学。

教育部门提供一定的经费给学校维修或建设砖木结构的校舍，但由于县镇经济基础薄弱，对教育投资仍有限度，校舍远未能满足教育事业发展的需要。老师住房多住庙堂或借宿他人房屋，教学及生活条件简陋，因此，当时部分老区小学仍有利用庙宇、祠堂或众屋、集体的粮仓甚至原作鸡猪场的房屋改作课室用的。为改善办学条件，当时修建校舍多靠群众投工筹料为主，老区群众对办学建校给予大力支持，自力更生烧制砖瓦，采伐木材作行桷，制黑板造台凳，课桌不足则由学生自带解决，这种状况持续到20世纪六七十年代末。70年代，老区校舍基本上建成青砖木瓦房，学生上课有台凳配备，那时的台凳基本是松木制品，双人共用一台一凳，粗糙易坏。老师住房已有简陋的砖木结构单间房，但基本上没有什么文体器材和活动场所。20世纪70年代末80年代初，部分老区小学靠群众集资和投工建起了一些两层钢筋水泥结构的教学楼取代瓦房，但质量较差，当时的校舍毕竟由群众以自建为主，积年造成危房较多。

为改变这种状况，1983年，县委扩大会议作出《关于改善和加强全县教育工作的十项决议》，实施"一无两有"（无危房，班班有教室，学生人人有课桌椅）计划，并用两年的时间完成。接着对全县存在的危房校舍进行全面改造。1995年至1997年，封开实施教师"安居工程"，老区的学校教师住房困难问题得到基本解决，住宿条件大为改善。此后，全县中小学校舍建设持续掀起高潮。其中全县六个有老区村的镇的中小学校改造更是得到省市县的特别关注和支持，并得到了社会各界的热心捐助，老区群众也纷纷捐款献物，上下同心大搞老区学校建设。当时，全县共有44所老区学校，其中平凤中心小学、古显小学、新地小学、凤村小学、古悦小学、长群小学、群胜小学、胜塘小学、高浪小学、深六小学等12所学校被列为第一批改造的老区学校，由省政府拨付专项资金360万元（平均每所学校30万元）兴建12幢总建筑面积5000多平方米的钢筋水泥结构的教学楼。接着，老区其他学校在上级专项资金的帮扶和各级党委政府的组织领导以及各方社会力量的支持下，先后展开校舍排危改造、兴建新的钢筋水泥教学楼房，改善办学条件一系列行动。1985年，一香港同胞为家乡平凤老区捐赠三万元兴建教学楼，次年又为学校购置图书2000多册，1987年至1994年，还每年捐赠一万元给学校建校道，添设备，建立教育基金会，在捐资办学方面树立了榜样。1996年，莲都镇投资130多万元兴建中学实验大楼，后又投资200多万元兴建教师村（教师住宿楼房）。1996年至1997年，平凤镇共投入教育资金200万元兴建了中心小学教学大楼和中心实验大楼以及教师"安居工程"，解决了教师住房177户。1997年杏花中学、莲都镇初级中学均新建了实验大楼，老区电化教育有了良好开端。1996年至1997年，杏花镇还投入70万元兴建教师住房16套，筹资40万元公助私建教师住房106户；1999年，河儿口镇投资150万元搬迁河儿口中心小学和维修光明小学校舍，2001年又投入180万元对镇中心小学进行升级改造。2000年至2002年，平凤镇投资200万元，建成七幢新教学楼并购置了大批教学仪器；大玉口镇共投资150万元，改造修建四所新的老区小学。期间，由港澳爱心人士捐助22万港元的二层六室400平方米的赤黎小学（赵碧晶纪念学校）教学楼也建成投入使用。杏花镇在香港爱心团体捐助40万元港币的基础上，共投资115万元，建成四层16室教师宿舍楼。2002年，莲都镇投资160万元建成镇中心小学新校区。2003年，杏花镇投入160万元建成镇中心小学综合大楼。2003年至2004年，平凤镇登河、城琰、平岗及都平镇勿乃等小学新教学楼建成投入使用。至2005年，县内老区山区学校改造工程胜利完成。全县老区学校建设共投入资金1097.2万元（其中省拨款720万元，社会各界捐助377.2万元），新建教学楼26幢，建筑面积12705.7平方米，附属设施建筑面积12705.7平方米。所有老区小学均建有钢筋水泥结构的教学楼，校舍建设取得突破性进展。同时各有老区村的镇均完成了教师安居工程建设任务，实现教者有其居，学生上课、教师住宿实现楼房化。

2006年以后，县政府及相关职能部门和有老区村的镇一方面继续加强老区校舍建设，另一方面着重于完善设施设备，改造薄弱学校，改善育人环境。校园美化、净化、绿化变得越来越靓丽。宽敞的教室里，装上了电灯、电风扇，逐步用上电教设备。文体活动场所从无到有到适应需要标准。即使边远的小学校，也有了图书室，学生上课开始实行单人单桌。2006年，平凤镇除建成了由香港爱心团体捐助55.26万元人民币建成的三层12室、总面积1145平方米的黄海龙教学大楼外，还新建和扩建了中心小学、思民中学等七所中小学校的教学楼和其他教育基础设施，平凤镇办学条件进一步优化。由此，平凤中心小学被评为肇庆市一级学校。是年，大玉口镇投入资金近180万元，建成了占地面积15亩、建筑面积3000平方米的镇中心小学新校区。都平镇投资150多万元，建成清水湾小学新教学楼、中学教学楼及学生宿舍楼共三幢。莲都镇投资90万元建成中心小学教学楼，投入200万元扩建乡村小学教室、添置各类教育设备和兴建硬底化篮球场。河儿口镇共投入教育资金280多万元，改善教育设施，增添设备，完成了替炭、进民等五间老区村小学教学楼和镇中学、中心校的校园建设工程。老区学校各项设施不断完善。2007年，杏花镇投资170多万元，兴建了中学教师宿舍楼一幢；都平镇投入90多万元建成1100平方米的学生公寓楼，2008年又投入130万元建成1200平方米36套教师公寓（套间）。2007年至2008年，大玉口镇投入资金80万元，建设教师宿舍楼和学生宿舍楼。2007年至2009年，河儿口镇投入223万元，对老区学校进行改造，新增学生公寓两幢及双枧、三洞两校各一幢教学楼。2008年，平凤镇通过教育强镇验收，成为全县第二个、老区首个省教育强镇。2010年，河儿口镇中心小学获香港爱心人士捐助35万港元，建成了一幢两层12室992平方米的教学楼，当年，该镇还投入800多万元，创建省教育强镇，完成了全镇学校布局调整，建设中心校多功能教学楼，维修七星小学等四所教学楼。大玉口镇投资110万元新建初中部教学楼，投入109万元维修改造校舍，投资125万元添置教学设备设施，有效改善了老区学校的硬件设施和办学条件，大玉口学校被评为规范化学校。2010年，河儿口镇、杏花镇创建成为省教育强镇，至此，老区教育强镇占了是年全县成为省教育强镇的半数。2011年总投资150万元（其中由香港爱心人士捐助25万港元）总建筑1200平方米的四层16室"方少乐教学楼"在杏花镇斑石罗卓慧希望小学落成。2012年，大玉口镇顺利通过省验收，跃身为省教育强镇。2013年，莲都镇投入资金249.5万元，完成了对冷水小学、社山小学、镇中心小学、中学的教学楼重建维修改造系列工程任务。都平镇创建为省教育强镇，老区教育建设取得新成效。2014年，都平镇、河儿口镇分别投入1167万元和642万元维修改造校舍及配备教育教学仪器设备，增建辅助设施，让校园建设进入升级版。2015年，杏花镇投入资金180万元，对中心小学教学设备进行维修及更新，还投入八万元修建斑石小学校门前的硬底化道路。是年，莲都中学教师公租房项目竣工，一幢总投资722万元的六层60套建筑面积为3800平方米的钢筋水泥楼房，解决了学校教师住宿难问题，这是封开首幢率先投入使用的教师公租楼房。2016年，杏花镇投入资金120万元，对中小学校教学设施设备进行维修或更新。次年，又累计投入资金882万元，对全镇中小学校建设进行"教育强镇"整改提升，新建、维修校舍，改造扩建运动场所，购置信息化教学设备、设施，推进老区义务教育向优质均衡发展目标迈进。2018年，河儿口镇中心小学新建了一幢总投资400多万元、总建筑面积1925平方米四层12室的新教学大楼，校舍建设步履不停。

二、在校师生 人数不断增多

中华人民共和国成立以来，封开老区学校的开设，教师队伍的发展以及学生人数的增减，也随着社会的变革而出现一定的变化。

老区学校的设置：20世纪50年代，每个老区村（大队）基本上办起了村小，开设1—2年级或1—4年级，而开设有1—6年级的完全小学或中心小学则多在圩镇或乡政府（公社）所在地。60年代，绝大多数老区村小学开设1—6年级（"文革"期间小学缩短学制为小学1—5年级）成为完全小学。1968年起，一些老区小学办起附设初中班。此前，都平、大玉口老区的小学毕业生需到南丰中学，莲都、七星、杏花、渔涝的小学毕业生需到渔涝中学，平凤老区的需到封川中学读初中高中。当时，全县仅有两间高级中学（即南丰中学、封川中学）。1970年起，各有老区村的镇（公社）办起了高中，学生读初中、高中均在本镇（公社）内。2005年起，调整布局后各有老区村的镇分期分批将村小五年级以上学生集中镇完全小学（中心小学）上课，村小则作为分教点，开设1—4年级。1968年起至今各有老区村的镇（公社）均有初中，但高中则有调整。七星镇开设高中为1975年至1979年共三届。都平镇开设高中为1975年至1980年共四届。大玉口、莲都、平凤镇开设高中时间为1970年9月，1980年停止招收高中班。杏花镇高中自1980年开办（1984年为县完全职业中学）始，至1995年7月停办高中班。渔涝中学2003年7月停办高中班。有老区村的镇的学生读高中，镇内中学有高中班时，在本镇就读，镇内没高中时，则到县属的南丰中学、封川中学（1982年停办高中，1996年复办）、江口中学（1979年创办）、渔涝中学、杏花中学就读，自渔涝、杏花中学停办高中班后至今，老区学生就读高中（职中）的在县内有江口中学、封川中学、南丰中学三间完全中学，读职业中学的封开县职业中学，封开县教师进修学校等。2018年，平凤镇有初级中学、完全小学、幼儿园各一所，分教点八个；大玉口镇的初级中学、完全小学、幼儿园各一所，分教点九个；都平镇有初级中学、完全小学、幼儿园各一所，分教点7个；莲都镇有初级中学、完全小学各一所，分教点14个，幼儿园两所；河儿口镇有初级中学、完全小学各一所，分教点11个，幼儿园三所（其中民办两所）；杏花镇有初级中学一所，完全小学两所，教学点九个，幼儿园两所。

老区中小学师生队伍发展变化情况。20世纪50年代初，老区由私塾改造过来的各村小的学生少，老师更寥寥无几。如1952年，莲都镇六间学校共只有学生约200人，教师八人，都平镇初级小学两间，学生也是共200人，教师八九个。至60年代中期，各村小的师生数也增加不大。如都平镇高浪村小学，开1—2年级，学生不足40人，仅一个民办教师。1967年胜塘小学开到1—6年级时，本大队学生加上相邻的高浪大队三年级以上在该校就读学生共约70人，三个教师，其中公办一人。由于每班级学生人数少，教师及课室不足，许多村小采用复式班教学，一个老师教两个年级，这种形式多见于师生少的老区村小。1968年起，师生人数增加较为明显，如1968年大玉口镇全镇小学1—5年级共44班学生人数1000人，初中107人，全镇中小学教师64人，其中民办29人。1969年以后，随着学生增加，吸收了一批回乡知青当民办教师。1978年，大玉口镇小学生人数1204人，初中生人数

204人，高中生人数204人，全镇小学教师74人，其中民办教师39人，中学教师46人，其中民办教师24人。当时，老区学校普遍公办教师少，需要增教师，则在本村招民办教师，村内没合适的，在镇内甚至外镇招收。边远山区的学校教师多数有一半以上甚至60%～70%为民办。都平镇胜塘小学1978年至1980年开设附设初中时，十个教师仅有三个公办。此后，中小学校学生人数及教师人数相应稳定增加。2002年，平凤镇在校中小学人数2906人，教职工总数151人；都平镇在校中小学生人数1849人，中小学教师103人；大玉口镇在校中小学生人数1870人，中小学教师118人。2018年，平凤镇在校中小学生1789人，教职员工130人；杏花镇在校中小学生2637人，教职员工187人；河儿口镇在校中小学生2440人，教职员工151人；莲都镇在校中小学生3648人，教职员工219人；大玉口镇在校中小学生929人，教职员工94人；都平镇在校中小学生1098人，教职员工106人。有老区村的镇在校中小学生人数与全县一样，2007年至2009年达到高峰，2010年之后，便出现人数逐年递减趋势，2009年都平在校中小学生2300多人，总人口16914的大玉口镇在校中小学生数为3430人。教师队伍人数则相对保持稳定。

第二节

卫生医疗发展 稳定有序推进

封开县的老区村，几乎全在边远偏僻山区。1949年前，广大群众的缺医少药状况比普遍农村更为严重，中华人民共和国成立后，随着全县医疗卫生事业的发展，老区人民缺医少药及看病难，看病贵问题逐步得到解决。

一、机构建设 便利群众求医

加强医疗机构建设，构建便利群众求医诊病平台。1952年初，县政府成立卫生科，领导全县开展卫生工作，设立县卫生医疗机构，接着建立农村基层医疗卫生机构，培训农村卫生、接生员，全县先是组成医药联会，并按地方分为六个分会，其中的渔涝、杏花、莲都分会属老区，分会设有门诊，医生定期为群众义诊。1954年，正式开始设置镇（区）级卫生医疗机构，当时，公立性质的医疗机构，是在县内四个区建立卫生所，其中渔涝、杏花、凤村（平凤）卫生所属老区。1958年，卫生所改称卫生院，莲都镇有了卫生院，大玉口镇、都平镇、河儿口镇也建立了卫生所，有老区村的镇均有了一所卫生院（所）。1968年，大玉口卫生所撤所建院，同时增设七星镇卫生院。1974年，都平卫生所撤所建院，至此，封开县每个有老区村的镇均建立了卫生院，是年大玉口镇还设了赤黎卫生所。镇卫生机构建立后，当地私人诊所的医生，部分被吸收进去（部分则加入中医联诊所），改造利用

219

为公共医疗力量。镇（区）卫生医疗单位的建立，让群众看病有了去处，解决了有病求医无门的窘境。

在建立镇级卫生院的同时，积极发展村级医疗卫生服务机构——创办农村卫生站。封开老区村卫生站1956年由农业社始办，初名叫卫生医疗室，逐步发展至每社（乡、大队）一间。医务人员（保健员）半农半医，由农业社记工分或由受益农户统筹其报酬。1968年，发展为农村合作医疗站，由大队选定赤脚医生，报酬由大队统筹解决，少数老区村（大队）人口较少的，也有两个大队共设一个的，合作医疗站（后称农村卫生站）主要任务：医治辖区内常见小病、预防注射、疫情报告，并协助公社（镇）卫生院调查地方病、流行病，筹划组织开展爱国卫生运动以及妇幼保健，计划生育技术指导等。1977年，全县所有的老区村，均建立有卫生站。村卫生站在农村医疗卫生发展中发挥着重要作用，既方便老区群众就近看病，也减轻看病花费，一些常见小病村内卫生站便能医治，而医药费十分低廉，很受群众欢迎。国家办的镇级卫生院、村集体办的合作医疗站（卫生站）的建立和发展，成为老区卫生事业建设发展的重要标志。

二、队伍建设　提高服务能力

镇级卫生医疗机构建立初期，全县基层医务队伍人员总体上属于量少质弱状况，老区镇卫生院甚至更为明显。老区村所属镇的卫生院初建时代，各院（所）卫技人员均在十人左右，有中、西医生及护士。1968年后，卫技人员数量略有增加，达十人以上，尤其是七星、大玉口两间卫生院，当时定为备战医院，分配了两三名医学院毕业的本科生当技术骨干而带动了卫生院医疗技术水平的提升。20世纪80年代，老区村所属镇卫生院由于新进来一些大中专医科毕业生，加之长期以来注意加强人员培训，医疗卫生技术队伍逐渐壮大，素质逐步提高。1995年，封开县老区村所属镇卫生院共有卫生技术人员107人，其中平凤镇卫生院14人，有中医师两人，护师两人，中医士一人，西医士三人；大玉口卫生院九人，有西医师一人，中医士三人，西医士三人；都平卫生院十人，有中医师一人，西医师一人，西医士一人；莲都卫生院14人，有中医师两人，西医师两人，西医士一人；渔涝卫生院（中部片中心）39人，有中医师三人，西医师三人，护师一人，检验技师一人，中医士两人，西医士八人；杏花卫生院21人，有中医师两人，西医师三人，西药师一人，西医士两人。1996年后又经过20年发展，各有老区村的镇医护人员队伍进一步壮大，医疗技术水平明显提升。2018年末，平凤镇卫生院（包括平岗卫生所）有专业技术人员40人，其中副主任医师一人，执业医师四人，助理医师八人，中医士三人，西医士九人，注册护士九人，主管护师三人；杏花镇卫生院有专业技术人员37人，其中执业医师五人，助理医师七人，护师六人，中医士三人，西医士九人，注册护士11人；河儿口镇卫生院有专业技术人员34人，其中执业医师三人，助理医师八人，注册护士11人；莲都镇卫生院有专业技术人员29人，其中执业医师一人，助理医师四人，注册护士四人；都平镇卫生院有专业技术人员18人，其中执业医师三人，助理医师六人，注册护士五人；大玉口镇卫生院（包括赤黎卫生所）有专业技术人员28人，其中执业医师三人，助理医师三人，注册护士七人。

每个老区村的卫生站的乡医，队伍人数变动不大，长期保持1～2人的状况，但随着时代发展，总体技术水平进步较大。20世纪五六十年代时的赤脚医生，医病以中医及生草药为主，后来，选派人员到地区（市）、县卫生学校学习西医，便逐步走上中西结合之路。80年代以来，县卫生主管部门每年都分期分批对乡医进行医技培训学习，有效提高了他们的看病治病技术水平。村医成为"全科"医生，儿科、妇科、骨科、内外科，什么病科都要看，虽不专，但是多面手，能及时解决群众的小疾病。他们既要在站坐诊，也进村入户出诊，半夜三更有求必应，随叫随到，送医送药上门，一个乡医，负责全村少则一千、多则两三千村民的看病治病，身微不忘民忧，千家万户留脚印，药箱泛着泥土香。其作用举足轻重，在农村防病治病乃至公共卫生建设中彰显大医院无可替代的功能。

老区里的镇、村卫生人员，身处基层医护第一线，肩负着救死扶伤、守护人民群众健康的重任，党和政府经过长期努力，建立和培养了这支人员不断增多、服务能力及医技水平不断增强的基层卫生队伍，对改变农村缺医少药状况，解除民众疾苦，及时就近满足群众治病求药需求，尤其是对农村常见病、轻小简单病的防治起到了关键性作用，最能直接有效地解决群众看病难、看病贵的困扰。

三、设施建设　改善医疗条件

老区村所属镇卫生院建立初期，条件简陋，医疗设备极其简单，只有门诊室没有临床不设留医住院。医生诊治病人仅有听诊器、血压计、体温计，一个小药箱便成了全副武装。医务用房、医生护士住房，均为砖瓦结构，窄小低矮，建房材料还是老区群众捐献而来。后来，随着政府对卫生事业资金投入的逐步加大，卫生院的基础设施建设及器械设备配置逐步加强和完善。其硬件建设，在20世纪六七十年代重点是维修，改扩建医务用房和医护人员宿舍，并设病床及解决留医病人住的房子，消灭泥砖房，改为青砖、杉行杉桷平房。20世纪80年代起，政府分期分批拨出资金，建钢筋水泥楼房，建筑逐步楼房化。90年代，开展"一无

（无危房）三配套（人才、房子、医疗器械设备配套）"建设，采取县镇政府出一点，省、市补助一点，医疗单位自筹一点的办法，卫生院硬件建设取得较大成效。老区卫生院先后建成医技楼及职工"安居工程"。医疗器械设备，也是在20世纪90年代有了明显改善：各卫生院陆续购置了X光机和B超、心电图等较先进的医疗器械。如1996年至1997年，杏花镇卫生院投入五万元设置B超室，投资6.3万元，将第二门诊部加建一层，投资5.6万元整修留医部；莲都镇投入30多万元兴建宿舍楼，实现医者有其居。1999年，都平卫生院投资十多万元扩建了一幢集职工宿舍和住院部于一体的卫生大楼。大玉口镇卫生院投入十万元完善基础设施。进入新世纪后，老区卫生院基础设施建设和医疗器械设备配置进一步加强，医疗卫生条件进一步改善。如都平卫生院于2004年投入20万元购置一幢500平方米的楼房（原属信用社）作医务用房，解决科室配备场所不足难题。莲都卫生院投资50万元兴建了一幢门诊大楼。河儿口镇投入30多万元兴建卫生综合大楼，投入四万元购置胎心监护仪等设备。2005年，都平镇投资25万元，修建镇卫生院，配置住院部、门诊部B超、X光等设施设备。2005年至2006年，莲都镇卫生院共投入39万元增添各类医疗器械。河儿口镇卫生院投资六万元购置了救护车，投入15多万元购置了血球计数仪、尿液分析仪、半自动生化机等一批医疗器械。2007年至2009年，大玉口镇投入20多万元，完善镇、村卫生基础设施建设。莲都镇共投入63万元，增添各类医疗器械及改善工作环境；河儿口镇卫生院投入十万元进行门诊、住院部改造装修及购置电脑收费系统。2009年，平凤镇卫生院办公大楼建成投入使用。2010年，封开县投入资金207万元，建设莲都、大玉口、河儿口三间卫生院综合楼（省财政77.5万元，市财政20.66万元，省红十字会捐资莲都卫生院50万元，香港友人捐款大玉口卫生院15

万元），建筑面积1078平方米，基本完成三个镇卫生院的业务用房改造任务。2011年，都平镇投资160万元建设卫生院综合楼。党的十八大后，老区卫生院建设又上了新台阶。2012年，都平、大玉口、河儿口镇分别投入70多万元，建设卫生院业务用房。2014年启动卫生院公租房工程，2015年1月，投入资金252万元，莲都率先建成职工生活周转房（公租房）20套，总面积1184.5平方米。2017年底其余五个镇卫生院的公租房也先后竣工投入使用。其中，都平镇20套，总投资260万元，建筑面积1100平方米；平凤镇20套，总投资253万元，总面积1145.9平方米；大玉口镇20套，总投资260万元，总面积1060平方米；杏花镇18套投资250万元，总面积773.1平方米。2018年，总投资金150万元，重建平凤镇平岗卫生所，建成一幢三层总建筑面积480多平方米的综合楼。至2018年，六个老区卫生院总投入资金2020.45万元，新建了总建筑面积7754.2平方米楼房，因此，业务用房标准化建设工程相继全部完成，用房面积达到国家标准上限。至2018年，各卫生院的床位也达十张以上，最多的河儿口镇（总人口2.6万人）卫生院有床位23张。在医疗器械设备大量增加的同时，自2005年起，各卫生院相继标配有救护车。

村级卫生站建设也受到了党和政府的重视和支持，对乡医为基层卫生事业发展所发挥的作用和所作出的贡献予以肯定。封开县政府自2005年起，对全县每个村级卫生站每年给予财政补助经费五千元，2007年起增加到一万元，2017年起增至两万元。为解决村卫生站医疗服务场所，近年县启动了公建民营村级规范化建设工程，每站扶持资金20万元，建筑不少于80平方米面积的钢筋水泥楼，并优先安排老区村建设。目前，已有22间老区村卫生站已按规范化要求建成投入使用。村级卫生站的医疗器械设备也逐步完善，现已建成的公建民营卫生站均配置有资料柜、办公台椅、候诊凳、不锈钢药柜、检查床、观察床、神灯、拔火罐、体重秤等，而以往一般只有血压计、体温计、听诊器、出诊箱等较简陋的器械。

老区村镇医疗卫生基础设施及器械设备的不断完善，改善了基层卫生医务人员的工作、生活条件和老区人民的就医环境，促进基层卫生医疗单位的综合服务能力的提升和医务工作者质量效率的增强，为老区医疗卫生事业的稳定和谐发展提供了有力保障。

第三节

第三节　乡村道路建设　走向四通八达

　　20世纪50年代，封开老区与全县山区一样，交通状况依然落后，人们出行靠徒步，物资运输全靠肩挑背扛，往来需翻山越岭，涉水过河，而行走的乡间小路，多属弯曲窄小。在七星、莲都最边远的老区村庄，如黄岗、云塘等离圩镇数十公里，来回一次需步行一两天。大玉口镇的群星、群胜村，到大玉口圩走单程也要五六小时。那时，农民交公粮、购物资、代销店的货物，全靠肩挑。双夏时节，村民早上天未亮挑粮出门，担肥料回来已是月亮升空。村干部、村小学教师等到乡（公社）即使开个短会，因步行路途远而需要住宿过夜。柴竹木外销运输，主要靠河流放逐，既艰难又危险。遇河水干旱，需几十天才放逐到江边，中途往往损失过半。20世纪50年代中期，江口至南丰（封开东线）公路开通，沿线的杏花、渔涝、七星、莲都群众从乡（公社）驻地去县城不用步行了，但从村里到圩镇仍是山路。大玉口、都平仍未有公路通县城，往来需先走山路到贺江边后搭船，沿江的物资运输也靠船运。平凤老区群众到县城，也要走几十公里的山路到西江渡口，搭横水渡过江。乡村干部、各机关人员需到县城开会、出差等，唯一的出行方式是搭船，耗时一天一夜才到达。那时，农闲时节，生产大队组织群众每年对通乡、村的山路进行一两次除草清杂集体行动，至20世纪70年代初期，都是这种情况。

一、修筑道路　向行路难宣战

20世纪70年代中，各老区村开始修筑乡村道路，先是将山路扩宽成拖拉机路。老区人民的积极性高涨，男女老少齐上阵，甚至连星期六、日休息的中小学生也参与，开路全靠人工，锹挖锄掘，背扛肩挑，自力更生艰苦奋斗。在每年的农闲时节，以生产队为单位组织劳动力，按划分的路段作业，分段推进。经十多年努力，到80年代初，老区人民发扬愚公移山精神，依靠自己的双手，苦干实干，挖山填壑，基本开通了由行政村到圩镇的能通拖拉机的乡道。此后又继续努力，以"民工建勤""民办公助"形式，仍是依靠群众人工劳动为主，将拖拉机路扩建成沙土公路。80年代末，大部分老区村开通了简易公路。路开通后，老区人民出行多以自行车代步，运输物资用上了拖拉机，柴、竹、木外销再不靠河流放逐了。

在老区群众投工建乡路的同时，县及交通、林业等部门也大力开展老区公路建设。1958年7月，平凤至蟠龙口全长6.4公里的平蟠公路建成通车，为封川县首条直通老区村的公路；同年10月，起点渔涝圩经香车黄岗林场、全长21.4公里的革命老区黄岗公路动工兴建，经过两年七个月的施工，于1961年5月全线竣工通车；既是封开林区公路的首创，也是直接通到革命老区村香车、黄岗的县内第二条老区公路，1964年10月动工，1966年3月建成的全长26.8公里由河儿口圩至七星林区的公路开通，在结束七星林区林木靠河流外运的历史的同时，也极大改变了七星老区人民交通出行和生产生活条件；1967年县城江口到七星老区开通了客车；1971年位于七星老区的深六公路建成投入使用；1977年11月，大玉口至渡头公路建成通车；1979年江口至大玉口、莲都、都平开通了客车（经封开东线公路）；1983年，江川至平凤

26.7公里公路建成使用，平凤至郁南县至县城对岸江川两端开通了陆路交通业务。从此全县老区镇均开通了公路，县内和县外得到了全面的联通，极大方便了广大群众出行和货运的运输流通。如都平、大玉口群众往来县城由昔日的坐船需一天一夜时间缩短为两个小时，老区人民行路难问题得以较好解决的同时，路通财通的交通便利功能初步显现。

二、乡村道路　向自然村延伸

20世纪80年代尤其是90年代后，老区的交通道路建设，一方面由村民义务投工为主将砂土公路或拖拉机路向各自然村延伸；另一方面交通部门以及上级驻村挂点单位投入帮扶资金支持老区人民继续修乡路，升级改造通镇公路，逐步完善交通网络建设。1991年，全线开通了连通都平、大玉口镇，江口至渡头县道西线公路并与东线省道相接。1992年，由省、市、县投资80万元建成横渡西江的封川三村至江川车渡码头，实现了县城江口汽车可直接经江川至平凤镇，并与郁南、罗定、广西苍梧等地陆运连接。1996年，县、镇及挂钩县直单位共筹集资金50多万元支持七星镇平垌老区村修路乡道8.5公里。1997年，在各级政府及县、市直部门的支持下，全县老区修筑乡道53.5公里。1998年至1999年，封开县贯彻落实省政府《关于实施扶持革命老区发展经济方案的总体规划的通知》文件精神及肇庆市人大修筑老区公路议案要求，组织各方力量支持老区交通建设，改造和维修公路55.8公里，其中包括大玉口镇赤黎至民进、河儿口镇河儿口至罗源新线、河儿口至千层峰风景区、杏花镇凤楼村、河儿口镇进民至勤俭村等乡道及平凤至江川30公里柏油公路建设。此外，1998年底，江口经老区都平、大玉口至渡头西线公路全部升级建成为三级水泥公路；1999年底，随着县城江口通平凤镇、河儿口通七星镇公路硬底化改造工程竣工，县城通向各老区村所属镇的公路全部实现了硬底化，老区的交通建设取得了新成效。

进入21世纪，老区道路建设仍在积极推进。在2000年省政府提出的"四通"大会战中，政府投入资金并组织发动群众投工建勤，开通了大玉口镇群胜（新线）、莲都镇云塘等老区行政村通镇府的乡路，至此，封开县所有老区村全部通了公路。2000年至2002年，将位于河儿口老区的河儿口至德庆县莫村线由砂土路改造铺设为沥青公路、水泥公路；将位于莲都镇老区的莲都至怀集桥头镇的15.1公里砂土路改建成三级水泥公路。2003年至2004年，分别将连通都平老区的都平至侯村13.9公里砂土路、位于平凤镇的平凤岭脚至郁南边界的13.8公里沥青公路改建成三级水泥公路。

三、硬底公路　向新目标迈进

2004年7月5日，县召开乡道硬底化建设动员大会，各老区村与全县一样，掀起了乡道硬底化建设高潮，老区交通建设吹响新的号角，掀开新篇章。

2004年底，杏花镇率先在六个有老区村的镇中完成乡道硬底化建设；平凤镇开通了水保站至平原和凤塘至中学的水泥硬底化道路；都平镇建成都平至高浪9.3公里、勿乃至三洲六公里的硬底化乡道；河儿口镇完成了扶学至庙边4.5公里、河儿口至罗源村五老松6.8公里、锣古岗至替炭1.8公里三条乡道硬底化工程建设。2005年，莲都镇建成15公里的芬守至冷水和十公里的云塘老区硬底化村道；都平镇建成了都平电站通大滩村委3.5公里硬底化乡道；河儿口镇完成了16公里乡道硬底化建设。2005至2006年，平凤镇累计铺建乡道硬底化54公里，完成了村道硬底化建设任务。2006年，大玉口镇建成了寨河至群胜、赤黎至群星、民强至民进硬底化乡道，2007年上半年又完成大玉口至官滩最后一条通行政村水泥硬底化乡道。2007年8月都平镇在建成官埇口至清水湾村委会9.6公里硬底化乡道后，也提前完成行政村通水泥道路的任务。2007年，莲都镇累计建成47.4公里硬底化乡道，12个村（居）委实现了村村通硬底化乡道的目标。2007年至2009年，河儿口镇完成了最后三个行政村到镇的乡道硬底化改造。至此，全县老区村所属镇村全部完成了硬底化乡道建设任务，老区的交通道路越走越畅顺，越走越宽广，老区人民行路难又有了明显改善。

在通行政村乡道建成硬底化道路后，老区交通建设向着建设通自然村村道硬底化及村与村边界道路衔接联通、构建四通八达的乡村交通路网新目标迈进。2010年，都平镇投资115万元，建成硬底化村道4.65公里；莲都镇建成硬底化村道23公里；河儿口镇自然村道硬底化改造六公里。2011年，杏花镇建成硬底化村道7.2公里；莲都镇建成硬底化村道九公里；都平镇建成硬底化村道三公里。至2012年底，平凤镇铺建乡村道硬底化93公里；河儿口镇93公里；莲都镇51.3公里；都平镇45公里。老区村半数以上的自然村有了硬底化村道。

党的十八大以来，老区村道路硬底化建设进入攻坚破难阶段，着力建设通向边远偏僻的山村的投资数额大、工程作业困难、里程长的硬骨头道路建设工程，展开攻坚战，逐步打通老区村庄道路建设"最后一公里"。2013年，莲都镇在市县多部门的支持下，筹资101万元，建成云塘村大坪自然村至大塘尾村口2.6公里水泥村道，2014年又筹资109万元建成云塘村大坪顶自然村至大塘尾硬底化村道2.93公里。2013年至2014年，平凤镇建成硬底化村道25公里；河儿口镇建成通自然村硬底化村道36公里；2014年，杏花镇建成五条通自然村水泥村道共八公里。2015年，大玉口镇多方筹资20.3万元，开通了群星、群胜两个老区村的群胜新田至群星荔枝七个最边远偏僻的自然村长4.5公里宽四米的砂土路，在解决地处深山老区群众行路难的同时，为实现村道硬底化打下了基础；河儿口镇筹措资金250万元，建成龙山风景区与省道266线连接及周边村庄相连道路硬底化工程；都平镇建成通自然村硬底化村道8.6公里；杏花镇建成五条约共四公里的通自然村硬底化村道。2016年，平凤镇建成两条共2.3公里的硬底化村道；杏花镇建成两条共1.3公里的硬底化村道；大玉口镇建成长群村沙塘口至谈棍自然村3.1公里硬底化村道。2017年7月，都平镇建成高浪老区村连通大玉口镇长群老区村边界硬底化乡道2.85公里及高浪村委会通自然村硬底化村道1.8公里；杏花镇建成通自然村硬底化村道1.8公里；大玉口镇开通连接广西苍梧县木双镇万安村两广边界砂土公路一公里，既方便两广村民相互联系和出行，又为实现边界道路硬底化打下基础；平凤镇建成通自然村硬底化村道5.21公里；河儿口镇建成通自然村硬底化村道3.9公里。2018年，河儿口镇建成通自然村硬底化村道1.8公里；都平镇将三年前开通的贺江东岸的连接外镇的6.5公里砂土公路改造成硬底化，改变了沿岸数百村民出行无水泥路的历史。随着一条条硬底化村道不断延伸至各条山沟沟及边远偏僻的自然村庄，目前，除少数零散又边远的小自然村未通水泥村道外，大部分老区自然村庄已建成了硬底化村道，且形成了较完整的路网，老区人民出行坐上了摩托车甚至小汽车，农副产品、生产生活物资有了汽车运输，既便捷快速，又减轻了肩挑背扛的劳苦，享受到了路通财通的幸福。

第四节

第四节 生活条件改善 幸福指数提升

1949年前及中华人民共和国成立初期，老区农民住房多为泥砖瓦木结构，款式大小高低有三间架、三间架二廊、一座二重、二座四重和三间仔或五间仔数种，多为泥砖墙的三间架式，低矮、狭窄、潮湿、阴暗、简陋，安全性能差，雨天常漏水，聚居拥挤，一座二重、二座四重的"大屋"便有几户数十人居住，人均住房面积不足十平方米，少数有青砖照壁或墙脚的，属富有人家。坐的是四脚木条凳，睡的是四块板硬木床，简易的家具、农具、生活用具多是粗糙的竹木制品。卫生条件也差，家禽牲畜也混于屋内或屋边，常见村中污水横流，到处是牲畜粪便或生活垃圾。这种情况直至20世纪五六十年代改变不大。

一、生活条件 转机不断出现

20世纪70年代始，老区多数村民的新屋，渐向交通方便、阳光充足、空气流畅的地方兴建，每户面积也有所增多，约70～100平方米，逐步改变过去二座或多座的大屋大舍的建筑模式，向单家独户发展，但新建的依然多为砖瓦结构的平房，所用墙砖已不是全部泥砖，大部分有青砖照壁及墙脚。20世纪80年代，老区村民大部分建起了新屋，80年代末，少数农户开始建钢筋混凝土楼房。生产生活用品也增量提质，家有自行车、衣车、挂钟、收音机、录音机乃至电视机（黑白）及用上木制长短沙发，新式木架床等新式生活用品的农户不断增多，村民的衣食也出现明显变化。20世纪70年代之前，老区群众穿的是寒暑不分的粗布衫，色彩多灰暗，款式单调、老旧呆板，且由于布票限制及收入不丰，衣服不多，以"新三年，旧三年，缝缝补补又三年"为衣着例规，不少村民仍穿着有多处补丁的破旧衣服。小孩们到新年，才有件新衣穿，有时，孩子衣服还传承着穿，哥姐穿了，弟妹又接着穿。吃的虽不会挨饿，但少见荤味肉类，日可维持两粥一饭。进入80年代，随着改革开放带来经济发展，老区人民生活水平显著提高，穿衣已讲究色彩靓丽、款式多样、季节更替，补过的衣服逐渐退出人们的视野。吃的鱼肉类日趋丰盛，由吃饱向吃好转变，基本上过上了温饱生活。耕作开展用上手扶拖拉机（农闲时用于运输）及水稻脱粒机等农机具。

二、生活质量　变得越来越好

20世纪90年代后，老区村民建水泥楼的农户逐渐增多，楼高一般为两三层，人均住房面积渐增至20平方米，装饰开始向城市看齐。生活设施日趋完善，现代家具、家电如高档家私、彩电、音响逐渐进入寻常百姓家，摩托车取代了自行车，衣着愈发多姿多彩，吃得越来越好，用村民的话说"鸡鸭鱼肉，断餐不断日"。到了21世纪初，老区村民新建房子几乎都是钢筋混凝土楼房，大多数房子外内墙及地板装贴了瓷砖，由有地方住向住得宽敞、舒适洁净目标发展。伴随着文明村、卫生村创建活动的开展，室内外卫生条件也大为改善，安装了室内如厕设施、热水设备、再也不用到屋外简陋茅坑解决"三急"问题，房屋四周砌建了三面光排水排污渠沟，改变了任由污水随处流淌的陋习。

十八大以来，随着社会经济的稳定快速发展，党和人民政府加大力度扶持"三农"以及扶贫开发、精准脱贫攻坚战和农村危房改造战略的有效实施，老区村民住房建设势头更为强劲，部分村民除了在家乡建造洋房外，有的在珠三角、在肇庆、在县城购置商品房；有的在圩镇购地自建。而一些弱势群体如五保户、低保户等建房有困难的，政府则予以资金扶持，并将帮扶资金逐年加大，由初始的实施农村安居工程每户补贴0.6万元到2018年的低保户四万元（五保户3.4万元），帮助困难村民建新房或危房改造。在2015年封开县实施农村危房改造工程中，老区群众的住房建设尤其是困难家庭建新房又迎来了契机，政府对每一扶贫对象户的危房改造补贴四万元，让更多老区群众建起水泥楼房。2015年至2018年，老区村所属镇危房改造户数分别如下：2015年181户，2016年103户，2017年233户，2018年148户。每户村民都基本建起了钢筋水泥楼房。此外，对特殊村落村民的住房建设，政府同样给予相应的扶持措施。如2003年至2006年，莲都镇在省水库移民议案专项资金扶持下，投入263万元，先后完成了该镇新村87户408人，平福村76户353人的移民建房及移民村"四通一平"建设。封开县几年来对老区移民村投入的项目建设资金1341.1万元，其中资金736.66万元，建房面积31570平方米，611户2817人受益。对特别边远分散的不具备生产生活条件的贫困村庄住房则实施搬迁安置办法，政府给予扶持资金，落实安置地点，并按照村民自愿让其搬至异地建房。2005年至2006年，全县老区村所属镇共投入261.44万元，搬迁83户452人，涉及的村庄是都平镇高浪大涝尾村、莲都镇云塘石吉崀村、大玉口镇群星安板村及群胜新冲村、河儿口镇平洞分水脊村及香车牛运村。2007至2009年，投入278.3万元，完成了莲都镇云塘村委会的大塘及替吉头、都平镇高浪村委会的龙虎尾、河儿口镇黄岗村委会的杨古岭、大玉口镇群胜村委会的冲流等革命老区村庄困难住户共66户385人的搬迁工作。2012年，投入132.3万元，完成了大玉口镇群胜村委会夏清村19户106人的搬迁安置工作。2013年，政府又投入帮扶资金近123万元，完成了老区村所属大玉口镇群星村委会圆珠村及积水村、莲都镇四村村委会应羊村共35户175人的搬迁安置工作。

最近几年，由于城镇化建设的不断推进和群众家庭经济收入的稳步提高，老区村中一些外出经商、务工人员已不满足于农村有水泥楼而选择到城里去购置商品楼，已不满足于出行靠两个辘（摩托车）而买起了四个辘（小车）代步，成为新城市人。这种居家有洋楼、往来开小车的现代农村人生活，再也不是梦，已慢慢变成新潮流，标志着老区人民生活的幸福指数正在步步攀升。同时，正在大力实施的美丽乡村建设、振兴农村战略，也给村民的生活环境带来了重大变化，"三清三拆、三整治"，综合治理农村生产生活环境。全县老区以杏花镇凤楼村、河儿口镇扶学村、平凤镇五一村三个省定贫困村大搞新农村建设为示范，扎实开展美化、净化、绿化、亮化村容村貌基础设施建设，铺设排水排污管道，集中收集及时转运生活垃圾，安装太阳能路灯，实现村道巷道硬底化，建设文体娱乐小广场，休闲生态小公园，创建电商服务网点甚至生态农家乐旅游景点等一系列举措，让村民在幸福、美丽的家园中安居乐业。

第五节　用水用电变化　彰显民生进步

生活生产用水用电，是人们生活的重要因素，是民生大事，封开老区人民在中华人民共和国成立以后，从生活饮用水的使用到生产上的水利设施建设，从生活上的用电照明到全面进入电气化时代，随着时代的发展而出现了喜人的变化，昭示老区人民生活生产水平的日益提高。

一、生活用水　趋向安全卫生

1949年前，村民饮水卫生无人过问。20世纪五六十年代，村民饮水仍多靠挑江河溪水饮用，挖井取水者少。60年代以后，农业生产普遍应用化学药物治虫，工业生产排放"三废"亦日趋严重，水源水质存在不同程度的污染，饮用江河水既不安全卫生，也耗费一定的劳力，村民们不管生产多劳累，仍必须早晚挑水两三担，既辛苦也耗时，有的村庄离江河稍远，仅每天挑水饮用需花几十分钟。

1979年起，封开老区与全县同步开展改水运动，而全县试点就选在杏花镇。该镇采取群众自筹和政府补贴相结合的办法，解决改水资金，引导帮扶群众建自来水设施，兴起改水高潮。老区村多属山区，多数村民改水以独户或联户铺设塑料管接引山泉水为水源的办法，饮用上自来山泉水，还有部分农户则利用手压泵井水形式实行改水。在改水运动中，平凤老区获重点扶持，1982

年至1989年，国家拨给专项资金帮助该镇兴建自来水工程八宗，挖建水井十口。至20世纪90年代中期，老区人口95%以上饮上清洁自来水、手压泵井水或山泉水，其中饮用山泉水的比例较大。

进入21世纪，党和政府扶持农村改水力度加大，投入更多的资金，建设一批农村饮水工程，涉及老区村的有：（1）河儿口镇黑石顶自来水工程，设计解决双枧村、替炭村、光明村、扶学村、河儿口村（社区）西村六个行政村9000人饮水不安全问题，供水规模135m³/d，总投资212万元，其中市级以上补助208万元，工程于2008年10月开发建设，2009年3月建成通水；（2）杏花镇杏花村供水工程，设计解决杏花、永和、凤楼、东和四个行政村（社区）4105人饮水不安全问题，供水规模410m³/d，总投资163万元，其中市级以上补助133万元，2008年10月动工，2009年2月建成通水；（3）都平镇农村饮水工程，设计解决都平社区、官埇、清水湾、三洲等四个村委会（社区）4800多人饮水不安全问题，供水规模496m³/d，总投资210.47万元，其中市级以上补助资金160.35万元，2011年6月动工，当年12月建成通水；（4）莲都镇农村饮水工程，设计解决莲都镇四村、长罗、华石、深底等四个行政村7733人饮水不安全问题，供水规模796m³/d，总投资354.99万元，其中市级以上补助资金257万元，2011年6月动工，当年底建成通水；（5）平凤镇农村饮水工程，设计解决古石、登河、平原、广峰、红庄、五一、蟠龙七个行政村4000人饮水不安全问题，供水规模412m³/d，总投资175.98万元，其中市级以上补助资金132万元，2011年6月动工，当年底建成通水；此外，平凤镇还于2006年投资230万元建成平岗自来水厂，使该镇75%群众饮上清洁自来水；（6）河儿口镇罗源村饮水工程，设计解决罗源村1134人饮水不安全问题，供水规模116m³/d，总投入资金64万元，其中市级以上补助38万元，工程于2013年10月开工，当年

12月建成通水；（7）杏花镇村村通自来水工程，供水范围：杏花、凤楼、下营、新和、双联、新联六个村委会（社区）供水范围人口1.56万人，供水规模906m³/d，总投资2217.98万元，2017年6月动工，2018年底建成。此外，都平镇高浪老区村在市县对口挂钩单位的支持下，投入资金11万元，于2015年建成村自来水工程，解决了近800人村民的饮水不安全问题。这些饮水工程为封开老区人民饮水安全卫生提供了强有力的保障，从根本上解决了广大群众饮水难问题。

二、水利建设　改善生产条件

1949年前，封开老区农村基本无水利设施，水稻等农作物全靠自然水灌溉，听天由命，难以旱涝保收，地处山区的老区严重受旱情况时有发生。西江边的平凤，还常受洪灾肆虐，村民抗争乏力。中华人民共和国成立初期，资金、器材短缺，为帮助农民尽快解除旱患，发展生产，党和政府着力组织群众修建简陋的山塘、水石陂。在1958年大修水利热潮中，老区人民响应党和政府号召，除派出年富力强的劳力参加全县性大宗水利工程建设外，农闲季节，在国家投入水泥、器材的支持下，按田亩出钱、按劳力出工，高度集中劳力，依靠人工劳动筑山塘、建水陂、挖渠圳，开展"一村一塘、一垌一塘"的兴修水利运动，相继兴建了一批塘坝、排灌渠圳等基本水利设施项目。20世纪50—70年代，各老区以村（大队）组（生产队）组织为主修建小水库、山塘，水陂，水轮泵站等小型水利设施较多，仅平凤镇就有18宗。而由县或公社组织建设的较大宗水利设施项目也有一批。其中涉及老区的主要有：（1）水库工程：杏花镇内的罗马水库［小（一）型、1958年建成、灌溉面积2400亩］；白梅水库［小（一）型、1963年建成、灌溉面积6250亩］；茶坪水库［小（一）型、1979

年建成、灌溉面积1400亩）；莲都镇内的大埇水库（中型、下游发电、1966年水库竣工、灌溉农田3000亩），小洞水库［小（一）型、1963年建成、灌溉面积4300亩］；平凤镇内的沙皇水库［小（一）型、1971年建成、灌溉面积6400亩］；河儿口镇内的松坪水库［小（一）型、1974年建成、灌溉面积4500亩］；莲都镇内的松根水库［小（一）型、1972年建成、灌溉面积2400亩］。（2）引水工程：河儿口镇内的摩乃坡引水工程（有效灌溉面积4800亩、1955年兴建），古藤塱引水工程（有效灌溉面积4600亩、1955年兴建）；平凤镇内的走马尾陂引水工程（有效灌溉面积1100亩、建于1963年）；莲都镇内的华石陂引水工程（有效灌溉面积1100亩及为300户1800人提供生活用水、1954年在原水石陂上维修加固、1989年建水泥浆砌石并水泥钢筋混凝土护面重力坝）。（3）堤防工程：平凤镇内的蟠龙口堤闸（保护农田6773亩、农家261户1300多人、1973年建成）。20世纪八九十年代，老区水利建设重点是对原有水利设施进行改造维修加固及加强管护，同时各老区村所属镇依靠政府投资为主，也陆续兴建了一些农田水利设施：如平凤镇20世纪80年代建成了马埌尾等五宗水陂，90年代又兴建了沙岗陂等11宗水陂。杏花镇1990年建成小一型东方红水库灌溉农田面积2300亩、河儿口镇1997年建成七星河水库（兼具发电），灌溉农田面积32800亩。

新世纪以来，封开县在中央及省专项资金的支持下，大手笔投入、大规模兴建了农田水利基本设施，涉及老区村所属镇主要的有：平凤镇2001年至2018年共建水陂18宗；河儿口镇2005年至2006年相继建成黄岗村委的两岔水库和理板水库；都平镇2009年至2010年，建成三面光水利圳渠工程三宗，水泥混凝土结构水坝四宗；2010年，莲都镇在省市老区项目建设资金支持下，整治农田水利1200亩；2011年，河儿口镇投入上级支持的专项资金2300

万元，对替炭、庙边、光明等七个村农田进行水利设施建设及修护；投入55万元建设水陂六座、硬底化三面光水圳三公里，惠及七星片六个村。2012年，大玉口镇投入十万元，在群星老区村建设水利陂及农田硬底化排灌渠道；2013年，县农业部门总投入扶持资金1373万元，支持革命老区开展农田水利基本建设，砌三面光水圳，渠道48.2公里，涵洞35座，机耕路13.2公里，机耕路桥119座，平整土地105.5亩，有力地改善了老区生产条件。2014年大玉口镇总投入资金900万元，对全镇7412亩并不集中连片的农田水利设施进行统一规划建设，建成三面光硬底化水渠23公里，机耕路4.3公里，小型灌溉面积水坝十座；同年，平凤镇总投入资金1098万元，在登河等四个老区村，开展农田水利基础设施建设，建砖砌渠道5.2公里、水陂10座、过桥涵洞105座、机耕路9.8公里，受益农田达11300多亩；莲都镇总投入资金868万元，建设四个村委会的农田水利基础设施，惠及一万多人口。2015年，河儿口镇总投入资金163万元，建设硬底化农田排灌渠道1180米，机耕路825米，加固水库堤围652立方米；莲都镇总投资500万元，修建华石和大冲农田灌溉水利渠圳以及文华水利主干渠道，并对平团水库进行加固防护；大玉口镇群胜老区村投资十万元，建设水利硬底化渠圳400米。2016年，河儿口镇总投资580万元，修建松坪水库主渠道，提高4500亩农田排灌能力；平凤镇总投资375万元，在实施农业综合开发项目中，建设高标准农田2500亩。2017年，莲都镇投资50多万元，完成河口水陂重建工程，保障了河口村500亩耕地的灌溉、1000多人口受惠；大玉口镇长群老区村投入资金30万元，建成大木水利陂坝及排溉硬底化渠道。

中华人民共和国成立70年来，封开老区人民在党和政府的领导组织及支持下，大兴水利建设，经过艰苦奋斗，建成了众多的大大小小农田水利基本设施，水库、山塘、堤坝、河陂，与灌溉渠圳相联结，成为"藤"上的"瓜"，形成较完善的水利体系，改善了农业生产条件，确保了农田灌溉的需要，增强了旱涝保收的能力，进而促进了农业的增产增收。

三、水电建设　助推老区发展

中华人民共和国成立前及成立初期，封开老区无电可用，老区群众夜晚照明靠煤油灯，每逢婚庆喜事或文艺演出及社戏、舞狮等则用汽灯照明。难得一年一两次的县电影队巡回到大队放映，则需派出七八个人抬来笨重的发电机器及电影机到场，方能放映。稻谷的去壳（加工）成米，则靠土磨、石坎，用人工春米成为农村妇女的沉重家务。有少数农户利用村傍屋边之山溪河水冲击带动木轮旋转，推动土磨或春碓加工大米。这种无电照明、碾米的状况，至20世纪五六十年代末，农村相继有电力供给后才逐步改变。1958年，莲都建成先锋号水电站，用木质水轮机发电，供莲都圩照明，这是全县六个有老区村镇的圩镇首次使用上电。20世纪60年代中期起，部分老区村的群众一度曾兴起自力更生利用水轮泵改装带动发电，或筑坝拦河、开渠引水，利用高落差装冲击机或水轮机带小功率发电机发电，但由于水力不足（往往蓄水一天一夜才能开机一两小时），发电量极其有限，仅可供少则几户多则二三十户的村民晚上短时的用电照明。这种自办水电形式因水坝渠圳常被河水冲毁及管理、技术等多种因素影响而难以为继，一两年后便废弃了。自1969年坐落于老区莲都镇的大埇电站建成及后来各地相继建设了水电站并架设了输电线路后，老区与全县各城镇乡村一样用电日益增多，公路沿线乡镇地处平原的村寨和水电站附近的村民率先享受到电力使用的便利，电灯代替了煤油灯，还可以用电碾米、脱粒等，给村民生活生产带来了很大的便利。

20世纪60年代中起至90年代初，以市县联办、县办、县镇联办、镇办、单位办等形式，利用县内水力资源兴建了大批电站，坐落于老区的占了多数（63.8%）。装机容量100千瓦以上的有：莲都镇内的大埇1级电站，1965年开工、1971年建成，大埇2级电站1965年开工、1969年建成，大埇3级电站，1968年开工、1971年建成，白沙电站1978年开工、1980年建成，清水电站1988年开工、1990年建成，沙台电站1981年开工、1983年建成；河儿口镇（包含原七星）内的东江河电站1978年动工、1981年建成，黄沙电站1978年开工、1980年建成，团结电站1980年开发、1982年建成，双东电站1981年开工、1984年建成，沙子岭电站1982年开工、1985年建成，茅坪电站1984年开工、1986年建成，七星河2级电站1984年开工、1989年建成，七星河1级电站1984年开工、1989年建成，深绿1级电站1984年开工、1988年建成，山马降电站1984年开工、1986年建成，三步河电站1986年动工、1988年建成，下林砧电站1986年开工、1989年建成，交梯电站1987年开工、1989年建成，深绿2级电站1988年开工、1990年建成，团结2级电站1989年开工、1990年建成；杏花镇内的茶坪1级电站1980年开工、1981年建成，茶坪2级电站1984年开工、1985年建成。新世纪以来，老区内又兴建了一批小水电项目，主要有蛤塘一二级电站、松坪水库尾电站、念鱼电站、西旺电站、石壁磅电站、王屋电站、向阳电站、上朗电站、勒坡电站、大南侧电站、栗子山电站、黄岗河电站、牛运二级电站、玉垌电站、七星三洞河电站、山马降电站、石壁房电站（河儿口镇内），东安山坪、清水大降、冷水岗头、华石新寨电站（莲都镇内）、蟠龙电站（平凤镇内）。至2018年，全县有四个有老区村的镇建成小水电站共74座，总装机容量29740千瓦，其中河儿口镇58座，20000千瓦，莲都镇12座8935千瓦，杏花镇三座480千瓦，平凤镇一座，325千瓦。老区小水电为老区的经济社会发展乃至全县的经济社会发展提供了能源支撑。

在各地小水电站建成投产的同时，输电工程也同步建设，通过输电线路，将电力送至各乡村。1987年，随着输送至革命老区的江口至平凤35千伏输电线路和白垢至都平十千伏输电线路的投产，平凤、大玉口、都平老区村所属镇各村随后陆续用上电。当时架设低压线路，以镇所在地为中心，由近及远，分段推进。如都平镇在镇政府所在地的社区（大队）拉通后，再向胜塘、高浪村延伸，所用作线杆的杉木由村委会（大队）分任务到受益村庄（生产队），组织劳力砍伐并抬运至立杆地点，而电线及拉电费用则由群众筹资解决。地处边远山区的老区群众，为了用上电，付出了艰辛的劳动，既出钱又出力。

由于各老区村所处的地理位置不同，用上电的时间跨度颇大，所在地有水电站的较早，没有的则偏迟。封开县有老区村的镇辖下的村委会，最早用上电的村委会是莲都镇的长罗居委会，其于1958年底通电（用先锋号水电站的电源）。全县老区村庄最后用上电网电的是河儿口镇香车村委会，1993年6月才通电，也是全县老区最后一个无电村。用上电的老区人民享受到现代生活的诸多便利，生活上各农户除有电照明外，还陆续用上了各种各样的家用电器，生产上用电打禾、脱粒、扇谷、碾米、抽水、开厂场，办农业基地，大大超越了"楼上楼下，电灯电话"的最初期盼。

四、电网改造　提升供电质效

封开多数老区村地处边远偏僻山区，最初拉接电时由于受经济薄弱、经费不足等诸多不利因素的影响，所用的多为木质电杆、且电线过细、变压器过小，加上线路所经地方山多林茂，树障隐患多等，导致供电质量较差。每逢刮风打雷下雨经常停电。用电高峰期如春节大量使用家用电器或收割季节集中使用马达打禾脱粒，用电故障也时有发生，群众遇到了新的用电难问题。因此，在实现村村通电之后，供电部门于20世纪90年代末起，积极实施农村电网改造升级工程，将以往农村低压输电线路分期分批换杆换线换变压器，改造升级为高压电网输电线路；并不断完善供电设施，认真落实农村供电三到户工作，有效解决农村电网变压器过载严重、用户电压低问题。1998年至1999年，河儿口110千伏输变电站建成投产，2006年河儿口镇深六35千伏安输变电工程竣工投产，2008年，均为35千伏安的莲都、平凤输变电站竣工投产，2009年110千伏安的河儿口变电站建成投入运行。近年较大宗的工程有：2015年，老区农村电网改造工程在平凤、大玉口、莲都三个镇五个村委会实施，共投入资金222万元，建设十千伏线路8800米，安装变压器六台，容量1300千伏安。2016年，完成的老区村电网改造升级项目是河儿口镇七星陂下村配变换大变压器及高压架空线交换、大玉口镇群星线安板配变台区改建及大玉口线皇集配变过载，总投资106万元。2017年，投入资金221万元，建成老区村所属镇电网改造升级项目45个，其中改造低压线路达15.5公里，配变压器八台。2018年，投入资金124.2万元，改造线路17.5公里，配变压器三台，容量900千伏安。经过20多年的努力，目前，老区电网改造升级工程已基本完成，安全快捷稳健可靠的供电网络覆盖全县每一个老区村庄，大大地满足了老区人民生产、生活的用电需求，为老区经济发展各项社会事业建设以及幸福生活指数的提升提供了可靠充裕的电力保障。

中华人民共和国成立70年来，封开老区除上述主要民生事业出现重大发展变化取得辉煌成效外，其他事业如文化、广播、邮电通讯、体育、科技、旅游等同样跟随着时代的前进脚步而稳步向前，呈现出可持续发展的良好格局，取得十分喜人的建设成效，老区人民的生活越来越美好。

老促会尽职责　为老区献力量

　　封开县老区建设促进会（简称老促会）成立于1990年2月，她与全国各地的老促会一样，是老一批革命家倡导成立的在党委政府领导下专门为革命老区建设服务的特殊团体，是以离退休老同志为主体组织起来的特殊队伍。封开县老促会建立近30年来，坚持践行党的宗旨，始终发挥其作为党联系老区人民的桥梁和纽带以及党和政府推进老区建设的参谋和助手的作用，以对党的事业无限忠诚、对老区建设的高度关注，对老区人民的无限热爱，不忘初心，履行使命，勤政廉洁，发挥余热，为推动老区各项事业的不断发展、为促进老区人民幸福生活水平的不断提升，做了大量富有成效的工作，受到了党委政府的充分肯定，得到了全县老区人民的一致好评。

一、奋发有为　谋划老区发展

　　历届县老促会领导热爱老区事业，高度关注老区的发展，尽职尽责当好党委政府的参谋和助手，为推动老区建设发光发热、多作奉献。

（一）不辞劳苦，积极参与老区评划工作

　　封开县于1993年前，被评为革命老区的仅有平凤镇八个行政村20条村庄（属大革命时期的老区）。1992年，根据上级部署，县老促会把评划解放战争时期老区作为老区建设的头等大事，积

极协助民政局、党史研究室等部门，在县委、县政府的高度重视下，认真开展各项调查核对工作。老促会的同志不顾年事已高，坚持与年轻人一起，爬山越岭，走进解放战争时期开展游击战的大玉口、都平、莲都、七星等地处边远山区的近百个村庄，挨家串户，走访数以百计的亲历者或知情人，广泛收集信息资料，查阅大量的档案史料，勘察遗迹遗址，然后反复核对求证，分析梳理，经过近一年的艰苦努力形成真实过硬的评划材料，按时按质上送市人民政府。1993年，经上级批准，县内的七星（现属河儿口）、莲都等五个镇云塘、黄岗等14个管理区（现为村委会）77个自然村划定为解放战争根据地，成为封开县第二批革命老区村。1995年，又完成了补划平凤镇平岗圩为革命老区和要求将平凤、七星镇确定为老区镇的送审材料。这一光荣而艰巨工作任务的完成，既告慰了为解放事业作出流血牺牲的革命先烈和作出巨大贡献的老区人民，也确认了党领导的革命武装在封开大地建立的历史功勋，在封开老区发展史上具有重要意义。

（二）践行宗旨，为促进老区发展出谋献策

县老促会建立以来，紧跟时代发展，认真贯彻执行党中央关于老区工作的一系列方针政策，全力配合党委、政府，不断加强老区经济社会和各项民生事业建设，充分发挥参谋助手作用。每逢上级有重要声音、重大指示，都及时向县委、县政府汇报反馈，并提出建议，争取重视和支持。1992年1月，县政府印发了《关于扶持平凤老区村庄发展经济的通知》文件，不久后，七星等镇的村庄被划定为革命老区，增加了老区村数量，老促会建议扩大扶持范围，促成县政府于1993年12月，出台了《关于扶持老区村庄发展经济》的文件，让新划定的77个老区村庄及时得到政策扶持。尔后，老促会又在县采取的安排有关部门和实力较好企业挂钩扶持革命老区举措中自觉做好联系协调工作，形成合力，把县的重要决策落到实处。1996年10月，在认真总结"七五"期间老区工作取得的成效和存在的不足以及深入基层调查、摸清现状的基础上，县老促会协同县民政部门制订了《全县"九五"期间老区建设发展规划》。2008年，协助配合县委办县府办等部门制订《封开县进一步加强革命老区建设的实施意见》，并把促进老区经济社会发展各项工作分解到部门、落实到领导、明确到个人，使每项工作有人抓、有人管、有人做、出成效。每逢县委、县政府制定涉及老区事项的文件，县老促会坚持做到主动配合，又不越权越位。事先有调研，为县委、县政府决策提供依据；事后有督查，推动抓落实。在推进老区建设的重大民生工程中，县老促会更是竭尽全力，如解决老区群众"五难"问题，贯彻落实省市人大关于老区建设的有关决议、扶贫开发发展老区经济、老区危房改造、实施市老区建设"三个一批"事项及年度老区项目计划等，始终坚持老促会的宗旨，依据老促会的职能，切实发挥老促会的应有作用。

二、情系老区　给力民生建设

县老促会建立以来，配合党委政府大力开展老区民生工程建设，为改善民生、促进民生事业发展作出了应有贡献，突出的有：

（一）重教助学，为改善老区办学条件作贡献

封开老区学校，多处于边远山区，校舍建设相对滞后，残旧甚至破危的不少。2002年春起，封开县开展改造老区学校重大民生工程建设。实施中，县老促会积极配合县教育局等部门认真做好摸底调查、填报资料、申报立项、工程招标、图纸审查以及建筑质量和项目资金使用监管、工程验收等一系列工作。建设期间老同志忙碌的身影经常出现在散布于五个镇，26个村的老区学校改造、建设现场，寒暑易节，风来雨往，付出了不少艰辛努力。为了解决资金不足困难，亲力亲为联系香港爱心团

体捐款办学、撰写请示，勤跑上级争取资金支持，花费了不少心血而在所不辞。2005年春，历时三年，分三批进行的封开老区学校改造工程终于全部顺利完成。这项封开老区教育发展史上罕有的工程共改建新建教学楼26幢、193个教室、校舍建筑面积12705.79平方米、附属设施3965平方米，总投入资金1097.216万元，其中省拨款720万元，各界包括香港爱心人士捐款377.216万元（其中镇村自筹212.646万元，群众捐款37.73万元）。接着又于2006年，建成平洞小学、进民小学新教学楼。此外，老促会还争取香港同胞捐款建成了三所老区山区小学教学楼。老区学校建设取得显著成效，老区的孩子们有了较安全舒适的读书环境，这些都蕴藏着县老促会老同志的辛勤付出。近几年，老促会又紧密配合县政府开展教育创强、改造薄弱学校活动，促进了一批老区学校增扩建了教学辅助设施，如围墙、食堂、校门、体育运动场所、校门道路硬底化等，助推校园环境实现了亮化、净化、绿化。同时，关心革命遗属成长，给烈士后裔解困助学。自1995年起，县老促会每年都坚持上门给革命烈士直系后代在校学生发放助学金，送上党和政府的关怀和温暖；全面深入了解烈士后裔的生活学习情况，热情勉励他们继承先烈遗志，奋

封开县老促会会长莫水石（左二）到老区平凤镇派送烈士后裔助学金

封开县老促会老区工作获奖部分证书

发读书，学好本领，为国效劳。1995年至2018年共筹集并发放了助学资金175300元，共有革命烈士后裔188人次受惠。2016年县老促会被省老促会评为1995—2015年烈士后裔助学先进集体。

（二）推动修路，为老区交通发展作贡献

封开老区交通道路建设，是老区事业的重中之重，县老促会十分关注，倾尽全力帮助老区人民实现路通财通的梦想。老区公路建设主要经历开通砂土路、兴建通行政村硬底化乡道、将硬底化村道延伸到自然村的三大战役阶段。县老促会始终积极参与，主动作为。老同志在老促会任职期间，为推动老区交通建设而经常深入老区，熟悉路况，提出建议，参与制定年度建设计划，对全县27条老区公路路况全部进行了实地勘查，逐一详细了解通车里程、受益人口以及工程难度、所需资金等，做到心中有数。建设中又深入施工现场，了解进度，检查质量，参与验收。每一条老区道路的建成，老促会的同志都付出了辛勤的努力。封开老区公路建设，县老促会还积极争取上级老促会以及各方社会力量的大力支持，形成合力，共同攻克建设资金不足难关。建设莲都镇云塘老区村道硬底化工程，便是一个缩影。云塘村地处封开怀集交界，村委会离镇政府所在地数十公里，是封开著名的边远偏僻山区，也是大冲水库的库区村。2009年，肇庆市老促会长李均林到该村调研时，发现由镇府至村委会的乡道上有一座桥梁已成危桥，存在交通安全隐患，便亲自筹集40万元资金，建成钢筋水泥桥。2011年，李会长再次带领调研组到云塘村调研老区交通建设，了解到该村群众很早就想修建由村委会通向替吉头自然村3.1公里长的硬底化水泥路，但苦于缺乏资金，愿望一直未实现。于是由市县老促会牵头，发动市县相关单位筹资，得到了市县交通部门、移民办、国资办（贺江电力公司）、电信公司等单位的大力支持，共筹得109万元，使该条硬底化老区村道顺利建成。

2013年9月，肇庆市委、市府在云塘村召开老区建设"三个一批"现场会，封开县交通局领导介绍封开老区交通建设情况时，提到云塘村仍有另一条2.6公里长的村道需要筹措资金建成硬底化，得到了市、县直部门的再次出手相助，又筹集了101万元，于次年4月，建成了云塘村委会至大塘尾村的硬底化村道工程，取得了云塘老区村每个自然村都建成了硬底化村道的可喜成效。自2000年以来，经多方努力，目前，封开县通老区自然村道路已大部分建成硬底化。

近年来，肇庆市实施年度老区事项建设项目，县老促会每年都与县交通部门共同协商，分期分批将老区村硬底化村道建设列入市、县老区建设事项计划，以引起各级各部门重视和支持，争取将地处最边远偏僻山区的工程难度大，里程远，集资难的"硬骨头"老区自然村道全部建成硬底化，打通老区道路建设的"最后一公里"。

（三）身负重望，为老区人民生产生活改善作贡献

让老区人民过上幸福美好生活，是老促会的重要职责和使命，封开历届老促会始终把推进老区人民的生产生活改善放在心上，付诸行动中。除了教育和交通，对医疗卫生、扶贫开发、通水通电、住房改造等各项民生事业建设，县老促会都是想老区人民之所想、急老区人民之所急、倾心尽力争取政府及相关职能部门加大支持力度，给予政策倾斜，鼓励引导社会力量集聚，共同办好老区事业，福惠老区人民。一是关注老区卫生事业建设。促成相关部门投入大量资金，兴建老区卫生院门诊大楼、业务用房、医护人员公租房，配置现代医疗器械设施设备，培养壮大医技队伍。建设规范化公建民营村级卫生站，有效促进老区群众就医环境改善、便民廉医工程实施、医疗技术综合服务能力提高和看病难看病贵等社会热点问题的解决。二是关注老区扶贫开发工作的开展。县老促会虽不是挂钩单位，但也尽其所能直接参与。如2008年始连续三年，每年扶持两万元给平凤老区的13户贫困户种果，并组织举办多期种养技术培训班，为老区1300多名农村劳动力提供免费技能培训，还选送近400名老区青年赴市参班学习，为老区人民脱贫致富作出了应有努力。三是关注老区人民解决饮水用电困难。为了让老区群众饮上清洁卫生安全自来水，努力促成各老区村所在镇因地制宜开展自来水工程建设。1995年牵头筹措资金93.9万元，在平凤老区通过建自来水厂、打大口井及手压泵井三措并举的办法，解决了七个老区村6000多人口饮水难问题。此后，各地采取争取上级老建委、老促会和县财政拨一点，挂钩扶贫单位支持一点，乡镇和村集体经济拿一点，受益户出一点的办法落实资金，相继办起了一批自来水项目，同时对一些分散的山村则扶持村民接引山泉水或打井解决饮水难。2006年至2018年，各老区村共投入了资金3294万元，建成的自来水工程满足3.5万多老区人口的饮水需求。20世纪90年代以来，老区人民用电难，突出表现在农村电网过载小，变压器容量不大而导致供电不正常。在老促会的推进下，供电部门每年投入数百万甚至上千万资金对农村电网分期分批进行升级改造，保障了供电的安全稳定可靠，结束了一遇刮风下雨或用电高峰便无电可用的历史。县老促会每年都对电网改造工程开展情况进行调研督促，促进该惠民工程高质优效完成。四是关注老区群众住房建设。县老促会开展了老区群众搬迁问题的专项调查和农村危房改造工程实施情况的多次调研，向市县政府相关部门提出意见建议，促进有关政策的落实和工作的顺利开展。县镇政府相继投入资金263万元，先后完成了163户761人水库移民建房和投入资金261.44万元的"三不具备"老区村庄83户452人的搬迁建房安置。2013年至2018年，全县投入2300多万元，完成了老区村民587户的危房改造，让困难群众住上了安全宽敞的钢筋混凝土结构的新房子。县老促会成立以来坚持情为民所系，致力促进民生事业建设，为实现老区人民所思所盼奉献了一片爱心。

三、注重调研　促进工作落实

县老促会深知"没有调查，就没有发言权"的道理，始终坚持发扬"密切联系实际，密切联系群众"的光荣传统和注重调查研究的工作作风，经常深入老区镇、村、农户中去开展调研工作，广泛了解老区的发展动态、听取社情民意、掌握基层第一手材料，为促进老区发展建言献策，奔走呼号。每一时期都根据老区工作的重点，选择不同的专题内容，进行有的放矢的调查研究。重要的调研活动有：1995年，开展了革命老区"五难"情况的调研，为总结"八五"期间老区建设情况、制订"九五"期间老区发展规划工作作准备，并为推动以解决"五难"为重点的老区事业发展提供依据。2001年，按照省老促会的要求，对革命老区改革开放前后的发展变化情况开展了全面的调查，以行政村为单位，内容包括人口、人均收入、大中小学在校学生、住房结构及面积、使用交通工具、家电及通讯用品拥有量等，梳理总结经验做法，查找剖析存在问题原因，提出意见建议，为上级进一步加强老区建设工作提供决策参考。2005年，开展了老区镇卫生院基础设施建设情况调查，促进老区卫生事业的加快发展。近几年，老促会基层调研工作进一步加强，每年不少于十次单独或会同有关单位人员深入老区人民中去调研，内容涵盖村道硬底化建设、农村电网升级改造、教育、卫生、公租房建设、农村危房改造和各年度老区建设事项的落实以及精准脱贫、新农村建设、乡村振兴战略的实施情况等，有效促进了各项老区工作落实和老区事业的持续稳定发展。

四、多措并举　抓好老区宣传

县老促会一直以来，将老区宣传工作作为传承弘扬老区伟大精神，动员社会力量支持老区建设和发展的重要措施去抓。把握正确舆论导向，营造重视老区、关注老区、凝聚正能量给力老区经济社会建设的良好社会氛围。坚持积极开展多角度、多形式的宣传活动。一是打造平台，拓宽宣传空间。着力推进革命旧址遗址修复，将其打造成开展革命传统教育，爱国主义教育的载体。1996年起积极争取上级和社会力量资金支持，修葺革命烈士纪念建筑物；2003年，县老促会主要领导亲自写信给省有关领导，争取到省老促会拨款三万元，筹集资金共4.3万元，修建了黄花岗七十二烈士之一的李炳辉烈士祠。2006年创建了5个以展览宣传封开光辉革命斗争史迹为中心内容的《思源室》。2009年筹资47.62万元，修建了李炳辉故居，建设了烈士祠展览馆，修建了大革命时期农民自卫军总部大造宫及平凤的革命烈士纪念碑、泰新桥、平岗古街等革命遗址及人文景观，现大造宫已建设成为市县两级党史教育及青少年革命传统教育重要基地。2014年，投入175万元，建设了封开烈士陵园和重修了七座革命烈士纪念碑。2018年促成有关单位着手编制将中共封川县委诞生地遗址（同时也是县内有名的人文古迹）——大豪岩建成红色旅游基地的规划和县内首个红色村建设。二是多方配合，营造舆论氛围。老促会每次调研、检查、会议和县镇开展的涉及老区建设的各项活动，县内新闻媒体都进行宣传报道。此外，老区宣传的亮点还有：1997年，组织县内知名词曲作家创作《老区故事》歌曲，在县内广为传唱。2002年，县政府赞助专款并由县老促会牵头发动老同志写回忆录，提供文章，编纂《粤桂湘边风云录》一书，为开展革命传统教育服务。2003年，制作《改造老区学校——封开行》

影像专题片，推动老区教育建设。2009年，组织人员搜集粤桂湘边纵队各种历史照片和文物，供省纪念馆展览，并在县内报刊《封开报道》开《红色记忆》专栏，登载老同志文章，宣传封开解放斗争光荣历史。2011年，由老促会常务副会长陈强及另一作者谢健江编写了《辛亥黄花——记辛亥革命烈士李炳辉》一书，向纪念辛亥革命100周年献礼。2018年，组织发动县镇热心人士创作作品参与省举办的《讲好老区扶贫故事》系列宣传活动，在参与上级的有关宣传活动中，取得较好的成绩。三是协调联动，强化信息宣传。近年来，县老促会把向上反馈信息作为做好老区宣传工作的重要抓手，建立基层信息员队伍，鼓励他们关注老区社情民意，对身边发生的涉及老区事业的人和事及时反馈到县老促会，扩宽信息来源渠道。同时，县老促会也主动自觉了解老区的发展动态，积极做好收集信息和撰稿投稿工作，共同努力做好信息宣传，投稿量和被采用率逐年上升。2017年至2018年，被《中国老区建设》杂志采用的五篇，《中国老区网》采用的21篇，被广东省《源流》杂志采用的29篇，《广东老区网》采用的56篇。并获多项宣传工作奖励：2018年，县老促会集体获全国宣传工作三等奖，市宣传工作先进单位。个人获奖方面，一人被省评为宣传工作特别贡献获得者和《源流》杂志、《广东老区网》优秀通讯员；一人被市评为宣传工作特别贡献获得者，得到了上级的表彰奖励。

封开县老促会和封开老区建设取得的显著

中国老促会为封开县老促会颁发的奖状

成效，与县委、县政府重视老区建设和老促会工作，与市县部门及老区镇村的支持和社会各界的参与，与老区人民的密切配合紧密相连，是全县上下共同努力的结果。

中华人民共和国成立70年来，封开老区人民和全国人民一样，风雨兼程，披荆斩棘，在一穷二白中起步，在艰难困顿中奋进，体验了创业变革的艰辛和喜悦，也见证了改革开放的活力和辉煌。70年的努力奋斗尤其是40年改革开放，封开革命老区面貌发生了翻天覆地的变化。改革无穷期，发展正当时，中华民族复兴大业正在全力推进，我们相信，在中国共产党的正确领导下，在全国人民的共同努力下，祖国的明天会更加美好，老区事业明天会更辉煌，老区人民与各民族人民的生活更加幸福，更加绚丽多彩。

附　录

附录一 革命遗址、文物

一、革命遗址

70年前的大革命时期和解放战争时期，中国共产党领导下的封开革命运动和人民武装斗争，留下了可歌可泣的动人故事和辉煌的历史篇章，当年曾经发生过重大事件的场所和革命前辈使用过的重要物品，变成了珍贵的革命历史遗址和富有教育意义的文物，成为封开人民轰轰烈烈闹革命、求解放的历史见证。由于年代久远，部分遗址及文物已难免原貌尚存或已失传，经修复或收集现存的主要如下：

1. 封川二区农民协会旧址——大造宫

封川二区农民协会旧址——大造宫

封川二区农民协会旧址位于平凤镇平岗村委会马埌岗的大造宫。该建筑始建于唐初，宋、元重建，明代复修。原为两进合院式布局，今仅存门楼、后殿及两侧围墙。1926年，封川县二区掀起了轰轰烈烈的农民运动，建立了15个农民协会和两个农会筹备处。1927年1月为了领导全区的农民运动，封川二区农民协会在大造宫宣告成立。二区农民协会的办公地址和农民自卫军总部设在大造宫。1979年9月，大造宫被封开县人民政府公布为县级文物保护单位。1984年，封开县人民政府拨出专款，按照后座旧貌重修。

2．登元炮楼

登元炮楼位于封开县平凤镇登河村委会登元村，楼高三层，砖木结构，建筑面积52平方米，现为民居。

1927年4月12日，蒋介石在上海发动反革命政变，广州、西江地区也相继发生反革命大屠杀。是时，封川农民运动遭受反动派的疯狂镇压，地主组织还乡团，并勾结反动军队六七百人向平岗进犯。二区农军和部分群众武装奋起抗击。在平岗一带激战了一天，天黑之后转移至登元村，占据登元炮楼。大批敌军疯狂进犯登元村，农军临危不惧，沉着应战。敌军数次的进攻，均被击退。激战七昼夜，农军为保存革命力量，撤至郁南县平台、妙门

登元炮楼现貌（一）

登元炮楼现貌（二）

一带与郁南农军会合。登元炮楼的墙壁上至今仍留下累累弹痕，是当年轰轰烈烈的农民运动历史的见证，具有一定的历史价值。

3. 中共封川县委驻地和第一批党员入党宣誓地

中共封川县委驻地和第一批党员入党宣誓地位于平凤镇广峰村委会大袍村人称"大豪岩"处。群山环绕的大豪岩由光岩和黑岩石两大岩石群组成。2003年大豪岩被确定为封开县文物保护单位，其主要革命遗址：

（1）简良书院

简良书院遗址，现仅残存墙脚。当年中共封川县委在此发展了封川县第一批党员，并举行了入党宣誓仪式。

（2）光岩和黑岩

光岩上有一处楷书石刻，上书"大豪岩"大字，为封开境内迄今为止发现单个字体最大的石刻，其后面有两块巨石（又叫阴阳石）搭成的山洞，经考证是当时中共封川县委开会的旧址。

山腰处还有一个隐蔽的山洞叫黑岩，直通山顶，人们登上山顶，群山可尽在眼底。当年的秘密革命活动，遇紧急情况时封川

大豪岩全景图

县委人员便可进入黑岩秘道转移到江川、平岗一带。黑岩因而成为封川县委的秘密活动的生命线，有着红色色彩。

大豪岩石刻

（3）哨所和战壕

大豪岩背后群峰中有农民自卫军修筑三条环山战壕，分别位于大豪岩的山顶、侧峰和前山。当年，山脚的田边设有岗哨，大豪岩主峰北面的山口较隐蔽，农民自卫军在此重兵把守。

在大豪岩主峰北面一块突出大石上也设有岗哨，与其他岗哨相呼应，并可将山下村庄小路情况尽收眼底。有了多重戒备，革命活动便有了安全保障。

（4）农民自卫军训练操场

大豪岩所在地叫屋地埇，住着两户农民，租种埇里26亩庙田。当时建有两间屋，曾是自卫军的驻地及自卫军休息、食宿场所；屋前4～5亩开阔地则是自卫军训练出操的地方，操练发出的声音，为了防止秘密外泄，对外称为"鬼出操"。

4. 金岗乡农会和解放南丰作战会议旧址——梁氏宗祠

金岗乡农会和解放南丰作战会议旧址

金岗乡农会和解放南丰作战会议旧址题词碑记

金岗乡农会和解放南丰作战会议旧址位于南丰镇金岗村委会金岗村梁氏宗祠。1926年10月，金岗乡农民协会成立，办公地点就在梁氏宗祠左侧的附屋内。1949年10月，党组织派出工作组前往开建，策动国民党军政人员弃暗投明组织起义。11月2日，绥贺支队开建工作组就在金岗村梁家祠堂召集地方武装部队和桂东人民抗暴斗争总队负责人开秘密会议，研究制订攻打开建县城方案。

梁氏宗祠既是我县大革命时期农民运动的见证，也是解放开建县城南丰的见证，具有重要的历史价值。2008年11月23日，封开县人民政府将其定为全县青少年爱国主义教育基地。

5. 封川古城

封川古城位于江口镇封川居委会封川街道。始建年代不详，明代依旧址修筑。1949年11月3日，绥贺支队第二团、第六团各一中队，与野战军四十五师先锋营乘船溯江而上，向封川进军。

封川古城

并于4日下午，向封川县城三个敌驻守的据点发起猛烈的进攻，面对强大的攻势，守敌放弃护城，全部逃往江口。我武装队伍进城，封川县城首次获得解放。后因敌主力反扑，我部队暂时撤出。

　　1949年11月23日，我南下大军一部自郁南都城搭乘民船，沿西江向梧州挺进时，乘势再次解放封川县城。1949年12月7日，中共封川县委员会和封川县人民政府在封川县城成立。1985年4月12日，封开县人民政府公布封川古城为县级文物保护单位。2008年11月18日，广东省人民政府公布封川古城为第五批省级文物保护单位。

　　6. 封川特派队指挥部遗址

　　封川特派队指挥部遗址位于渔涝镇的东南面白马山脚下的埇侣村，因后山就是连绵起伏的白马山脉，进退自如，拥有天然作战优势。1948至1949年封川特派队在渔涝地区活动时，就选择埇侣村作为常驻地。绥贺支队第六团政委封川特派队前队长黄江及后来负

封川特派队指挥部埇侣村航拍全景　　　　封川特派队指挥部的后哨（村后山顶为后哨所，山脚下的空地为训练场）

责人何涛就常秘密驻在村中。二、三战渔涝封川特派队都是在村中作战斗总动员，整装出发的。埇侣村现所在的上扶村委会，正在规划建设红色村。

7. 三战渔涝——广信桥遗址

广信桥遗址位于渔涝镇渔涝社区上扶、渔涝两个村之间的渔涝河段，古时为本县南北交通的重要通道。河上原有一桥叫广信桥，中华人民共和国成立初已不存，16条花岗岩桥柱中仅有14条保留下来。1949年7月下旬，国民党保安队会同当地反动武装约200余人，从江口进入渔涝。封川特派队组成突击队，予以夜

广信河、广信桥

首届开建县委、县人民政府机关旧址——开建古城（南城门）

袭，并巧妙地诱发敌人互相残杀。致敌不敢久留，仓皇撤退。此役夜袭，封川特派队达到了不战而胜的目的。

8. 开建古城

开建古城今为南丰镇政府所在地，曾一直为明清两代开建县治所在，其明代城墙与城门是当年的开建地区年代最早的地面古建筑。开建古城曾是中共开建县委、县人民政府的驻地。1949年11月6日解放开建县城的战斗，参战的全是地方起义武装和起义部队，为绥贺支队在德（庆）封（川）开（建）边区作战中收获最多的一次战役。这次战斗以强大政治攻势瓦解敌人，迫使国民党开建县县长及部下400余人缴械投降，取得了解放开建县城的胜利，既达到了作战目的又减少了人民生命财产损失，并保护了古城建筑。1985年4月12日，封开县人民政府将其公布为县级文物保护单位。

9. 绥贺支队司令部驻封开旧址——古湖世居

绥贺支队司令部驻封开旧址在河儿口镇扶学村委会古邓埌村的古湖世居。其建筑面积2400平方米，为坐南向北的两进大屋，

绥贺支队司令部驻封开旧址——古湖世居（1997年时原貌）

左右两侧有附屋，平面呈正方形，并有门楼、围墙，外侧附屋四角各有一栋炮楼。1949年春，党领导的人民武装绥贺支队为开辟渔涝等地的平原游击区，司令部就设在古湖世居。中华人民共和国成立初期，这里也作为土地改革和清匪斗争的指挥部。

由于年久失修，古湖世居已坍塌三分之二，现仅存左侧青砖瓦木结构的附屋。2003年9月18日，封开县人民政府公布绥贺支队旧址为县级文物保护单位。

10. 桂东人民抗暴义勇总队整编旧址——奉政第

奉政第位于杏花镇杏花社区新屋村，民国时期开建县县长伍穗新的故居。

1944年11月，梧州东安区青年王烈生组织了地方自卫队，次年春被李济深任命为桂东游击队司令。1949年夏，王烈生部被编为"桂东人民抗暴义勇总队"接受粤中纵队四支队领导和指挥。同年6月底，粤中纵队又将它划归绥贺支队领导，封川特派队奉命接收这支队伍。从此，桂东人民抗暴义勇总队正式加入到绥贺支队的序列，并在党的领导下，展开各项工作。

这支队伍先是在两广交界的大玉口、都平山区开辟游击根据地，1949年11月6日，接受封川特派队命令参加解放开建县城南

桂东人民抗暴义勇总队整编旧址——奉政第

丰的战斗，开建县城解放后，奉命在杏花的奉政第参加整编，编为绥贺支队第六团暂编第二营，正式加入解放军的序列。

11. 三礼迳伏击战遗址

1949年11月4日，在我解放大军的穷追下，国民党保安总队长莫汉率领的残部逃窜至丰寿山，后向杏花方向逃窜。驻扎在杏花圩的我军闻报后，立即在三礼迳进行阻击。抢占两面的山头，架起机枪，还在山头遍插红旗。造成人多势众的气势，敌人进入伏击圈时，战士一面准备截击敌人，一面展开政治攻势，致敌愿意谈判，放下武器投降。

这次三礼迳伏击战，是绥贺支队以少胜多最著名的战例之一，当时参加战斗的第六团指战员只有五六十人，却以大智大勇迫使敌人160余人投降，缴获一批枪支弹药。

二、革命文物

1925年平凤地区农民自卫军使用的竹哨子

1948年民声社油印《军队中的党》绥贺支队宣传资料

1948年绥贺支队第六团政治委员黄江在云塘战斗期间用的口盅

1949年民声社编印的绥贺支队宣传资料

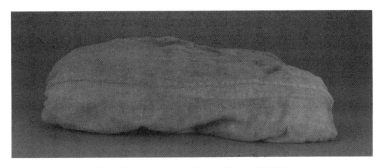

1949年原绥贺支队第六团第一中队政治指导员戴政使用的蚊帐

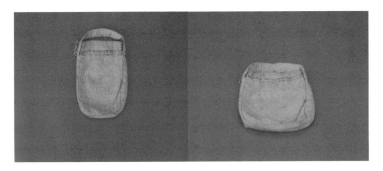

1949年绥贺支队使用的干粮袋

大革命时期封川县农民协会会员徽章

大革命时期开建县农民协会会员徽章

大革命时期封川县第二区农民协会执行委员会木印章

农军所用的铁炮

大革命时期封川县第二区思礼乡农民协会木印章

平岗新村农民协会犁头旗

附录二 纪念场馆

为了对广大干部群众开展革命传统和爱国主义教育，封开县内建设有封开县红色教育基地、炳辉园等纪念场馆。

一、封开县红色教育基地

封开县红色教育基地由平凤镇大造宫、平岗马埌岗革命烈士纪念碑、封开县烈士陵园和展览馆组成。

大造宫（又名天后宫）位于封开县平凤镇平岗村，始建于唐初，宋、元重修，明重建。距今已有1000多年的历史，是封开

封开红色教育基地（航拍图）

封开县红色教育基地整体规划鸟瞰图

县保存最悠久的古建筑庙宇之一，其结构还保留着典型唐代建筑风格。大革命时期封川县第二区农民协会和区农民自卫军总部所在地。

1985年，封开县人民政府列其为县级重点文物保护单位。在大造宫背后，还有平凤镇人民政府于1972年修建的革命烈士纪念碑。

2014年，封开县将全县93名革命烈士，在山腰处给每位烈士立碑，变为封开县烈士陵园。

大造宫门前左侧新建的展览馆是一栋三层高的革命历史陈列展览馆和一栋两层高的附属配套楼。其中陈列展览馆包括陈列展厅、多媒体展厅及多媒体报告室等功能室；附属配套楼包括小型超市、售票窗、保安室、餐厅厨房以及卫生间等。项目总规划用地面积为6315.17平方米，总建筑面积为3249平方米，其中陈列展览馆建筑面积为2939平方米，附属配套楼建筑面积为310平方米，总占地面积为1240平方米。

封开县红色教育基地通过图片陈列、实物展示、影视播放、文字讲解等多种方式，开展生动、具体、形象的宣传，从而使人们从中汲取丰富的精神养分，获得深刻的精神启迪，增强爱国主义情感。

二、李炳辉烈士祠（炳辉园）

李炳辉烈士祠位于平凤镇平岗村委会，民国建筑。坐西向东，原为泥砖木结构，1989年改为青砖木结构。面阔直深各一间，占地面积78.17平方米。正门横挂"炳辉李烈士祠"木质牌匾，门两旁竖挂长方形木牌对联："气贯浩然流芳百世，功成革命俎豆千秋"。中厅为李炳辉遗像台座，上设木制方形橱窗，内挂李炳辉遗像、并有题词、对联及横幅等，正中上方为国民党党徽。

李炳辉，1891年生于平岗村。少时随人到南洋，后加入孙中山先生领导的中国同盟会，进行革命活动。1911年（辛亥年）春，广州起义，李炳辉加入敢死队，进攻两广总督署，英勇奋战，壮烈牺牲，成为"黄花岗七十二烈士"之一。

李炳辉烈士故居、纪念馆

　　1934年平岗村民在其故居旁建此烈士祠。1989年，封开县人民政府拨款按原貌修茸一新。2003年9月，李炳辉烈士祠被封开县人民政府公布为县级文物保护单位。2004年复修，2005年扩建，2006年4月建成李炳辉园（内设李炳辉故居、纪念馆和烈士祠），与泰兴街、泰新桥和大造宫连成一体，成为红色旅游景点之一。

附录三 革命烈士纪念碑

一、封开县塔山革命烈士纪念碑

封开县为党为人民伟大事业献出生命的革命烈士有93名，为铭记英烈们艰苦奋斗、舍生忘死的英勇事迹，弘扬烈士舍身报国的大无畏斗争精神，后人建起了封开县塔山革命烈士纪念碑。该碑位于江口镇东北塔山公园的山顶上，坐北向南，分为碑座、碑身、碑顶三部分。1982年10月，封开县委、县政府为大革命时期牺牲的26名烈士和1950年剿匪殉难的52位烈士而建。1984年4月，被封开县人民政府公布为县级文物保护单位。

封开县塔山革命烈士纪念碑

二、封川革命烈士纪念碑

封川革命烈士纪念碑原是封川革命烈士墓位于江口镇封川村委会堰塘尾村黄泥岭南面山顶。

1950年2月，在封川发生反革命武装暴乱事件中，牺牲的解放军战士、县大

封川革命烈士纪念碑

队和地方机关干部50余人、被暴徒杀害的路经渔涝到肇庆西江公学学习的怀集县30多名学生。暴乱平定后，封川县人民政府收得其中49名烈士遗骸葬于牛头山。

1994年西江特大洪水，致使烈士墓受损。次年，县民政局将烈士遗骸由牛头山迁到黄泥岭现址，用水泥、青砖砌纪念碑，并把原有的一块红砂岩纪念碑嵌于碑身的正面。

封开平岗革命烈士纪念碑

三、封开平岗革命烈士纪念碑

封开平岗革命烈士纪念碑位于平凤镇平岗村马崀岗山顶，1972年平凤镇府立。纪念1925年至1928年，封川二区农民运动中被国民党反动派、地方武装杀害的农会干部、自卫军和农会会员共100多人。

封开凤村革命烈士纪念碑

四、封开凤村革命烈士纪念碑

该纪念碑位于平凤镇新宁社区凤村背后山。1976年平凤镇府为纪念1950年平凤反革命暴乱中牺牲的解放军战士及被暴徒杀害的乡干部、征粮队员而立。

五、封开罗董革命烈士纪念碑

该纪念碑位于罗董镇罗董圩附近的

封开罗董革命烈士纪念碑

277

枰木嘴山岗，1977年罗董镇委镇政府为缅怀1950年3月在罗董征粮时被反革命暴徒杀害的两名队员和在后来剿匪中牺牲的三名解放军战士以及四名罗董籍抗美援朝牺牲烈士而建。

封开杏花革命烈士纪念碑

六、封开杏花革命烈士纪念碑

该纪念碑位于现杏花小学背后猪儿岭头山上。1985年杏花镇委镇府为纪念在平息1949年反革命暴乱中英勇牺牲的四位革命烈士而修建。

七、封开渔涝革命烈士纪念碑

该纪念碑位于渔涝镇麒麟山脚下的水狗岗上。1984年渔涝政府将原在镇食品站后边荒地的中华人民共和国成立初期在渔涝发生反革命暴乱中牺牲的革命烈士墓迁至现址，并于1997年建纪念碑。

封开渔涝革命烈士纪念碑

八、封开大玉口革命烈士纪念碑

该纪念碑位于大玉口镇群星村的大到庙旁。2004年由县人民政府立，纪念在剿匪中牺牲的一名解放军班长及在解放开建县城战斗中牺牲的两名本镇籍桂东人民抗暴义勇总队战士。

封开大玉口革命烈士纪念碑

革命烈士名录（1921—1949）

姓名	住址	出生时间	性别	牺牲时间地点	职务
李超如	平凤河村	1894	男	1927年掩护突围时被烧死	二区副委员长
李品源	平凤河村	？	男	1928年在平岗被捕遭杀害	会员
聂英运	平凤河村	1886	男	1928年在平岗被民团杀害	会员
冯亚盆	平凤平岗	1899	男	1927年6月年在平岗峡口被民团杀害	平岗乡农会长
张亚荣	平凤平岗	1890	男	1927年6月年在平岗峡口被民团杀害	会员
聂庆芬	平凤新村	1890	男	1927年6月在平岗峡口被民团杀害	会员
黎亚梓	平凤新村	1900	男	1928年5月在梧州被害	新南乡农会会长
黎成文	平凤拉尾	1874	男	1927年在凤村青云桥被民团杀害	罗拉乡文书
周亚木	平凤新地	1902	男	1927年在江口被民团杀害	会员
龙　萧	平凤思礼	1891	男	1928年在峡村叛徒刘阳保、黄伯福杀害	自卫军队长

（续上表）

姓名	住址	出生时间	性别	牺牲时间地点	职务
龙拔汉	平凤思礼	1868	男	1928年平岗峡口被民团杀害	农会会长
龙亚坤	平凤思礼	1892	男	1928年6月被民团杀害	会员
曾子祥	平凤泥桥	1881	男	1927年在泥桥乡潭冲口被民团杀害	会员
聂洪恩	平凤范村	1888	男	1928年在马址岗被民团枪杀	会员
陈定林	平凤范村	1896	男	在平岗义峡口被民团杀害	区农会执行委员
聂亚宽	平凤范村	1907	男	1928年在范村的大塘表被民团杀害	自卫军战士
聂广荣	平凤后埇	？	男	1927年在占村的稔埇被民团杀害	会员
胡　伟	平凤凤村	1874	男	1926年11月14日在古榄埇被民团杀害	会员
吴　庚	平凤凤村	1897	男	1927年10月15日在郁南县平台被民团杀害	会员
梁玉山	平凤登元	1907	男	1928年在封川被民团杀害	二区农会委员
林昌南	平凤大袍	1904	男	1927年在刘村被民团杀害	会员
姚伍	平凤后埇	1902	男	1927年被民团杀害于封川县城	会员
李树德	平凤河村	1897	男	1927年在郁南平台被民团杀害	会员

（续上表）

姓名	住址	出生时间	性别	牺牲时间地点	职务
聂建芬	平凤范村	1896	男	1927年3月被地主武装杀害	自卫军战士
龙展绪	平凤思礼	1891	男	1928年在古石村被地主武装杀害	自卫军战士
陈积谦	平凤范村	1899	男	1927年在范村牺牲	自卫队炊事员
黄亚木	渔涝渔涝圩	1928	男	1949年在国民党反动派狱中牺牲	怀南游击队
侯树卿	莲都云塘	1928	男	1948年参加绥贺支队，同年4月在莲都筹粮时被叛徒出卖杀害	小队队员
陈石妹	莲都云塘	1928	男	1948年参加绥贺支队，同年4月在莲都筹粮时被叛徒出卖杀害	小队队员
孔凡新	莲都云塘	1931	男	1948年参加绥贺支队，同年4月在莲都筹粮时被叛徒出卖杀害	小队队员
石锦福	南丰勒竹	1923	男	1949年在渡江作战中牺牲	
李才	南丰似龙	?	男	1949年攻打开建县城时牺牲	战士
吴亚枝	大玉口	?	男	1949年11月攻打开建县城时牺牲	桂东人民抗暴义勇总队战士
梁亚启	大玉口	?	男	1949年11月攻打开建县城时牺牲	桂东人民抗暴义勇总队战士

附录五 重要革命人物简介

周其柏

周其柏，广宁县新楼乡新橙村人，1903年出生，受其哥周其鉴影响，中学读书时，积极参加爱国学生运动。1923年，加入了中国共产党青年团，1924年，加入中国共产党。不久，通过彭湃等人推荐，赴西江地区开展农运。

1924年6月，周其柏来到其妻娘家广宁县荷木咀、江美村一带开展工作，组织农会，积极筹措革命经费。1924年10月，广宁县农民协会成立，周其柏当选为候补执行委员。1925年4月，周其柏又受命往广宁县绥江西岸与高要县接壤的山区，建立农会，把广宁、高要革命力量连成一片，壮大农军力量。1926年春率队到封川县指导组织在封川县一区建立了区农民协会和六个乡农民协会。1926年1月，广东省农民协会设立了西江办事处，周其柏被调到办事处工作。并在云浮县搞农民运动取得显著成绩。

1927年4月大革命失败后，周其柏任重建后的中共西江地委（后为特委）委员，在高要禄步一带集结了一批农军，准备配合广州起义。还亲自参加了提前举行的起义，起义失败后，周其柏重回高要活动。1928年5月，在高要水南中敌伏击后负伤被俘，同年8月，周其柏英勇就义。

龙师侯（1989—1928），化名李瑞。郁南县平台河田村人，1898年出身于一个比较富裕的家庭。在广州读书期间，参加革命，并加入中国共产党。1925年夏，受党组织派遣回郁南县平台与封川二区的思礼、平岗、河村和范村等乡村活动，建立农民协会。把农民运动遍及郁南、封川、苍梧等两省三县边境一带农村。1926年龙师侯任郁南平台区农会会长、县农会执行委员，并组织农民自卫军与当地豪绅、民团进行坚决斗争。

1927年4月，蒋介石叛变革命，广东各地的国民党反动派，到处捕杀共产党员和革命群众，龙师侯等同志领导农民自卫军奋起反击。中共广东省号召全省各地举行起义，建立革命根据地。6月，龙师侯等组织了郁南、封川、云浮三县农民自卫军2000余人进攻郁南县城都城，因屡攻不克，主动退回郁南的平台、河田、妙门和封川的平岗一带休整。8月，准备联合苍梧、郁南和封川三县农民自卫军举行"中秋起义"，后因叛徒出卖计划落空。此后，地方反动部队勾结广西军阀会同当地民团，疯狂进攻农民自卫军。龙师侯领导奋勇抗击，因寡不敌众，退至郁南妙门。10月26日，又遭敌围攻。农民自卫军与敌人战斗了十天十夜撤至苍梧交界的铜镬大山。

1927年11月18日，成立中共封川县委员会时，龙师侯被广东省委任命为封川县委书记，返回封川二区开展地下工作。1928年2月，龙师侯不幸在佛山被国民党反动派逮捕而英勇就义，当时年仅30岁。

龙师侯

龙拔汉（1888—1928），又名更神，封川县二区思礼村人。1926年3月，任二区第一个乡农会——思礼乡农会会长。1927年1月，被选为二区农会会长。龙拔汉任会长后，经常下乡宣传农工政策，推行土地革命和实行孙中山"三民主义"等，激发更多的农民自觉投身到农民运动之中。同时，加强农民自卫军的组建与训练。1926年底，国民党军队和地方民团，地主土豪互相勾结，对农民运动进行阻挠和破坏。逮捕杀害农运骨干，龙拔汉组织公祭大会，号召全区农民团结起来斗争。5月18日，龙拔汉率封川县二区农民自卫军数百人参加了联合攻打都城攻坚战；6月17日，二区民团洗劫河村，龙拔汉率领全区的农民自卫军及农民群众，围困了匪徒，救回人质，夺回被劫财物。6月下旬，平岗、登元之战，龙拔汉动员了全区的武装力量，与反动派武装对战十天十夜。

1927年11月，龙拔汉等随县委书记龙师侯回封川县二区，做艰苦的地下工作，并重新组建农会组织。1928年春，遭人告密被捕，后被敌人残忍杀害，时年40岁。

黄江，出生于怀集县大岗区，原名黄金玉，又名徐康。1939年春，参加"救亡读书会"，1940年3月加入中国共产党。1941年1月黄江等人在广西平乐中学读高中时建立党支部，任支书，1943年2月为怀集县党组织临时负责人，1944年1月，在青工证校（今县实验小学）任教，以合法职业为掩护秘密开展革命活动。1944年4月，任怀集县特别支部副书记。1945年2月继任特支书记；1945年3月，领导发动怀中师生罢课，开展"反迫

黄江

害、争人权"的斗争。1946年10月，赴香港达德学院求学。1948年3月任广德怀人民抗暴义勇总队怀南区队队长，1948年4月任绥贺支队第三团政治委员，1948年11月任封川特派队队长，进入封川、开建地区，成功地开辟了七星、黄岗游击区。1950年1月任开建县委书记、县长，1952年3月至10月任中共封川开建县委书记，1952年11月至1953年1月任第二副书记，1955年任粤中区党委统战部办公室主任，1956年底（粤中区分成佛山、肇庆、江门三个地委）任肇庆地委统战部副部长，1957年秋被错划为右派，到沙埔农场劳动，1976年病逝。十一届三中全会后平反，恢复党籍、荣誉。

　　王烈生（1914—1997），广西梧州市苍梧县犁埠乡雁田村人，民革成员，桂林地干第二期训练班毕业。1944年4月任东安人民联防抗日自卫队第二大队队长，1944年11月桂林沦陷时任东安区自卫第三大队队长。在革命思想的驱使下，串联一班有志青年举起抗暴义旗，曾率领自卫队活捉苍梧县县长和参议长。后来被反动政府通缉，在李济深的介绍和帮助下进入达德学院进行系统的学习。1948年春，王烈生接受李济深任命为桂东游击队司令，派回苍梧县，重组队伍，开展武装斗争。后率队活动于开建县的都平、大玉口山区开展游击战。1949年11月5日，率队参加攻打开建县城战斗，为解放开建县立下了功勋。1949年11月，他所领导的桂东人民抗暴义勇总队编入中国人民解放军序列，任绥贺支队第六团暂编二营营长。1949年12月至1950年3月，任中国人民解放军封川县大队副队长。中华人民共和国

王烈生

成立后曾任封川县工商联筹委会主任委员、封川县副县长、开建县副县长、德封县副县长、封开县副县长等职。1997年12月7日病逝。

何涛

何涛（1923—2003），出生于澳门，幼年时期回到内地，12岁加入共青团。16岁回到澳门，领导地下学生运动。抗战时期，重回内地，就读于鄂湘教区联合中学，参加革命活动。他先是在广西桂林抗敌演剧队演戏，1944年直接参加了广西敌后武装斗争。1947年7月至1948年3月任广德怀人民抗暴义勇总队直属中队指导员；1948年4月至1949年7月，任中国人民解放军绥贺支队第二团直属中队指导员；1948年11月至1949年7月任封川特派队队长；1949年8月至1949年12月任绥贺支队第六团政治处主任。率领一支怀南队和敌人周旋于两广疆场。1949年12月至1950年3月任封川县人民政府副县长、封川县公安局局长，1950年3月至1952年3月任封川县人民政府县长，1952年3月至10月任封川开建县人民政府县长，1982年离休后，任封开县政府顾问，2003年6月26日病逝。

林今灵（1930—2002），中山市小榄镇人。1947年8月至1948年1月在学校参加中共地下党领导的秘密组织——爱国民主协会，正式参加革命活动。1948年4月至1948年10月任中国人民解放军绥贺支

林今灵

队第二团武工队指导员，1948年11月至1949年12月任中国人民解放军绥贺支队第三团封川人民抗暴自卫队指导员，亲自改造封川人民抗暴自卫队成为游击队队伍。1949年5月间深入到开建县城做秘密统战工作，为开建县解放立下功劳。1949年10月至1949年11月任封川县仁里、德宁区人民政府区长。中华人民共和国成立后历任开建县财政科科长兼税务局局长、人民银行开建支行行长、开建县第二区人民政府区长、封川开建县第六区人民政府区长，1955年4月至1957年4月任封川开建县人民政府副县长、县长，县委常委，1957年至1958年任中共开建县县委常委、开建县长，1951年、1955年、1957年先后三届为广东省人民代表大会代表，1958年任高要专署粮食局副局长，1963年后任惠阳专署农林水办公室资料科科长、惠阳专署农业局副局长、惠阳专区农学院院长，2002年12月病逝。

刘乃仁（1917—1951），肇庆市高要县禄步人，中共党员。受组织委派，曾在敌伪政府任职，后任广宁西江人民抗日义勇队指导员、广宁中村游击小组指导员、广宁森膺洞及怀集区一带游击队负责人等职务，1947年7月至1948年3月任广德怀人民抗暴义勇总队广宁区队队长，参与创建森膺洞游击根据地，1947年8月任广宁县石咀乡人民政府乡长，领导武装斗争，1949年8月至1949年12月任绥贺支队第六团团长，跟随主力部队转战于德庆、怀集、封川一带，为解放事业作了不少贡献。1949年11月25日至12月3日任开建县人民治安委员会主任委员，1950年1月至1951年6月任开建县人民政府副县长兼法院院长，由于"左"的

刘乃仁

路线影响受开除党籍和撤销行政职务的处分。1951年11月去世，1985年恢复名誉。

赵本仁（1912—2000），山西省垣曲县人。1936年10月参加革命，1939年7月加入中国共产党，曾任广东省第二工业厅副厅长（1991年定为正厅级待遇），2000年5月病逝，享年89岁。

主要革命历程为：1936年9月前在家乡读书务农并参加县保安队当士兵，1937年"七七事变"后至1942年任决死队第九总队五连小队长、排长，34团二营四连连长，1943年至1945年在晋绥军区教导团任中队长、独一旅新编团三营营长，1946年任东北嫩江县大队长、公安局局长，1948年任嫩江县副县长，1949年11月任封川县委书记兼县长，1950年11月任云浮县委书记兼县长，1955年任粤中区党委组织部副部长，1955年任冶金部海南铁矿党委书记，1957年任海南钢铁公司党委第一副书记，1962年任海南黎族自治州党委副书记，1966年至1983年任广东省二轻工业厅副厅长，1983年离休。

赵本仁

大事记（1926—1949）

1926年

1926年8月，封川县二区河村乡农会正式成立，入会者达百多人。

1926年6月中旬，封川县第二区农民协会筹备处成立。

1926年8月，封川县第二区农会筹备处决定实行减租减息，向地主借粮度荒。

1926年10月，西江办事处主任、中共党员韦启瑞到封川二区检查农会工作，并参加了凤村乡农民协会成立大会。

1926年11月14日，封川县第二区三总民团团总黄宴平在凤村古榄冲杀害凤村乡农民协会副委员长胡伟及其儿子胡骚两人，激起民愤。

1926年11月27日，因遭民团捣乱，二区农会筹备处迁往范村陈家祠堂。

1926年12月下旬，国民党军队将新南乡农会委员长黎亚梓杀害于梧州。区农会筹备处召集数千人公祭黎亚梓烈士。

1927年

1927年1月，封川县第二区农民协会在平岗成立，会址设在大造宫，农会会员2000多人参加成立大会。同时，封川县第二区农民自卫军大队宣布成立。

1927年5月18日凌晨，中共党员钟世强、龙师侯、钟炳枢率领郁南、封川、云浮三县农民自卫军1000多人，进攻郁南县都城圩。久攻不克，中午撤离战斗。

1927年6月17日，封川县二区民团团总黄宴平带领土匪100多人，洗劫二区河村，二区农军及农会会员五六百人前往援救，土匪仓皇逃走。

1927年6月20日，驻江口和都城的国民党军共六七百人，向封川县二区农军发动进攻。农军奋起抗击，后因敌增援兵力而转移到郁南县平台，妙门等地，与郁南县农军会合。

1927年10月20日，国民党军队纠集封川、郁南两县的民团共1000多人，围攻郁南、封川两县农军，战斗了十天十夜，农军损失严重，后撤退到郁南、封川、苍梧三县边界之铜镬大山，继续坚持武装斗争。

1927年11月18日，中共广东省委任命龙师侯为中共封川县委书记。

1928年

1928年6、7月间，封川县第二区农民协会委员长龙拔汉、农民自卫军大队长龙萧等人在平岗被国民党军杀害。

1928年7、8月间，据守于铜镬大山的封川、郁南农军被国民党军队围攻，农军战斗失利，除少数突围外，大部分被捕或壮烈牺牲。

1928年8月，中共封川县书记龙师侯在佛山被捕，不久，于佛山市英勇就义。

1939年

1939年8月15日，侵华日军飞机空袭开建县城，炸毁南丰圩第三市场和民宅，伤2人。

1939年12月15日，侵华日军飞机空袭封川县城，炸毁民房六七十间，民众死伤60多人。同日，侵华日军飞机空袭开建县城，炸毁店铺、民居30多间，民众伤亡十余人。

1940年

1940年8月26日，侵华日军飞机再次空袭开建县城，炸毁商店、学校、民房30余间，民众死17人，伤22人。城西小学校舍及设备全被烧毁。

1940年11月26日，侵华日军飞机27架次分三批轮番轰炸封川县城，炸毁房屋40多间，致民众死20多人，伤80余人。

1940年，封川、开建县各阶层群众，捐献日用品慰劳前方抗日将士。

1942年

1942年，中共党员李镇靖等五人，先后到开建、封川县，以社会职业为掩护，开展抗日救亡活动。

1944年

1944年3月13日，任开建县长七年的韩继忠，因贪赃枉法，鱼肉百姓，民愤极大，被县民刺杀于南丰街头。

1944年9月14日，侵华日军七八十人由怀集窜犯开建长安乡，奸淫掳掠烧杀，无恶不作。六天后，向广西信都进犯。

1944年9月23日，侵华日军窜犯西江，封川县城及江口圩沦陷。

1945年

1945年3月，封川、开建汉奸欧振球勾引日军侵扰渔涝河儿口一带，数千民众抵抗。

1945年9月，封川、开建民众欢腾，城镇商店、住户连日燃放鞭炮，热烈庆祝抗日战争胜利。

1946年

1946年12月，中共党员陈家志奉命到封川县七星、黄岗、深六一带山区活动，在镇竹坪建立秘密联络点。

1947年

1947年9月26日，开建县民于金装大水埇盘铁口山，刺杀国民党政府封、开、怀三县联防主任冯振强。

1948年

1948年3月4日，德庆起义部队撤离德庆高良，到达封川县七星镇竹坪村。该村反动头子李森荣率敌阻击起义队伍，被起义部队击毙，其反动武装被全歼。

1948年4月，中国人民解放军绥贺支队成立，这是大革命失败后，活动于封（川）、开（建）边境的第一支人民武装队伍。

1948年5月3日，绥贺支队司令员陈胜率领主力队100多人，突袭莲都圩国民党文东乡公所，活捉乡长欧学鹏。

1948年11月，绥贺支队封川特派队建立，黄江任队长。

1949年

1949年2月，绥贺支队收编国民党封川县常备自卫中队杨祝娣的队伍，命名为封川人民抗暴自卫队。

1949年3月3日晚，绥贺支队司令员陈胜，政治委员叶向荣，率绥贺支队200多人，突袭封川县最大的集市渔涝圩。

1949年4月5日，封川特派队、封川人民抗暴自卫队再袭渔涝圩，在渔涝石便村缴获国民党封川县政府粮谷五船，约一万斤。

1949年4月7日，封川特派队进军河儿口圩，占领国民党文东乡公所办事处。

1949年4月中旬，封川特派队建立贺江流动税站，站长黄厉。税站建立四个多月，共收得税款折合大米六万多斤，保障了游击队的供给。

1949年5月4日，封川特派队武工队李坤率领20多名队员，夜袭长岗圩国民党忠义乡公所。

1949年5月14日，封川特派队植火友中队攻克设在杏花圩的国民党仁里乡公所。

1949年5月15日，封川特派队挺进罗董圩，夺取大洞粮仓、占领国民党德宁乡公所。

1949年6月，由王烈生领导的桂东人民抗暴义勇总队编入绥贺支队行列，归封川特派队领导。此前，桂东人民抗暴义勇总队曾在都平、大玉口山区开辟游击根据地。

1949年6月底，由莫庆培、梁家模率领的怀西青年队到达渔涝。尔后，这支队伍分别编入绥贺支队二、六团。

1949年7月下旬，国民党广东省十二专区水陆警备指挥部保安第一总队及民团200多人窜犯渔涝圩，封川特派队进行夜袭，双方发生遭遇战。翌日，国民党军队撤离渔涝圩。

1949年8月上旬，国民党广东省第十二专区保安第二总队长莫汉，率领200多人队伍，进犯渔涝圩，封川特派队与其多次交战。十天后，国民党军队撤走，封川特派队进驻渔涝圩。从此，莲都、渔涝、杏花、罗董一带完全解放。

1949年8月15日，中国人民解放军绥贺支队第六团公开宣布成立，属下的队伍有封川特派队、封川人民抗暴自卫队、桂东人民抗暴义勇总队，合共300多人。

1949年11月6日，由绥贺支队开建工作组李沧、莫昭平等人发动和指挥的开建县国民党地方武装起义队伍和桂东人民解放义勇总队一道，经过数小时激战，解放开建县城南丰。

1949年11月23日晨，中国人民解放军四兵团十三军三十九师再克封川县城，封川全境解放。

1949年11月25日，开建县人民治安委员会成立，主任刘乃仁，副主任黄江。

1949年12月1日，封川县人民治安委员会成立，主任何涛。

1949年12月7日，中共封川县委员会、封川县人民政府同时成立，县委书记兼县长赵本仁，副县长何涛。

一、广东省第二次全省农民代表大会之经过及其结果
（节录、摘要）
（1926年5月）

绮园

此次大会由五月一日开幕，至十五日闭幕，总共开了十五天的会。到会代表共二百一十四人，代表广州市郊、……封川……四十九个县。

附：西江办事处会务报告决议案

大会听了西江办事处会务报告之后，决议如下：

（一）西江一带组织方面虽然发展了，然而还是松懈……

（二）西江各县……要充实自己的力量，坚厚自己的壁垒，作充分的事前的准备。才不为人所乘。

（三）在这样的情势当中，有断然必要从速进行下列的工作：

（1）关于本身发展方面

甲、……

乙、德庆、四会、封川是最容易发展组织的县份，即宜督促派定的专员于一定期间达到全县协会之组织。

丙、……

（2）关于各界的关系

……

（四）大会对于上次执行委员会扩大会议关于西江方面的决议案，认为有继续切实执行之必要；其关于各县者，亦须督促各级协会切实执行之

（五）关于各县之进行方案，仍由大会分别决议如下：

……

封川方面：

该县农会的组织正在开始，而能先向该县政治中心城厢着手，这是该县协会容易发展的证据，要乘机推进真正农村去，先行一直组织至郁南边境，作切实的联络，不致久居孤立的地位，而错过了时机。

……

（《中国农民》第六、七合刊）

二、农民协会《会员须知》

（1926年8月24日）

广东省农民协会扩大会议于一九二六年八月十七日至二十四日举行，通过制定《会员须知》决议案。

《会员须知》全文

服从农会命令，遵守农会纪律。

按章亲纳月费，拥护多数决议。

不分地方界限，不分姓氏差别。

不得借会营私，私斗尤须禁绝。

凡属本会会友，务须亲爱团结。

万众一心向前，打倒贪污豪劣。

帝国主义军阀，专吸工农膏血。

工农联合奋斗，敌人完全消灭。

（《中国农民》第十期）

三、封川县长擅拘农部特派员

（1926年12月6日）

封川县长陆智平，素仇视党员，压迫农会。前月二十八日，该县长率游击队十余名，到第二区凤村团局，与劣绅土豪黄花俦、黄梅节等暗谋推翻农会，旋以共商维持地方为名，诱召在该地工作之中央农民部特派员周全亭及第一区党常务委员黄斌能，到该团局。黄周二人一时不察，不虞奸诈，到局后，即拘留，其拘留理由，周黄二人亦不知。是日，省农会西江办事处闻讯，以该县长胆敢与民团串谋，擅拘中央党部职员及党部常务委员，即日下午急电该县将周黄二人释放，彼竟漠然置之。现周黄尚被拘在该团局，受其种种苛虐，痛苦非常。闻西江办事处以该县长如此违背党义，经电省农会转请中央党部、政府从速查办，饬令其释放，并严究该团局黄花俦、黄梅节等云。

（1926年12月6日《广州民国日报》）

四、开建土豪摧残农会

（1926年12月8日）

开建三区土豪吴炳华，自本年五月间，勾结贪官邓邦谟，充三区民团管带后，摧残农民，不遗余力。无辜农友被土豪惨杀者以百十数计。最残忍者十岁孩童，亦在惨杀之列。对于农会仇视尤甚。在前二月，已率民团数百驰往二区汶塘乡农会筹备处摧残两次，惨杀会员四人。西江办事处见该县农友受苦万分，特派刘学荣同志前往该县指导各乡组织协会，以图解放。不料二区宣灵乡农会成立仅数天，即被该土豪侦悉。纠率团丁百余人，于十一月二十六日驰往该乡屠戮洗劫。该乡房屋被焚大半，猪牛谷米什物劫掠一空，实为该乡空前未有的惨剧，见者无不悲愤。现该乡农会，已呈请省农会西江办事处及通电政府缉凶及赔损失云。

（1926年12月8日《广州民国日报》）

五、团务委员会查办民团

（1927年3月26日）

（封川）县属第二区三总联团团总莫执中，前督率该团局民团数百名，突将该区农民协会筹备处捣毁，洗劫一空。后该会迁范村乡，亦被其督队截劫，横作暴行，无所不致。《团务委员会》据报，经令行封川县将该团总严办。兹将该团务委员会为此事复省农会函录下：

迳复者，现准大函，以据西江办事处呈报，封川县第二区农会筹备处，于十一月二十七日被本区三总联团团总莫执中，督率团局民团数百名，将会内家私杂物捣烂，文件衣物银两洗劫一空，总理遗像亦被撕碎，备受劣绅压迫，暂将会址迁于范村乡陈家祠，复被劣绅莫执中等统率民团，四面围困，断绝路线，不许农民来往都城圩买卖。该区民团，前已将河村农会会员李天祥截抢，现又将该区农会捣抢，围截交通，实属凶狠已极。函会并案严究追赃给领等由，由抄遗失单一纸过会，准此，除令行封川县指控各节并案查明，分别究办具报外，相应函查照云。

（1927年3月26日《广州民国日报》）

六、中共广东省委致中央的政治报告（摘录）

（1927年12月5日）

中央：

兹将目前广东政治状况及党的策略，略以奉告，请为指示！

……

④西江各县：ХХ同志返，西江党的工作很糟。A、现已派

XX^①同志去云浮担任书记并要他们做：①发展并整顿党的组织；②在西江李张战争最剧烈之时起来暴动夺取政权。目前即在各区乡实行土地革命。^③与肇庆发生好的关系。B、派XX同志去封川担任书记，XX^③同志去郁南担任书记，目前工作，与云浮大体相同。□□皆系工人同志，训练班学生。C、特别训令肇庆要在李张战争剧烈时暴动，予广州以极大之帮助。

广东省委

（《广东区党团研究史料》70页）

七、西江暴动工作计划（节录）

（1928年2月3日）

一、西江暴动的客观条件

……

二、西江暴动的任务

西江暴动主要任务，就是要实行土地革命，扩大各县暴动形成西江割据局面，以至汇合各方割据力量，由广宁以影响清远，由罗定以联络南北，使渐形成全省总的暴动。其次西江为桂系近窥广东，握守广西之门户，西江暴动之胜利，可以给极大之帮助于广西的工作，根本动摇以至推翻桂系在两广的统治。

三、西江暴动的策略

……

四、西江党的组织

……西江许多地方如新兴、云浮、德庆、开建、高明，尚无党的组织（云浮、德庆以前已有组织，事变后才解体）；有党组织的地方如广宁、高要、罗定、郁南、封川、三水、四会太无力量。……郁南、封川、三水都只得寥寥十数人。郁南一般同志虽然是比较积极，可是只是斗争而不发展党的组织。封川以前并无党，两个月以前才组织起来。……

西江党的问题，必须根据最近省委全体会议新的精神，依照下列原则去做：

1. 已有党的组织的地方，如广宁、高要、罗定、郁南、封川、三水、四会，即须立即从支部改组起，一直至改组县委。指导机关中须工农分子多数，根本肃清组织上的机会主义。

2. 未有党的组织的地方，如云浮、新兴、德庆、开建、高明，即须立即派负责人去组织党。

3. 各县党部必须尽量无条件的吸收贫农入党，充实力量。

4. 各县党部必须采取巡视员制度，由县委经常的派人到各区乡，指导各区委各支部，务使党的政策能够得到一般党员明暸。

5. ……

6. 西江暴动渐次扩大起来之时，即须依照情形设立西江特委，直接指导西江暴动工作。

五、职工运动　六、士兵运动　七、破坏工作

八、苏维埃政权　九、赤卫队　十、没收土地

十一、残杀地主、豪绅、反革命派

十二、各县暴动工作计划

郁南　郁南农民基础第六区比较大，且与封川第二区接连（封川第二区农民基础最大），又经过许多斗争，所以郁南暴动的中心应该在第六区。六区暴动起来以后即须向四、五两区发展，更向九、十一两区发展与罗定联络。

封川　封川农民基础最大是第二区，且与郁南第六区连接。二区农民在事变以前已完全将全区豪绅地主驱逐出去，事变以后又联合郁南第六区和敌人军队民团斗争了半个月。现在豪绅、地主已收买陈掘股土匪编为民团以镇压农民。所以封川暴动中心是

在二区，而目前引起农民斗争的是反抗土匪、民团，恢复农会。

二区暴动起来即向一三两区发展，一直至于与开建联结。但一三两区发展一直至于与开建联结，由于一三两区目前环境比较二区不易工作，因此一三两区工作同时须加倍注意与努力，如残杀劣绅、地主而引起农民斗争，便与二区相呼应。此时，各区都须极力宣传苏维埃及土地革命意义，使农民明瞭暴动任务易于发动。

以上所指出各区与各区之联络，主要是要发展各该区的暴动。同时使各种暴动纷起，敌人无所措手足，但各区决不应互相等待观望致误时机，这是各地党部所应特别注意的。为实现此项计划起见，必须召集一次西江各县工作会议，凡有党的组织的县市亦须派一个县委委员参加，根据此项总的计划定出各县详细的工作方法。

中共广东省委

八、中共广东省委关于进行西江暴动的指示给师侯同志
转封川全体同志信

1928年2月12日

师侯同志转封川全体同志：你的报告已由炳枢同志转到。省委接前次来信已有简略之答复，兹根据炳枢带来之报告，再给你们以重要的指示，可惜你的报告太简单耳。

……

三、封川目前工作怎样做呢？

（一）在总的原则上，你们就是要马上抛弃专门做土匪运动的错误。不要幻想即刻用土匪或"两把驳壳"的力量，去夺取城池，而是要很刻苦的去建立党的组织。去恢复工农的组织，领导他们作小的斗争。目前就是要使农民为解决春耕而奋斗，从这些斗争，创造出一个工农群众暴动的局面。

（二）具体的办法如何？

A、建立及发展党的组织，应严厉督促现在所有的同志努力去和工人、农民接近，找他们谈话，告诉他们解除痛苦的出路，告诉他们现在能为工人、农民谋解放的只有Cp，宣传他们入党，从几个几个吸收，以扩大党的力量。

在各乡中均需建立起我们的支部，暂时如不可能，即以各区先成立农民支部，有三个以上建立起来，可召集全县代表会议，选出正式县委。

B、恢复或组织农会，可多找农民谈话，从几个几个着手，使其加入农会，公开或秘密的。如可召集大会的地方，当然应该召集大会，号召群众恢复农会。如农民一时的确不愿组织农会，可以组织赤卫队，集中起能够集中的武装。但农会必须是群众的，决不可以几个同志去挂起农会招牌。

C、普遍宣传土地革命及苏维埃意义，这不是空空洞洞的宣传土地，必须积极宣传广州暴动经过意义及教训，及海陆丰的经验。加以抓农民当前的春耕问题，告诉他们祇有没收土地财产，建设苏维埃才有出路。

这里，你们要特别纠正自己及群众的错误观念，就是武装太少不能斗争。你们要告诉他们，广州攻公安局只有几条枪，仁化农民曾以四十条坏枪，抵抗范石生部两千军队，你们要使群众相信自己的力量。

D、努力发动群众经济斗争，就是很小的斗争，也要充分注意发动。如最近的春耕问题，你们不应以为农民痛苦的地方，第一是土匪的骚扰，第二是地主压迫。你们应该认清农民春耕问题之不能解决，主要的压迫是地主，土匪是不少失业的农民走投无路去当的。固然因为他们已集而为匪，而抛却了他们的本身的阶级性，积极向农民骚扰，这个责任当然是豪绅地主所应负，而且在这些土匪骚扰中，地主向农民之压迫仍是变本加厉，所以你们目前应付的策略应该是：

第一，以"没收地主财产、解决春耕"为中心口号，号召广大群众起来。先可煽动群众起来，要求地主借钱，不肯的时候，开谷仓，杀豪绅地主，务须使农民奋斗之目标转向于地主豪绅阶级。

第二，对中小地主，你们不要以为他们都同受匪患，而稍稍放松对他们的反抗。

第三，另一方面你们要宣传土匪群众，指示他们变而为土匪的原因是地主豪绅所压，他们的出路，不是摧残农民，而是与农民一致地向地主民团进攻，提出的口号是："杀戮豪绅地主"，"没收豪绅地主财产"等。但这里你们不要以为只疏通土匪就够了，不去发动农民群众的斗争。

第四，即从稍有基础的乡、村干起，开始就是很小规模的也好，不必开口就是暴动。

第五，如有那一乡农民起来了，胜利了，即组织苏维埃政府，并努力向各区乡发展。

E、开始去做士兵运动，现驻江口之防军，应设法派同志或失业农民去当兵及当小贩去接近士兵群众，使农民暴动发展时，能影响士兵群众叛变（方法可依照省委士兵运动计划进行）。

F、职工运动在城市必须充分注意，开始也可由与工人谈话，吸收同志发展小的经济斗争，组织秘密工会着手，省委因不知封川工人状况，不能详细告诉你们，望作详细报告来。

G、经费问题，省委奇穷，一时无法津贴，关于农会借款，常委亦不能负责偿还，事实也无力量。师侯同志当能了解穷党之所以穷也。如有可能时，同时封川工作已有进展时，省委当可酌予帮助。

省委　2月12日

九、广东全省党的组织统计（摘录）

（1928年8月7日）

一、全省县、市数目及其分布

……

十、各县、市党员发展比较表

26. 广宁——300

36. 云浮——146

43. 高要、肇庆——97

49. 四会——40

54. 罗定——30

56. 郁南——21

66. 封川——5

（《中共广东省组织史资料》第一辑）

十、封川县城接管情形①

一九四九年十二月

（一）接管情形

1. 解放前后

封川文德东西两乡是我游击队活动的主要地区，那里的乡公所早经被我摧毁，当地曾经几次为匪军劫掠，加上土豪乘机争夺，公物老早就荡然无存。解放前夕，伪县长叶颖超大量盗卖县库存粮，藏匿弹械，挟带公款，率亲信秘书科长等十六七人潜逃。

一九四九年十一月五日，县城首次为我二野兵团②解放，绥贺

---

① 此文摘抄于封川县人民政府给西江督察专员公署的报告。本文标题为编者所加，原文复印件存封开县党史办公室。

② 是中华人民共和国二野四兵团 15 军 45 师先锋营。

支队第六团政委黄江同志率部同时入城，当时县属各区乡村除江口尚有百余残匪外，其他均告解放；但旋因战略关系，自七日至二十三日间，曾两度退出，在这期间白匪夏威残部，三度侵入，将城内一切大肆掠夺破坏，地痞流氓乘机打劫，至各机关档案公物，大部遭受损失；部份（分）被毁或转移，一切凌乱不堪，满目凄凉。

二十三日二野①解放了江口，残匪全面溃退。当时因为交通受阻，情况不明，故直至二十六日，始由六团政治（处）主任何涛率队，重行进驻，至此封开形势方才稳定下来。

2. 接管之初

二十七日封川县人民治安委员会及支前指挥部同时成立。一方面展开政策的初步宣传，调查和研究县城最近的情况，组织附城乡动员委员会和借粮支前等工作。另方面清理伪县府档案公物。临时加封各机关（上次解放时封过），登记及收容伪职员，搜索及编遣流散县警残匪和恢复封川江口间的电话交通等工作，

三十日人民政府县长赵本仁带领十多个干部同志来县，十二月七日人民政府宣告成立，人民治安委员会结束。接收工作后转由人民政府继续进行（事实上二号已正式开始）。

十一、开建县城解放及接管情形②

一九五〇年一月七日

（1）解放及接管情形：本县于去年十一月五日夜，由莫昭平，李沧两同志③倡议，并有地方一部份（分）团队策应，又得王烈生部三百余人协助，分头围困伪（县）府及各团队。由子夜

---

① 二野四兵团 13 军 39 师。
② 此文摘自开建县人民政府代电，复印件存封开县党史办公室，标题为编者所加。
③ 李沧、莫昭平是绥贺支队六团开建工作组正副组长。

三时开始战斗，翌日晨曦便攻下附城笔架山之敌伪保安队第三连连长侯始忠，第四连连长吴新冕部。死敌九人，虏获敌轻机一挺，步枪八杆。侯吴两逆率同残敌狼狈逃窜县属光华乡之汶塘村。随即集中进攻伪县府，敌保安营第一连据城顽抗，至七时被迫停战缴械。当时，伪县长伍穗新，已于事前避居当铺，配有卫兵十余人，油机枪一挺，其余均是驳壳枪，于我猛烈攻击之下，同时四围已被我方攻陷，势孤力寡，乃屈膝投降缴械。我方即将伍穗新及伪（县）府科长与卫士等敌伪人员监视，经调查后，依照"严惩主凶胁从不问"原则下，分别遣散及查办。伪县长伍穗新即交由绥贺支队司令部特派员带部办理。于是整个县城便告解放。残敌侯始忠、吴新冕部败逃后，会合反动主凶伪国大代表兼伪县参议会议长侯文威集团，配合侯梅生、侯高锡等部武力，准备顽抗。我方本可一气攻下，惟以宽大为怀，促其觉悟计，故先散发传单，劝其投诚，免至生灵茶炭，地方损失。经过五天之劝谕，彼侯文威等匪，仍执迷不悟，迫得派队进剿。至时该侯梅生、侯高锡、侯始忠、吴新冕等部，即窜走封川县碰花圩，以投机方式投诚于驻该处之我绥贺支队第六团。匪首侯文威则窜逃无踪。至此全部解放已告一段落。接着开全县人民代表大会，组织临时人民政府，维持治安。……至同月二十三日，绥贺支队第六团抵县即结束临时人民政府。改组人民治安委员会，于二十五日组织成立，由第六团团长刘乃仁同志兼主任委员，团部政治委员黄江同志为副主任委员，地方开明士坤梁培生、林伯达、吴炳华、侯炳荣、侯锡之，革命同志莫昭平、李沧等七人为委员。至是展开一切工作，分别接收文教、政务、财经、各科，卷宗大致保全，并整编团队，将全县团队，整编为四个中队，另第六团华南队一中队，集中训练。各伪乡公所分别接收，计各伪乡长均已事先逃去，故经管钱粮及重要公物等均无从接收。原有简师学校，县初中学校校长均在逃，学校物具大部损失。治委会成立时，为免学生荒废计，即派邓卓魁同志接收简师初中两校。当时有一部份（分）教员已离县，为因应财力节省支出起见，暂将两校联合复课，改为简中联校，学生返课人数，日益增加。各乡中心小学亦均先后复课，惟开江乡中心校因该校长赴训，且该校经几次武装同志借住，致大部校具散失，无从复课。其他民教馆、卫生院、电话所，无线电台，南丰圩商会，均大致接收清楚。

后记

　　《封开县革命老区发展史》由封开县老区建设促进会发起编写，会长莫水石、常务副会长刘建伟、副会长兼秘书长龙能杏做了颇有成效的组织领导工作。中共封开县委、县人民政府给予大力支持，保障了人员和经费落实，编委会成员单位及老区镇相关人员提供了大量翔实资料。编辑部全体成员认真查阅了这些资料，并细心研读了《封开县革命斗争史》（1919—1949）、《封开县志》（1984—1996）、《封开年鉴》（1977—2018）、《封开县政协文史》（1984—2018）共17期及封开县历次党代表大会、人民代表大会公报等文献资料。按照省市《革命老区县发展史》丛书编纂指导小组的编写大纲，结合封开实际，紧扣"发展"主线，实事求是地组织编写了本书。编委会严格审稿以保证本书的质量、史料的真实。编委会办公室做了大量的行政工作，保证了本书的顺利出版。

　　本书撰稿分工情况为：

　　符炳镰（吕树清提供了部分文字初稿）：撰写本书一至四章（中华人民共和国成立前）及附录；

　　刘建伟：撰写本书五至九章（中华人民共和国成立后）；

　　全书由刘建伟统稿。

　　本书的图片由龙能杏摄影（党史办提供了部分图片初稿）、征集、编辑。

　　本书在编纂过程中，上级老促会及审稿组提出许多宝贵的意见，在此铭记并深表感谢！由于水平原因，本书如有错漏之处敬请谅解。

《封开县革命老区发展史》编委会

2020年8月

广东人民出版社　党政精品图书

围绕中心，服务大局，做最具高度、深度和温度的主题出版物

中宣部主题出版重点出版物

《中华人民共和国通史》（七卷本）

·全国第一部反映中华人民共和国70年光辉历程的多卷本通史性著作
·中央党校、中央党史和文献研究院权威专家倾力打造

《账本里的中国》

一册册老账本，串起暖心回忆，讲述你我故事，体味民生变迁。

《全国革命老区县发展史丛书·广东卷》

·挖掘广东120个革命地区的红色记忆
·中国老区建设促进会牵头组织

《红色广东丛书》

·广东省委宣传部重点主题出版物
·传承红色基因，弘扬革命精神

本书配有智能阅读助手，为您1V1定制

《封开县革命老区发展史》阅读计划

帮助您实现"时间花得少，阅读体验好"的阅读目的

建 议 配 合 二 维 码 一 起 使 用 本 书

您可根据自己的学习需求，量身定制专属于您的阅读计划：

阅读服务方案	阅读时长指数	为您提供的资源类型	帮助您达到以下学习目的
1. 高效阅读	阅读频次 较低　每次时长 较短　总共耗费时长 ■■■	总结类	快速学习和掌握红色精神。
2. 轻松阅读	阅读频次 较高　每次时长 适中　总共耗费时长 ■■■■	基础类	简单了解革命老区的历史。
3. 深度阅读	阅读频次 较高　每次时长 较长　总共耗费时长 ■■■■■	拓展类	继承和发扬红色精神，推动老区发展。

针对您选择的阅读计划，您可以享受以下权益：

立刻获得的主要权益

▶ **专享本书社群服务：** 提供创造价值与私密的深度共享服务，群内分享阅读干货，发起话题探讨
▶ **1套阅读工具：** 辅助您高效阅读本书，终身拥有

每周获得的主要权益

▶ **专属热点资讯：** 16周社科文学类资讯推送，每周2次
▶ **精选好书推荐：** 16周文学社科热门好书推荐，每周1次

长期获得的主要权益

线下读书活动推荐： 精选活动，扩充知识开拓视野 不少于1次

抢兑礼品： 免费抽取实物大礼 不少于2次限时抽类

微信扫码
添加智能阅读助手

只需三步，获取以上所有权益：

1. 微信扫描二维码；
2. 添加智能阅读助手；
3. 获取本书权益，提高读书效率。

① 鉴于版本更新，部分文字和界面可能会有细微调整，敬请包涵。